반/값
보험료
만들기

일러두기

1) 이 책은 금융소비자보호법의 광고 관련 사항을 준수하기 위해, 보험회사의 이름이나 상품 이름을 노출하지 않았습니다. 독자의 이해를 위한 과정일 뿐 특정 회사 또는 상품에 대한 홍보, 광고, 추천의 목적이 전혀 없음을 분명히 합니다.

2) 또한 금융상품 판매, 대리, 중개, 자문업자 등이 이 책을 광고 및 추천의 목적으로 사용하려는 경우 금융소비자보호법 절차를 반드시 준수해야 함을 알립니다.

3) 이 책에서 제시한 보험료 예시는 물가가치 상승 및 기타 여러 요인에 의해 늘 변동될 수 있습니다.

4) 이 책에는 주식과 ETF 투자 관련 내용이 들어 있습니다. 실제 투자는 전문가와 상의 후 스스로의 판단과 책임하에 신중히 결정하길 바랍니다.

보험회사와 설계사가
말해주지 않는 비밀을 파고든다!

반값 보험료 만들기

장명훈 지음

BM 황금부엉이

'내가 내는 보험료는 과한 걸까? 부족한 걸까?'

지금 이 글을 읽고 있는 누군가에겐 다소 충격적일 수 있는 사실에서 부터 시작해야겠다. 앞으로 자세히 알게 되겠지만, 대한민국 일반 성인에게 적절한 월 보험료는 다음과 같다.

20대 사회초년생 남녀: 4~6만 원

30세 남녀: 5~6만 원

40세 남녀: 6~9만 원

50세 남녀: 9~11만 원

60세 남녀: 11~13만 원

어린 자녀: 1~2만 원

어린 자녀를 둔 4인 가정이라면 네 명 모두 합해 20만 원이면 해결된 다는 말이다. '정말 이거면 된다고? 그럴 리가?' 싶을 것이다. 사실 형편이 정말 어렵다면 이 정도의 보험료도 필요 없다. 월 1~3만 원이면 가입할 수 있는 '단독 실손의료보험'이라는 것이 있는데, 국민건강보험과 함께 이것 하나만 더 준비해도 살면서 발생할 병원 치료비가 상당 부분 해결된다.

결론부터 말하면 우리가 가입하는 모든 보험에는 거품이 끼어있다고 해도 과언이 아니다. 아는 사람은 스스로 거품을 제거할 수 있지만, 대부분 은 알지 못한 채 꼬박꼬박 비싼 보험료를 내며 보험회사와 보험설계사의 수익에 일조한다. 그게 다가 아니다. 대부분은 보험을 끝까지 유지하지 못 하고 중도에 해지한다. 결국 보장도 받지 못한 채 지금까지 냈던 보험료만 축내게 되는데, 더 큰 손해는 그 돈으로 준비할 수 있었던 자산 축적 기회비 용까지 잃어버린다는 점이다.

나는 보험업계 종사자가 아니다. 보험업계와 관련된 사람이라면 이 런 글을 쓸 수 없을 것이다. 보험설계사가 아니고 보험회사 출신이 아니라 서 그들이 이야기하지 않는 부분에 대해 적나라하게 말할 수 있고, 보험가 입자를 위한 상품과 가입방식에 대해 외부자의 눈으로 솔직하게 풀어낼 수 있었다. 바로 이 점이, 감사하게도 많은 사람이 유튜브와 브런치를 통해 나 를 응원해주는 씨앗이 되었다. 그동안 나 역시 한 명의 고객으로서 많은 보 험설계사를 만날 기회가 있었다. 잘 가입된 기존 보험을 군이 깨뜨리고 새

보험에 가입시키려는 사람부터 아주 비싼 종신보험에 가입시키려는 사람, 1회 보장하는 상품을 2회 반복 보장한다고 속이는 사람, 추가납입에 대한 아무런 설명 없이 저축보험과 연금보험을 소개하는 사람, 순수보장형에 대한 언급 없이 처음부터 만기환급형을 제안하는 사람, 눈 하나 깜박하지 않고 월 보험료가 10만 원이 넘는 가입 설계서를 아주 좋은 상품이라며 뽑아오는 사람 등 참 다양하기도 했다.

나중에는 내 보험이 잘 가입되어 있는지 직접 확인하기 위해서라도 스스로 공부할 수밖에 없었다. 자연스레 그들과 깊은 대화를 나누고 논쟁도 하면서 여기저기 보험의 바닥을 누비다 보니 점점 깊이 빠져들었다. 어느덧 시중에 나와 있는 보험 관련 책들은 거의 다 읽게 되었고, 방송과 기사, 통계자료와 영상을 통해 공부하며 보험가입자가 약자일 수밖에 없는 현 보험시장에서 무엇이 바뀌어야 하는지를 고찰하는 상태까지왔다. 이렇게 얻은 결과를 지인들의 보험에 적용해보며 '어떻게 해야 가장 적은 비용으로 최대의 보장을 받을 수 있도록 보험에 가입할 수 있을까?'에 대한 해답을 계속 찾았다.

보험설계사가 고객에게 솔직하게 이야기하지 못하는 부분이 있다. 알면서 안 할 수도 있고, 정말 몰라서 그럴 수도 있다. 이유야 어쨌든 그들도 고객을 상대로 영업을 해야 소득을 얻을 수 있는 근로자이고 사업자이기 때문에 본인을 먼저 생각할 수밖에 없다. 고객과 어렵사리 만난 그 짧은 시간 동안, 고객이 가입할 수 있는 보험료의 최대치를 재빨리 판단하고, 가능한 한 비싼 보험상품에 가입시키려고 노력한다. 비싼 보험을 팔수록 본인의 수입과 회사의 수익이 늘어나는 구조라서 그렇다.

보험상품 중 가장 저렴하고 효과가 탁월한 단독 실손의료보험에만 가입시키려는 설계사를 거의 찾아볼 수 없는 데는 다 이유가 있다. 단독 실손의료보험은 가입자에게 필수적인 상품이지만 보험료가 아주 저렴해서 설계사에게 남는 이윤이 없기 때문이다. 실손보험의 보험사 손해율이 높아지니 딱 그것만 가입시키기 어려운 업계 내부 분위기도 이해할 수 있다. 누군들 본인과 고객의 유익이 부딪치는 지점에서 본인의 이익을 포기하기가 쉬울까? 그러니 설계사보다는 본인을 믿는 게 낫다. 내 이익은 내가 지켜야 하는 법이다.

이런 상황에서 이 책을 쓰게 된 2가지 이유가 있다.

첫째, 보험에 가입한 사람 치고 제대로 가입한 사람을 지금껏 단 한명도 본 적이 없기 때문이다. 보험에 가입하지 않은 사람은 있어도, 가입한 사람 중에서는 없었다. 이런 일이 벌어지는 가장 큰 이유는 보험가입자가 보험에 대해 잘 알지 못하기 때문이다.

보험이라는 상품은 다른 상품과 달리 눈에 보이지 않는다. 그 복잡한 보험료 산출과정을 눈으로 확인할 수도 없고, 봐도 모를 사람이 태반이다. 정보의 비대칭성 때문에 어떤 특약이 꼭 필요한 것인지, 어떤 특약이 불필요한 것인지 판단할 안목도 없다. 외국에 놀러 가서 제값을 모르는 뭔가를 사기 위해 상인과 흥정한다고 생각해보자. 바가지 쓰기에 십상이다. 보험에 대해 잘 알지 못하니 설계사의 의도대로 휘둘리고, 그들이 제안한 상품을 비판 없이 받아들인다. 이런 상황에서 보험가입자가 본인에게 유리한 상품에 가입하기란 불가능에 가깝다. 보험회사와 보험설계사에 유리한 상품에 가입할 확률이 높고, 그런 식으로 우리의 보험료는 비싸진다.

둘째, 이 글을 쓰는 나는 더 좋은 혜택을 보면서도 더 저렴하게 보험에 가입할 방법을 알고 있고, 이를 다른 사람에게도 알리고 싶기 때문이다. 많은 사람의 보험증권을 검토하면서 불필요한 보험에 가입된 경우를 수없이 보았고, 줄이고 버려야 할 특약이나 상품이 너무 많다는 것도 알게 되었다. 여러 개의 보험에 가입해 많은 보험료를 내고 있으면 본인의 보장이 완벽한 것으로 착각하는 경우가 많은데, 전혀 그렇지 않다. 많이 가입했다고 보장이 튼튼한 게 아니다.

불필요한 보험과 덜 중요한 특약은 보험료만 비싸게 만들 뿐이다. 꼭 필요한 보장을 선별하고, 그 부분을 집중적으로 보강하는 게 낫다. 더 저렴하게 보험에 가입할 방법이 있다면, 그 방법을 연구하고 찾아서 그대로 가입하는 것이 최선이다. 보험으로 모든 것을 보장받으려는 단순한 생각과 보험회사나 설계사의 적절한 공포 마케팅이, 잘 알지도 못하는 여러 상품과 특약에 왕창 가입하게 만드는 원인이라는 걸 알아야 한다.

보험 가입을 통해 신체적 손해에 의한 금융 위험에 대비하려는 노력은 아주 중요하다. 보험은 우리에게 없어서는 안 될, 꼭 필요한 존재인 것은 맞다. 그러나 신체적 손해가 생겼을 때의 위험이 우리가 신경 써야할 전부가 아니라는 게 문제다. 우리 대부분은 한정된 소득 안에서 생활비와 양육비, 교육비, 때로는 부모도 봉양해야 한다. 게다가 아무도 책임져주지 않는 노후 준비도 있다. 정작 꼭 준비해야 할 것에 투자하지 못한 채 일어날지 아닐지도 모를 보장성 보험에 너무 큰 비용을 지출하는 건 실수다.

보험은 저축이 아니다. 오히려 비용이며 지출이다. 비용과 지출은 계획하에 적절히 통제되고 관리되어야 한다. 이 비용을 최대한 줄여서 더 가치 있는 곳에 투자해야 한다. 보험에 많이 가입해 놓으면 암이나 뇌졸중 등 큰 병에 걸렸을 때 큰돈이 들어올 것이다. 그러나 그걸 위해 내 몸으로 장사하고 싶은 사람이 있을까? 지금 당장 보험료를 극단적으로 줄이고, 더 중요한 인생의 여러 목적자금을 잘 준비하는 게 훨씬 현명하다.

보험회사나 보험대리점은 과한 광고로 우리를 현혹하고, 때론 공포마케팅으로 두렵게 만든다. 그들은 그들의 수익을 극대화할 방법과 전략에 몰두한다. 보험설계사는 그 전략을 수시로 교육받기 때문에 어느 순간 본인이 판매하는 상품이 정말로 고객을 유익하게 하는지 고객의 삶을 더 어렵게 만드는지 정확히 판단할 힘을 잃는다. 내 주위에도 많은 보험설계사가 있지만, 그들이 고객을 위해 일부러 최선을 다하지 않거나 무조건 속이는 것은 아니다.

다만 그들 대부분은 회사나 대리점에서 교육받은 그대로 행동한다는 게 문제다. 교육받은 대로 상품을 소개하고 그것이 고객에게 최고의 이득을 주는 것이라고 말한다. 하지만 실제로는 고객에게 최고의 상품이라기보다는 본인 소득에 가장 유리하고, 회사의 수익 창출을 우선으로 하는 상품일 확률이 높다. 본인이 배운 선에서 본인이 아는 만큼만 최선을 다할 뿐이다.

경제가 어려울수록 재테크에 관한 관심은 자연스레 커진다. 재테크의 시작은 먼저 지출을 정확히 파악하고 아껴 쓰는 것이다. 매달 자동으로 빠져나가는 보험료를 정비하지 않고서 똑똑한 재테크를 말할 수는 없다. 5~6만 원이면 될 보험료를 10만 원 넘게 내고, 6~9만 원이면 될 보험료를

20~30만 원 넘게 매달 내면서, 냉파(냉장고 파먹기)나 풍차 돌리기 적금을 하는 건 앞뒤가 완전히 뒤바뀐 일이다. 고정지출인 월 보험료를 줄이는 게 가장 먼저 해야 할 재테크다. 지금 내는 보험료는 얼마인가? 태아보험에 10만 원이 넘는 보험료를 내고 있지는 않은지, 종신보험에 가입해 20만 원이 넘는 보험료를 내고 있지는 않은지, 보험회사에 불필요한 많은 수수료를 주면서 저축 아닌 저축을 하고 있지는 않은지 점검해야 할 때다. 나도 모르게 물 새듯 빠져나가는 보험료를 꽉 잡아야 살림에 진짜 도움이 된다.

나는 대학 졸업 후 누구나 다 알 만한 외국계 대기업에서 약 14년간 연구원으로 일했다. 우연히 책에 길이 있음을 발견하게 되었고, 1주일에 2권씩 독서를 시작한 그해에 100권을 읽었다. 꾸준히 읽다 보니 그동안 내가 얼마나 한심하게 살아왔는지가 보이고, 앞으로 어떤 길로 가야 할지 윤곽도 잡히기 시작했다. 그렇게 결심이 선 순간 과감히 퇴직하고 현재는 새로운 미래를 준비하고 있다. 주된 관심사는 재무설계 및 자기계발 분야다. 이 분야를 관심 있게 보면서 꼭 먼저 들여다봐야 하는 게 보험이라는 생각을 하게 되었다. 가계 지출에서 보험료 비중이 크고, 가계의 든든한 버팀목이 되는 것도 보험이기 때문이다.

이렇게 공부한 보험 이야기를 영상으로 만들었다. 2020년 3월부터 '반값 보험료 만들기'라는 채널 이름으로 유튜브에 올리기 시작했는데, 감사하게도 많은 사람이 열렬히 답해주었다. 당장 돈이 되는 부동산도 주식도 아닌데, 더구나 어려워서 제대로 알기도 힘든 보험 분야에서 과분한 사랑을 받고 있다. 지금껏 40년 넘게 살아오며 들었던 모든 감사 인사보다 유튜브 시작 후 단 1년 반 동안 들었던 인사가 훨씬 더 많았다. 나 스스로 감당하기 어려울 만큼 좋은 이야기를 많이 해주는 구독자와 시청자들께 진심으로 감사드린다. 2년 전 첫 출판 이후 보험 업계에도 여러 가지 변화가 있었다. 이 개정판에서는 그 내용을 충분히 담아내고, 초판을 본 독자들이 궁금해하던 내용을 충실히 보강하는 데 주안점을 두었다.

이 책이 세상에 나오기까지 많은 도움을 준 황금부엉이 출판사 여러분, 그리고 사랑하는 아내와 부모님께 감사와 사랑을 전한다. 누구보다 인생의 매 순간 함께 해주신 하나님께 모든 영광을 돌린다. 아무쪼록 이책이 각 가정의 행복하고 건강한 미래를 준비하게 만드는 든든한 토대가 되기를 다시 한번 간절히 희망한다.

반값 보험료 만들기
장명훈

차례

답답할 땐? 유튜브 동영상을 보자!

★ ★ ★ ★ ★
반값 보험료 만들기

보험 좀 제대로 알아보려고 책까지 샀는데 그래도 쉽지 않죠? 보험 용어 자체가 일상적인 것이 아니라 처음에는 답답한 게 당연합니다. 이 책의 내용 대부분은 유튜브 동영상으로도 준비되어 있으니 막힌다 싶으면 각 동영상을 보고 난 후 다시 읽어보세요.

영상을 통해 쉽게 접근하고, 책을 통해 좀 더 자세한 설명을 들을 수 있습니다. 그래도 헷갈리는 내용은 영상 댓글에 질문을 남기면 저자가 틈날 때마다 확인할 겁니다.

유튜브 홈 화면에서 '반값 보험료 만들기'를 입력해 검색해보세요.

보험,
맹신과
무시 사이의 진실

보험에 대한 오해가 작지 않습니다. 실제로 보험은 주변에서 들었던 것만큼 나쁘지도, 우리 인생을 송두리째 책임져줄 만큼 완벽하지도 않지요. 그래서 정확히 이해하고, 나와 사랑하는 사람들을 안전하게 지킬 수 있는 제대로 된 보호막을 만드는 게 중요합니다.

1부에서는 보험과 보험업계에 대한 우리 모두의 오해를 바로잡고 사실에서 출발하고자 합니다.

보험설계사라면
할 수 없는 말들

　필자는 보험설계사가 아니다. 보험업계 종사자도 아니다. 그래서 보험을 팔거나 가입자를 모집할 필요가 없다. 보험 영업을 하지 않으니, 이 책을 통해 당신을 현혹해서 영업 이익을 얻으려 하는 것이 아님을 미리 밝혀둔다.

　보험설계사 대부분은 보험회사나 보험대리점에서 일정 기간의 교육을 받아야 보험 영업을 시작할 수 있고, 설계사가 된 후에도 지점별 내부 교육에 계속 참여해야 한다. 당연히 그곳에서 보험을 잘 판매하고, 상품을 잘 이해할 수 있도록 교육을 받는다. 교육을 잘 받으면 받을수록 영업도 잘하고, 상품에 대한 이해도도 높다. 문제는 회사에서 받는 교육이 모두 고객을 위한 교육은 아니라는 데 있다. 상식적으로 생각하면 고객, 즉 보험가입자를 위한 교육이란 고객에게 꼭 필요한 보장을 제안하고, 고객의 경제적 상황과 형편을 고려한 상품을 설계하는 것이어야 한다. 아쉽게도 실제 교육의 초점은 '어떻게 하면 더 많은 고객을 끌어들일 수 있는가? 어떻게 하면 고객으로부터 더 많은 보험료를 받아 회사나 보험설계사가 더 큰 이익을 얻을 수 있을까?'에 맞춰져 있다.

보험회사나 대리점은 보험설계사가 더 비싼 보험을 팔수록 더 많은 보상을 지급하는 방식으로 설계사의 영업을 장려한다. 자연스레 보험설계사는 저렴한 상품보다 비싼 상품을 판매하려 애쓰게 된다. 기업의 1차 목적은 이윤 추구이므로 기업은 더 많은 수익을 내려 하고, 설계사도 영업하는 개인으로서 더 많은 소득 창출을 위해 노력하는 것은 당연하다. 각자의 자리에서 모두가 이익 창출을 위해 최선을 다하고 있지만, 그 결과로 보험에 대해 잘 모르는 보험가입자만 비싼 대가를 치른다는 게 문제다.

보험설계사와 대화해보면, 본인이 권하는 상품과 가입방식에 대해 확신에 차 있는 경우를 자주 본다. 자신감 있고 보기 좋다. 그러나 회사의 교육 내용을 아무런 비판 없이 받아들이고, 스스로 옳다는 확신에 가득 차 있으면 안 된다. 여러 경험과 고객으로부터의 피드백, 그리고 직간접적인 다양한 지식을 광범위하게 습득한 후, 회사에서 교육받은 내용이 진정 고객에게 유익한지, 고객에게 정말 필요한 상품이 어떤 것인지 정확하게 알고 상품을 제안해야 한다.

예전에 만난 한 보험설계사는 만기환급형 상품을 권했다. 알다시피 보험료를 내고 나중에 만기가 되면 지금까지 낸 보험료를 그대로 전액 돌려주는 것이 만기환급형이다. 보험료를 낸 만큼 나중에 그대로 돌려주고,

그동안 보험 혜택도 덤으로 받을 수 있다는데 당연히 솔깃하다. 그러나 여기에 보험설계사가 언급하지 않은 부분이 있다. 가입자가 정확한 판단을 내릴 수 있게 하려면 적어도 다음 3가지를 더 설명해야 한다.

❶ 만기환급형은 똑같은 보장을 받는 순수보장형보다 월 보험료가 아주 비싸다.

❷ 올라간 만큼의 차액으로 가입자가 예·적금 및 다른 곳에 투자하면, 만기에 돌려받을 만기환급금보다 더 많은 돈을 모을 수 있다.

❸ 만기 때 받는 환급금의 실제 가치는 화폐가치 하락 때문에 지금보다 형편없이 낮다.

여기서 하고 싶은 말은 만기환급형에 가입하면 가입자는 더 비싼 월 보험료를 내게 되고, 설계사와 회사는 더 큰 소득과 수익을 올리게 된다는 점이다. 가입자에게 유리한 상품은 월 보험료가 훨씬 작고, 보장은 똑같은 순수보장형 상품이다. 보험료는 투자가 아닌 비용이며, 꼭 필요한 만큼의 보험료만 납입하고 그만큼만 보장받으면 된다. 굳이 내가 낸 돈을 나중에 돌려받겠다고 할 필요가 없다. 그러나 만기환급형은 낸 만큼의 금액을 그대로 돌려준다는 유혹으로 고객에게 더 많은 월 보험료를 내도록 유도한다. 그리고 비싼 보험료는 최소 10~20년이라는 긴 납입기간을 채우지 못하고 중도 해지로 손해를 보게 만드는 주된 원인이다. 단적인 예일 뿐 더 심한 사례도 수없이 많다.

물론 모든 설계사가 일부러 그러는 것은 아니다. 이런 속사정을 잘 알면서도 계속 비싼 보험을 판매하는 설계사가 있고, 잘 모른 채 그저 좋은 상품을 소개하고 싶은 순수한 마음으로 설계하는 설계사도 있을 것이다. 이런 상황에서 누가 옳고 그른 것을 떠나 보험가입자인 우리는 어떻게 해야 할까? 어떻게 해야 피해 보지 않고 평생 함께할 인생의 동반자인 보험을 적절하게 잘 가입할 수 있을까?

안에서 보면 안 보이는 것이 밖에서 보면 잘 보이는 경우가 있다. 바둑이나 장기도 옆에서 훈수 두는 사람이 더 잘 본다고 하지 않나. 제삼자의 입장에 서서 보험설계사와 보험회사가 말하지 않는 내용, 그리고 소위 호구가 되지 않기 위해 꼭 알아야 할 필수 보험 가입요령들에 대해 지금부터 알아보자.

우리에게 보험이
그렇게나 어려운 이유

안타까운 사실이지만 보험가입자 대부분은 본인이 가입한 보험에 대해 잘 알지 못한다. 그 이유에 대한 한결같은 대답은 보험이 어렵다는 것이다. 설계사에게 들을 때는 이해했는데, 얼마 지나지 않아 곧 잊어버린다고도 한다. 아쉽지만 그럴 수밖에 없는 게 현실이다. 바쁘고 정신없이 일상을 살다 보면 당장 해결해야 하는 눈앞의 일들에 매몰된 채 살아간다. 그러다 보니 장기적으론 중요하지만, 오늘 당장 문제를 일으키지 않는 것까지 신경 쓸 여력은 많지 않다.

그러나 아무리 작게 쳐도 보험은 이렇게 무관심하게 내버려 둬도 괜찮은 것이 아니다. 매월 수만 원에서, 많게는 수십만 원씩 고정적으로 납부하고 있는 고가의 상품이니까 말이다. 전체 액수는 천만 원대를 훌쩍 넘는다.

보험이란 게 듣고도 쉽게 잊어버리고, 이해하기 어려운 대상이 된 데는 몇 가지 이유가 있다.

첫째, 보험과 특약의 종류가 너무 복잡하고 많기 때문이다. 변액, 유니버설, 저축, 종신, 정기, 상해, 질병, 연금, 후유장해, 암, 3대 질병, 치매, 간병인, 치아, 어린이, 운전자 등 보험 종류가 너무 많고, 각 보험에 들어 있는 특약의 종류까지 하면 정말 방대하다. 일부 태아보험은 특약 개수만 100개가 넘는다.

둘째, 사고나 질병이 없는 평상시에는 관심 있게 쳐다볼 이유가 없기 때문이다. 평상시에 보험증권 열어볼 사람이 있을까? 다치거나 아파서 병원에 가게 되면 그제야 가입했던 보험 생각이 나는 게 현실이다.

셋째, 보험 가입을 도와주는 보험설계사마다 보험에 관한 생각이 모두 다르기 때문이다. 설계사들이 모두 다른 관점과 가치관으로 본인의 생각을 피력하니 혼란스러울 수밖에 없다. 이 사람 말을 들으면 이 말이 맞고, 저 사람 말을 들으면 저 말이 맞는 것 같다.

넷째, 가장 말하고 싶었던 이 마지막 이유는 '보험에 대한 정확한 개념이 아직 잡히지 않아서'다. 보험에 대한 개념을 확실히 잡게 되면 그때부터는 달라진다. 확실히 쉬워진다. 수학 공식처럼 보험에도 기본적으로 알아야 할 몇 가지가 있다. 정말 중요한 보험 2~3개만 잘 가입하면 인생을 살아가는 데 꼭 필요한 준비는 끝난다. 설계사에게 더 휘둘릴 필요도 없고, 내가 나에게 맞는 보험 가입 개념 및 철학에 따라 저렴한 상품으로 쉽게 비교하여 가입할 수 있다.

보험의 가장 중요한 개념 중 하나는, 보험은 비용이고 지출이라는 것이다. 이것 하나만 확실히 이해해도 여러 문제가 한 번에 해결된다. 일테면 이런 식이다. 상식적으로 부유하게 잘살고 싶으면 수입은 늘리고, 지출은 줄여야 한다. 보험이 비용이고 지출이라면 보험 지출을 최대한 통제하고 줄이려고 할 것이다. 또 비용과 지출은 나중에 돌려받는 것이 아니라 지출하는 순간 없어진다. 그렇다면 순수보장형보다 훨씬 비싼 보험료를 내면서 나중에 돌려받자고 만기환급형 상품에 가입하는 실수는 하지 않게 된다. 더 있다. 비용과 지출은 저축과 정반대의 개념이다.

이렇게 생각하면 보험상품으로 저축한다는 건 시작부터가 모순이니 보험 이름에 '저축'이 들어가면 가능한 한 해지하거나 아예 가입 자체를 안 하게 된다. 이렇게 보험과 보험료가 비용이고 지출이라는 개념이 정확히 이해되는 순간 보험료를 줄이고, 만기 후에 원금을 돌려받겠다는 생각을 버리며, 저축형 보험상품에 가입하지 않는 몇 가지 보험 가입요령이 생긴다. 그래서 보험에 대한 기본적인 개념을 정립하는 것이 중요하다고 하는 것이다.

이런저런 이유로 본인이 가입한 보험에 대해 정확하게 이해하기 힘들고, 일상에 바쁘다 보면 더이상 이해하기를 포기하게 된다. 하지만 언제까지 이대로 방치하고만 있을까? 내 보험에 대해 알려고 하지 않고 무조건 설계사에게만 의존하는 것은 바람직하지 않다. 가입자라면 내가 가입한 보험이 꼭 필요한 보장으로 잘 구성되어 있는지, 필요할 때 적절한 보상을 받을 수 있는지를 반드시 알아야 한다. 막상 보험을 사용해야 할 때 내가 가입한 보험이 형편없다는 걸 알게 되지만 이미 한참 늦었다. 그 후로는 보험을 다

025

시 가입하려고 해도 과거 병력과 치료 이력 때문에 가입이 힘들다. 어렵게 다시 가입하더라도 보험료가 할증되거나 비싼 유병자 보험에 가입해야 하거나 부담보가 잡힌다. 그래서 보험은 몸이 아프기 전에, 그리고 나이 들어 보험료가 비싸지기 전에 잘 가입해 놓는 것이 매우 중요하다.

이 책을 통해 보험에 대한 개념을 잘 정리하고, 가입한 보험에 대해 정확하게 이해하고, 필요할 때 잘 활용했으면 좋겠다. 가입한 보험이 잘못되었다는 것을 알았다면 적절한 리모델링과 재정비를 통해 중요 보장 위주로 보험료를 줄이고, 줄인 보험료는 더 가치 있는 곳에 사용해보자.

신뢰?
보험회사의 수익구조를 알면
답이 보인다

대형 보험회사들의 본사 위치를 찾아보면 놀랍기만 하다. 대부분 우리나라의 가장 비싼 땅 위에 크고 멋진 빌딩을 올렸다. 보험회사들은 어떻게, 얼마나 벌어서 이런 자산을 일궈낼 수 있었던 걸까? 해외 시장에서 보험상품을 잘 팔아 이런 결과를 얻은 걸까? 보험가입자에게 많은 보험금을 지급했다면 이런 큰 자산 형성은 불가능했을 텐데 말이다. 대체 어떤 방식으로 수익을 창출하는지 살펴보자.

보험회사 수익의 상당 부분은 먼저 설계사와 설계사 가족들에게서 나온다. 왜 갑자기 설계사 얘기를 시작하냐면 다 이유가 있다. 설계사 한 명이 보험회사에 들어가면 그 설계사는 친인척과 주변 지인들부터 보험에 가입시키는데, 많은 경우 지인 영업이 끝나면 더는 보험 영업을 지속하지 못하고 설계사 일을 그만두게 된다. 금융감독원의 보험회사 종합공시에 따르면 2022년 상반기 설계사 13개월 차 등록 정착률은 생보사(생명보험회사) 평균 39.0%, 손보사(손해보험회사) 평균 52.2% 수준이다. 13개월, 즉 약 1년 안에 절반 정도가 이직하거나 그만둔다는 뜻이다. 설계사 일을 하는 1년 동안 실적을 위해 본인과 가족 이름으로 이미 많은 보험에 가입했다는 것은 의심할 여지가 없다. 그러나 설계사 일을 그만둔 후에는 무리하게 가입한 많은 보험을 계속 유지할 동기가 차츰 사라지고, 때마침 경제적 상황까지 어려워지면 결국 손해 보며 일부 보험을 해지하는 순으로 진행된다.

(2022. 1. 1.~2022. 12. 31.)   (단위: %)

보험계약관리목록			
회사명	13월차 설계사등록정착률	13회차 계약유지율	25회차 계약유지율
한화생명	-	84.2	68.6
삼성생명	47.2	90.2	75.2
흥국생명	21.8	84.3	71.8
생보사 평균	39.0	87.7	69.2
에이스손보	0.0	63.3	50.2
손보사 평균	52.2	87.3	72.5

2022년 13월 차 설계사 등록 정착률(출처: 금융감독원)

보험회사가 설계사를 모집하는 일은 그리 어렵지 않다. 전설적인 보험왕 이야기, 누구나 노력하면 큰 부자가 될 수 있다는 이야기는 흔히 써먹는 레퍼토리다. 그들이 보여주는 달콤한 이상을 향해 많은 사람이 달려든다. 몇몇 특출한 설계사들에게는 현실이 되겠지만, 대부분에게는 일장춘몽

신뢰? 보험회사의 수익구조를 알면 답이 보인다

일 뿐인데도 말이다. 설계사가 다른 설계사를 본인 팀으로 데려오면 그 설계사에게 인센티브를 주는 방식도 있다. 이렇게 늘어난 많은 설계사가 지인 영업이 끝나면 퇴사하며, 당사자와 가족 및 지인의 보험이 가입되었다가 다시 해약된다. 그리고 그 빈 자리를 또 다른 설계사가 들어와 채우며 같은 일이 반복된다. 이 과정에서 보험회사는 지속해서 수익을 창출한다.

수익 창출을 위한 또 다른 방법은 공정하지 못한 방식으로 보험상품을 판매하는 것이다. 여기서 '공정하지 못하다'라는 말은 법적으로 하자가 있다는 뜻이 아니다. 예를 들면 가입자들이 잘 모르는 부분에 대해 공포를 야기하는 과도한 영업을 하는 것, 가입자가 반드시 알아야 하는 중요한 부분을 작은 글씨로 표현해 가입자가 그 상품에 대해 정확히 이해하지 못한 채 가입하도록 여지를 주는 것, 손해율이 심한 상품의 경우 더 좋은 상품을 제안하는 척하며 기존 상품을 해지하고 새 상품에 갈아타게 하는 것 등이다.

또 다른 수익은 보험가입자의 보험 해약을 통해 발생한다. 보험상품 대부분은 가입 초기일수록 사업비(설계사 수당, 광고비, 운영비 등 보험회사가 상품 판매나 관리를 위해 사용하는 비용)가 크다. 즉, 초기에 많은 금액의 사업비를 보험료에서 차감한다. 시간이 지나면서 사업비 차감 비율이 줄어들기 때문에, 가입자가 일찍 해지할수록 보험회사의 수익은 커지는 구조다. 설계사가 더 많은 수익 창출을 위해 비싼 보험에 가입하게 하면 할수록 보험가입자의 중도 해지율은 높아진다. 개인적인 경제 상황이 어려워지면 보험료 부담을 감당하지 못하고 해약하는 경우는 더욱 많아진다. 이래저래 결국 보험회사의 수익만 더 커진다.

이 외에도 다른 많은 방식이 있겠지만 결국 최후의 승자는, 가입자도 설계사도 아닌 보험회사다. 일부 특출한 능력의 설계사와 현명한 고객을 제외하면, 대부분의 설계사와 가입자는 아무런 비판 없이 자신도 모르게 상납하고 있는 셈이다. 이렇게 보험회사가 취득한 수익 대부분은 우리 주머니에서 나왔다. 보험가입자는 보험 가입을 통해 내가 이득을 볼 거라고 기대하지만 그런 경우는 극히 적다. 승자는 보험회사라는 걸 정확히 인식해야 한다.

이런 상황에서 보험가입자인 우리는 어떻게 해야 할까? 먼저 보험으로 큰 이득을 보겠다는 생각을 버리자. '보험에 많이 가입했으니 더는 걱정이 없지. 안심해도 돼'라는 생각도 버려야 한다. 이런저런 보험에 가입하지 않으면 큰일이라도 생길 것처럼 두려워할 필요가 없다. 보험으로 모든 것을 해결하려 들면 안 된다. 물론 단순히 경제적 이득을 보기 위해 보험에 가입하는 것만은 아닐 것이다. 그러나 보험의 순기능을 인정한다고 하더라도, 굳이 손해가 큰 방식의 보험을 선택할 필요가 있을까? 이제는 보험을 바라보는 관점을 바꿔야 한다. 중요하고 핵심적인 몇 가지 보험만 가성비 좋은 방식으로 가입하면 된다. 보험에 대한 옛 생각을 과감히 떨쳐내고, 현명한 가입자가 되자.

대비?
보험은 모든 리스크를
막아주지 못한다

'나는 보험에 가입했으니 이제 안전해.'

사람들이 흔히 착각하는 것이 바로 이것이다. 보통 '보험'이라고 얘기하는 건 대부분 보장성 보험이다. 사망하면 나오는 사망보험금이나 병에 걸리면 나오는 진단비, 수술하거나 입원하면 나오는 수술비, 입원비, 기타 병원 치료비 등을 지급한다. 맞다, 돈이 나온다. 그렇긴 한데 내가 보장성 보험에서 많은 보험금을 받을 수 있도록 충분하다 싶게 가입하면 정말로 안전한 걸까? 암, 뇌졸중, 급성심근경색, 뇌혈관질환, 허혈성 심장질환, 심혈관질환 보험 등에 가입하고, 여러 가지 특약을 잔뜩 넣어서 가입한 보장만큼 정말 다 돌려받을 수 있을까? 예상하듯이 답은 '그렇지 않다.' 오히려

이렇게 생각하는 게 사실에 가깝다. '약속된 보험금을 다 받지 못할 수 있다.'

《보험회사가 당신에게 알려주지 않는 진실》이라는 책을 보면, 보험회사의 부적절한 행동에 관한 사례를 꽤 볼 수 있다. 작은 보험금 청구에는 착실히 응하던 보험회사들이 큰 보험금이 청구되면 보험금을 주지 않기 위해 악마로 변하는 경우가 많다는 내용이다.

"고지의무 위반, 자필서명 미이행, 타 보험사 가입 사실 은닉, 질병분류코드 불일치, 확정 진단이 아닌 임상 추정, 입원 사유 미해당, 수술 방법 미충족 등 '보험금 미지급 조건'에 가입자를 끌어들여서 어떻게 해서든 보험회사는 보험금을 지급하지 않으려고 한다."

위 보험금 미지급 조건에 관한 내용이 금방 이해되는 사람이 있을까? 상당히 어렵다. 이 수많은 조건을 일반인인 가입자가 잘 이해하고, 보험회사와의 분쟁에서 이기기란 절대 쉽지 않아 보인다. 입원실을 잠시 비운 사이에 찾아와서는 일어나 움직일 수 있는 상태면 '입원 조건' 상태가 아니라는 이유로 보험금 지급을 거절하고, 보험회사로부터 사기로 고소당하기까지 했다는 내용은 정말 충격적이었다. 물론 모든 사람과 모든 회사에 해당하는 것은 아닐 것이다. 그렇지만 이런 소송과 분쟁 사례들을 볼 때면 다시금 '보험금을 다 받지 못할 수도 있겠구나' 싶다. 보험료를 많이 지출하면 안된다는 생각을 다지기에도 충분하다.

원론적으로 생각해봐도 결론은 같다. 예를 들어 암에 대비해 암보험에 가입했다고 가정하자. 암 진단비 1억 원을 지급하는 보험상품에 가입한 사람이 1천만 원짜리에 가입한 사람보다 이득을 보는 경우는 암에 걸렸을 때뿐이다. 암에 걸리지 않는다면 1억 원에 가입한 사람의 보험료가 더 비쌀 테니 당연히 더 큰 재정 위험에 노출된다. 공포 마케팅의 결과라고 본다. 모두 다 암에 걸릴 것처럼, 가입한 보장이 크게 부족한 것처럼, 마치 당장이라도 큰 사고를 당할 것처럼 겁을 주니 큰 병에 걸리지 않고, 병원에 자주 안 갈지도 모르는 사람도 많은 보험에 가입해 큰 비용을 지출하게 만드는 안타까운 상황이 발생한다.

소득은 일정한데 보장성 보험에 지출이 많아지면 꼭 준비해야 할 다른 일에 소홀해질 수밖에 없다. 몸이 아프거나 다치는 것, 일찍 사망할 것에 대비해 보험에 가입하지만, 그것 말고도 준비해야 할 것들이 수두룩하다. 정확히 반대다. 몸이 아프지 않고, 다치지 않고, 오래오래 살 것에도 준비해야 하고, 자녀들 양육비, 교육비, 주택마련, 자산 형성, 노후 준비, 자기계발 등도 준비해야 한다. 신체적 손해가 생겼을 때의 재정 리스크만 대비할 것이 아니라 그것보다 훨씬 더 큰 비용이 필요한 인생의 여러 목적자금도 준비해야 한다.

종신보험과 각종 보장성 보험으로 월 30만 원 이상의 보험료를 내는 동료가 있었다. 알고 보니 정작 이 친구는 본인의 노후를 책임지는 데 가장 큰 혜택을 줄 국민연금에는 가입하지 않은 상태였다. 이 사실을 알자마자 보장성 보험의 월 보험료를 6~8만 원 수준으로 줄이고, 남은 돈으로 국민연금 임의가입을 하도록 독려했다. 재테크에 관심이 많거나 안목이 뛰어난 사람은 국민연금이 노후에 얼마나 큰 혜택을 주는지 아주 잘 알고 있다. 직업이 없는 강남 부자 아줌마들도 노후 준비 수단으로 국민연금 임의가입에 열을 올리는데, 이런 확실한 효과를 가진 국민연금에 대한 불신은 과연 누가 심어준 것인지 한 번쯤 생각해봐야 한다. 국민연금에는 가입하지 않고, 다른 개인연금 상품에 가입하도록 부추긴 것은 누구일까? 국민연금을 기반으로 일반 보험회사나 증권회사의 연금, 연금저축을 추가로 가입하는 것은 현명한 선택이 될 수 있으나, 국민연금 없이 일반 연금상품에만 가입했다면 본인의 선택이 얼마나 어리석었는지 노후가 돼서야 깨닫게 될 것이다. 물가 가치에 비례해 종신토록 연금액을 보전하는 상품은 공적연금밖에 없다.

"아이가 감기로 아파서 병원을 다녀왔는데, 보험으로 치료비를 다 돌려받지 못해서 내 돈을 일부 썼어. 괜히 억울하네."
"노후에 치매에 걸릴지도 모르니 치매보험에 가입해야 할까 봐."
"우리집은 유전적으로 치아가 안 좋아서 치아보험에 가입했어. 이제 좀 안심이야."
"목돈 마련이 필요해서 이것저것 보다가 저축도 되고, 건강보장도 되는 저축보험에 가입했지."

보험을 대하는 우리 책임도 있다. 지인들과 대화를 나누다 보면 위의 내용처럼 보험으로 모든 것을 해결하고 싶어 하는 사람들을 만나곤 한다. 유전적으로 치아가 좋지 않은 사람이라면 치아보험이라는 상품에 가입해 보장받고 싶고, 기억력이 예전 같지 않은 사람은 치매에 걸린 후가 걱정되는 건 당연하다. 어차피 드는 보험이니 병원 치료비를 100% 다 돌려받고 싶기도 하고, 저축보험에 들면 의지가 약한 나도 강제로 저축할 수 있을 것

대비? 보험은 모든 리스트를 막아주지 못한다

같다. 그러나 보험으로 인생의 모든 걸 다 해결하려고 할수록 큰 비용이 들어간다는 것, 일반적으로 해결할 수 있는 작은 위험은 그동안 모아둔 돈으로 해결하는 것이 좋다는 것을 잊어선 안 된다. 큰 위험에 대비해 소액으로 보험을 준비하는 게 가장 효율적이고, 합리적인 방법이다.

앞에서 든 예를 다시 한번 살펴보자. 아이가 감기에 걸려 병원을 다녀온 것이 보험으로 반드시 다 해결해야만 하는 큰일인가? 아이가 감기에 걸린 것이 우리 살림에 큰 위협이 될 사건인가? 당연히 그렇지 않다. 이런 가벼운 재정적 리스크는 보험이 아니어도 해결할 수 있다. 오히려 이런 경우까지 다 보장받을 수 있는 보험료로 낼 돈을 따로 모아두었다가, 이런 작은 비용을 처리하는 데 쓰는 게 낫다. 물론 필수인 실손의료보험을 이용하면 이런 부분까지도 대부분은 보장받을 수 있다.

치아가 좋지 않아서 치아보험을 떠올리는 경우도 그렇다. 보험회사가 굳이 치아보험이라는 걸 따로 만든 이유는 뭘까? 갑자기 큰돈이 드는 치과 치료를 위해 평상시 적은 돈으로 대비할 좋은 기회를 주는 것처럼 보일 수 있지만, 보험회사가 치아라는 신체 부위로 돈을 벌기 위해서라는 게 더 설득력 있다. 치아보험 보험금을 타기 위해서는 여러 가지 조건을 충족해야만 한다. 쉽게 보험금을 타지도 못할 뿐만 아니라 낸 보험료 대비 엄청난 혜택을 보는 건 사실상 불가능하다. 치매보험은 어떤가? 걸릴 확률이 희박한 중증치매 집중 상품이 대부분이고, 상대적으로 쉽게 걸리는 경증치매 때 지급하는 보험금은 크지 않다. 경증치매까지 충분히 다 보장받으려면 당연히 보험료가 엄청 비싸다.

정보의 비대칭성으로 인해 처음부터 보험가입자에게 무조건 불리한

데도 불구하고, 보험으로 모든 위험을 해결하겠다는 맹목적 의존이 값비싼 보험료가 되어 돌아온다. 보험에 가입했다고 무조건 혜택을 볼 수 있는 것도 아니고, 보험을 끝까지 완납하는 사람도 그리 많지 않다. 보험에 가입할 때 기대한 혜택을 끝까지 다 보지 못하는 경우가 안타깝게도 너무 많다.

다시 한번 강조하지만 감당할 수 있는 작은 리스크는 평소 모아둔 자금으로 처리하고, 보험은 중대한 리스크에 대비하기 위해 꼭 필요한 상품에만 저렴하게 가입하는 것이 최선이다. 보험으로 보험가입자가 큰 이득을 보겠다는 생각은 욕심에 뿌리를 둔 망상에 가깝다. 그 욕심을 버려야 오히려 손해 보지 않는다. 보험회사는 자본주의 정신으로 똘똘 뭉친 영리회사이지 자선사업 단체가 아니라는 걸 잊지 말자.

차라리 이렇게 생각하면 어떨까? 치아가 좋지 않으면 치아보험이 아니라 왜 치아가 안 좋아졌는지, 치아를 회복시킬 방법은 없는지에 대해 먼저 고민하는 것이다. 치매보험이 아니라 치매를 방지하기 위해 무엇을 어떻게 준비할 것인지를 공부하고, 행동으로 옮기는 것이다. 매사를 보험에 의지해서는 안 된다. 혹시 몰라 가입하긴 했어도 혜택을 보면 좋은 것이고, 운 나쁘면 혜택을 보지 못할지도 모르는, 보험은 그저 그런 정도로만 생각하면 충분하다. 보험료를 적절히 줄이고, 그 돈으로 우리 삶의 모든 위험에 균형 있게 대비하기 위해 노력하는 게 더 바람직하다.

대비? 보험은 모든 리스트를 막아주지 못한다

저축?
보험은 시작부터
마이너스다

가끔 보험을 통해 저축하려는 사람들을 본다. 저축보험 같은 여러 상품이 있고 일부 유용하게 사용하는 방식도 있을 수 있다. 그러나 필자는 보험으로 저축하지 말라고 유튜브 방송에서나 사석에서나 늘 말하고 다닌다. 조목조목 따져보자.

사업비 보험회사는 저축성 보험을 판매할 때, 우리가 내는 월 보험료에서 적게는 5~6%, 많게는 10% 이상을 '부가보험료(쉽게 말해 사업비)'로 차감하고 시작한다. 예를 들어 사업비가 10%라면, 보험료를 10만 원 냈을 때 사업비로 1만 원을 뺀 후 9만 원만으로 저축을 시작한다는 말이다.

　이미 10%를 떼고 저축을 시작한다고? 수익률이 10% 이상 나지 않는

다음에야 어느 세월에 원금이 되고, 수익씩이나 날 수 있을까? 마이너스에서 시작하는 저축은 세상 어디에도 없다. 상품마다 차이는 있겠지만 가입 후 최소 5~7년이 지나야 겨우 내가 낸 원금에 가까워진다.

이자 그렇다고 이자를 시중 예적금보다 크게 많이 쳐주는 것도 아니다. 언뜻 보면 꽤 높아 보이는, 보험회사가 제시하는 공시이율, 확정이율은 사실 우리가 낸 보험료 전체에 적용되는 게 아니라 위험보험료와 부가보험료를 제외한 '적립보험료'에만 적용된다. 그래서 실제로 납입한 금액에 공시이율을 적용해서 몇 년 후 얼마가 쌓여 있는지 실제로 계산해보면 내가 계산한 금액과 보험회사가 돌려주겠다는 시점의 해지환급금에 큰 차이가 있다. 안타깝게도 이걸 직접 계산해보는 사람을 본 적이 없다. 은행 예적금보다 이율이 높다고 하니까 그런 줄만 알지 사실은 별 차이가 없다는 걸 아는 사람은 드물다. 저축보험과 비교하면 은행 예적금 이자는 단리지만, 내가 납입한 금액 전체에 이자를 준다는 점과 원금에 손해가 생기지 않는다는 점에서 뚜렷한 장점이 있다. 저축성 보험과 큰 차이가 나는 부분이다.

비과세 혜택 또 장기간 유지하면 비과세 혜택이 있다고도 하지만 실제로는 장기로 10년, 20년 이상 보험을 유지하는 사람이 그리 많지 않다는 것도 문제다. 대부분은 중도에 해지해서 아주 당연하게 원금 손실을 보게 되는데, 그 돈은 자연스레 보험회사 수익으로 돌아간다. 정말 끈기 있게 10년 이상 내서 비과세 혜택을 받는다고 쳐도 비과세 혜택을 받을 만한 수익이 나와야 하는데, 위에서 이야기한 것처럼 내가 낸 금액 전체가 아니라 적립

저축? 보험은 시작부터 마이너스다

보험료 부분에만 적용되기 때문에 그리 크지도 않다. 비과세 혜택, 안 받고 만다는 말들까지 나오는 이유가 이거다. 비과세 상품은 아니지만 시중에서 세액공제 혜택으로 인기 있는 연금저축보험을 하나 살펴보자. 2014년 자료이긴 하지만 금융감독원 보도자료에 따르면, 연금저축보험의 10년 유지율은 52.4% 수준에 불과하고 현재도 크게 다르진 않다.

□ **보험사 연금저축**의 경우 가입자의 **재정악화에 따른 계약 실효, 다른 상품으로 갈아타기 곤란**한 구조 등으로 **장기 안정적 보유가 어려운 측면**[*]
  * 경과년도별 연금저축 계약유지율(단위: %)

구 분	1차년	2차년	3차년	5차년	10차년
평 균	95.5	86	80.2	72.4	**52.4**

연금저축보험 연도별 계약유지율(출처: 금융감독원)

절반 가까운 계약이 10년을 다 채우지 못하고 해지된다는 뜻이다. 10년을 넘으면 유지율은 더 떨어질 것이 분명하다. 수익률도 만족스럽지 못한 건 마찬가지다. 생명보험협회 공시실에 나와 있는 '연금저축보험의 20년간 예상 수익률'을 보면, 보험 가입 후 20년이 지난 시점에 원금의 50% 이상 수익이 예상되는 상품은 하나도 없었다. 20년간 저축한 것 치고는 초라한 수익률이다. 앞으로 금리가 더 떨어져 가입 당시 공시이율을 유지하지 못하고 최저보증이율 수준으로 운영된다면 결과는 더 초라해질 것이 분명하다.

강제저축 효과 이렇게 말하는 사람도 있을 것이다. "보험으로 저축하면

10년이라는 비과세 충족 기간이 정해져 있으니, 그걸 위해서라도 10년간 강제저축을 할 수 있어요." 그러나 원래 저축이란 것이 본인의 의지로 끝까지 해내는 데 의미가 있는 것 아닐까? 혼자서는 저축하기가 힘들어서 남에게 수수료를 몽땅 주면서 내 돈을 맡긴다는 게 바람직해 보이지는 않는다. 이런 나약한 마음으로 저축보험에 가입하면, 위의 통계 데이터처럼 10년도 못 채우고 결국 해지해 귀한 시간을 낭비하고 원금도 손해를 볼 수 있다. 돈을 모을 때는 악착같아야 한다. 독한 마음을 품고 이 악물고 저축해도 될까 말까인데, 나태한 마음으로 남에게 맡기는 이런 저축이 과연 성공할지 모르겠다.

보험료가 비싸면 비쌀수록 그 보험을 끝까지 유지하지 못하는 경우가 아주 많다. 잘 될 때가 있으면 어려울 때도 있다. 잘 될 때야 아무 문제 없겠지만, 재정적으로 어려운 시기가 오면 그 비용을 유지하기가 여간 어려운 게 아니다. 어쩔 수 없이 중도 해약하는 사람은 생각보다 아주 많고, 보험을 유지해야 하는 10년, 20년이란 시간은 생각보다 아주 긴 시간임을 잊지 말아야 한다.

이 정도 이유면 충분하지 않나? 왜 보험으로 저축하려고 하지 말라고 하는지 확실하게 정리되었으면 좋겠다. 앞으로는 보험상품 이름에 '저축'이라는 단어가 들어 있으면 그냥 건너뛰자. 저축이라는 이름이 들어간 모든 저축성 보험 대신에 그냥 은행에 가자. 은행에서 저축하면 단기 상품, 1~2년짜리 적금, 예금 등으로 쉽고 간단하게 돈을 모을 수 있다. 10년 이상 돈이 묶일 필요도 없고, 원금이 빠져나갈 염려도 없고, 보험회사와 설계사에게 수수료를 낼 일도 없다.

환급?
보험료는
비용이며 지출이다

보험은 어떤 개념으로 바라보는 게 좋을까? 결론부터 이야기하면 보험료는 비용 또는 지출로 생각하는 것이 좋다. 비용과 지출이 나에게서 돈이 사라지는 행위인 것처럼, 보험료도 보험회사에 내는 순간 나에게서 사라지는 비용이고, 지출이라고 생각하자는 것이다. 소득의 일정 부분을 보험료로 내면서 위험을 헷지하는 비용으로 썼다고 보면 된다.

무엇인가에 대한 효용을 얻기 위해 우리는 특정 물품을 사는 소비를 한다. 비용을 지출하면서 맛있는 음식을 먹을 수도, 멋진 여행을 갈 수도 있다. 소비와 지출을 통해 기대한 효용을 얻는다. 마찬가지로 보험료 납부라는 비용 지출을 통해 우리는 만약에 발생할 수 있는 신체적 위험 상황에 재정적으로 대비하는 효용을 얻게 된다. 쉽게 말해, 한 달 보험료를 냄으로

써 한 달 동안 다치거나 질병에 걸리거나 많은 병원비를 지출할 상황에 미리 대비하는 것이다. 그렇다면 한 달 동안 아프지도 않았고, 다치거나 병원에 갈 일도 없었다면 내가 낸 보험료가 아깝다고 생각해야 할까? 그렇지 않다. 그 보험료로 위험에 노출될 수도 있었던 한 달이라는 기간을 충분히 재정적으로 안전하게 대비했다. 그 보험료가 없었다면 사고와 질병을 무방비 상태로 맞닥뜨려 내 삶의 뿌리를 흔들 수도 있는 큰 비용을 지출했을지도 모른다.

가끔 보험 리모델링을 조언하면서 기존 보험을 해지하는 사람들의 한숨 섞인 푸념을 듣곤 한다. "지금까지 얼마를 냈는데 해지환급금이 원금보다 적어, 손해 봤잖아." 원금에 손해를 본 것이 아니다. 보험료는 원래 사라지는 돈이었다. 보험료를 내는 동안 나를 지켜주었고, 보험 혜택을 받았든 받지 못했든 상관없이 보험료는 지금까지 그 역할을 충분히 다한 것이다. 이것이 보험료는 비용이고 지출이라고 생각하는 자세다.

애초에 돌려받을 생각을 하지 말아야 하는 게 맞다. 그러니 딱 필요한 만큼의 보장만 가입하고, 최대한 저렴한 보험료를 내면 되는 것이다. 환급받는 금액에 집착할 필요가 없는 이유는 정작 환급받는 만기 시점이 되면 이미 그 돈의 가치는 낼 때와 비교해 형편없이 떨어지기 때문이다. 인생을 사는 동안 아무 큰일도 벌어지지 않고 무사히 만기까지 납입기간을 다 채웠다고 치자. 30세에 보험에 가입해서 80세 만기가 되어 지금까지 냈던 보험료를 다 돌려받았다. 무려 50년이다. 80세에 그 돈의 가치는 얼마나 될까? 과거를 돌아보면 50년 전 짜장면 한 그릇의 가격은 100원 수준이었다. 지금 5,000원이라고 대충 계산해도 50배다. 미래 시점의 화폐가치가 얼마

환급? 보험료는 비용이며 지출이다

나 떨어질지를 생각하면 지금 비싼 돈을 내고 50년 후에 그 돈을 돌려받느니, 지금 한 푼이라도 적게 내는 게 낫다는 답이 나올 것이다.

얼마 전부터 무해지환급형 보험상품이 많이 판매되고 있는데, 항간에 말도 많다. 납입기간 도중에 해지하면 환급 금액이 하나도 나오지 않는 상품이라서 소비자들의 불만이 많다고 한다. 그러나 해지환급금은 없지만, 무해지환급형 상품에 가입함으로써 소비자는 10%에서부터 최대 30%가량의 보험료를 할인받아 훨씬 저렴하게 기간 내내 같은 보장을 받을 수 있다는 게 이 상품의 핵심이다. 보험료를 낮출 수 있는 아주 획기적이고 좋은 아이디어다. 저렴한 가격에 동일한 보장의 보험에 가입할 수 있다는 뛰어난 장점이 있는데도 불구하고, 보험에 대한 잘못된 관점 때문에 안타까움을 호소하고 그것이 기사로도 나오는 현실이다.

물론 납입 도중에 해지하면 환급받는 금액이 아예 없다는 것을, 보험 가입 전에 미리 정확하게 알려주지 못한 설계사나 보험회사가 있다면 그 부분은 지탄받아 싸다. 그러나 보험이 비용이라는 관점에서 본다면 이보다 더 훌륭한 개념의 상품은 없다.

이제 왜 보험료를 비용이고 지출이라고 생각하는 것이 좋은지에 대해 이해했을 것이다. 보험료가 비용이고 지출인 것을 알았다면 보험가입자인 우리는 어떻게 해야 할까? 당연히 이제부터는 보험료를 철저하게 관리하고, 합리적으로 줄여야 한다. 한 번 가입하면 수년, 수십 년 동안 매달 빠져나가는 돈이다. 한 달에 1만 원이라도 10년이면 120만 원이고, 10만 원이면 1,200만 원이다. 매월 10만 원씩 20년 납으로 하면 총 2,400만 원이고, 이는 승용차 한 대를 살 수 있는 큰 비용이다. 월 보험료가 20만 원인 가장의 보험료를 10만 원 밑으로 줄인다면, 그 가정은 매달 10만 원 이상의 부가적인 수입을 올리는 것과 같다. 가장만 20만 원이지 가족 전체가 보험에 가입되어 있다고 생각하면 가정마다 월 20~30만 원의 보험료를 줄이는 것은 전혀 어려운 일이 아니다. 매달 20~30만 원이면 진짜 큰돈이다. 잘못된 보험에 대한 관점, 그리고 가입자의 욕심과 무관심으로 매달 지갑에서 불필요한 보험료가 물 새듯 빠져나가고 있다면, 깨닫는 즉시 손을 보고 적절한 금액으로 조정해야 한다.

환급? 보험료는 비용이며 지출이다

심지어 투자?
내 몸으로
돈 벌 생각하지 말자

주위를 보면 과도하게 여러 보험에 가입한 사람들이 있다. 특약도 많이 넣고 보험료도 비싸다. 부부 두 사람이 월 보험료 50만 원 이상을 내는 일도 많고, 4인 가족을 합해 70만 원씩 내는 일도 적지 않다. 월 200~300만 원씩 극단적으로 많이 내는 사람도 있다. 이유를 들어보면 대부분 비슷하다. 본인 몸이 건강하지 않고, 가족력이 있어서 불안하다는 답변이다.

이해는 된다. 그러나 그것이 옳은 방법인지는 잘 모르겠다. 그에 따른 보험료 비용도 많을 뿐 아니라, 실제로는 병에 안 걸릴 수도 있고, 병에 걸려도 보험금을 다 탈 수 있다는 보장도 없으니 말이다. 어찌 보면 일부는 '보험을 충분히 가입했으니 적당히 편안하게 살아도 되겠다'라는 기대심리가 있는 건 아닌가 싶다. '충분한 보장이 있으니 앞으로 병원비 걱정은 안 해도 되겠지. 인생 뭐 있어? 몸에 좋은 건 아니지만 맛있는 것 맘껏 먹고, 생업에 바쁘니 운동을 거를 수도 있고, 야식도 하고 술 담배도 하면서 속 편하게 살아야지'라고 말이다.

암 진단비를 1억 원 넘게 가입하는 사람도 있다. 국민건강보험과 실비보험에 가입되어 있으면 설령 암에 걸리더라도 병원비로 큰 지출을 할 확률이 극히 적다는 것을 모르는 건 아닐 텐데도 불구하고, 과한 욕심을 부리는 경우다. 물론 몰라서 그랬을 수도 있고, 두려워서 그랬을 수도 있지만, 혹여 암에라도 걸리면 그 기회에 큰돈을 벌어보겠다는 생각이 맘속 깊은 곳에 자리 잡은 건 아닌지 모르겠다. 이런 생각은 옳지도, 바람직하지도 않다. 오히려 보험료를 줄이고 그 줄인 비용으로 더 중요한 인생의 여러 목적 자금을 잘 준비하며, 내 몸을 단련하고 관리하는 데 꾸준히 투자하는 것이 훨씬 가치 있다.

사람 마음이 무언가에 기대게 되면 자연스레 나태해진다. 평소엔 혼자서 아침에 잘 일어나던 사람도, 배우자나 가족이 일찍 일어날 일이 있어 깨워주겠다고 하면, 왠지 평소보다 더 늦장을 부리고 늦게 일어나는 게 꼭 그런 심리다. 주위를 둘러보면 오히려 보험 가입을 아예 안 하거나 적게 가입하는 사람들이 자기 관리에 더 철저하다. 기댈 수 있는 것이 없으니 스스로 배수진을 치고 자기를 관리하는 것일 거다. 식단 조절도 잘하고, 운동도 꾸준히 하며, 자기 관리에도 철저한 경우가 많다. 당연히 그럴 수밖에 없지 않을까?

우리는 우리 몸, 우리 육체를 소중히 지켜야 할 의무가 있다. 젊다고, 원래 건강체질이라고 건강의 중요성을 무시하고 육체의 소리를 외면하면,

심지어 투자? 내 몸으로 돈 벌 생각하지 말자

당신의 육체가 질병과 고통으로 갚을 날이 올지도 모른다. 많이 가입한 보험이 있으니, 아프면 큰돈을 벌 수 있다는 생각 자체를 머릿속에서 빼버리자. 그런 생각 대신에, 건강한 몸과 건전하고 강건한 마음을 만들 생각을 해보자. 여러 보험에 가입해서 보험금을 많이 받는 것보다, 죽을 때까지 보험금 한 번 안 받아보고 죽는 게 훨씬 더 이득이며, 축복이다.

지금 당장 보험료를
줄여야 하는 이유

소득은 제한되어 있는데 보험료 지출이 많다면 그보다 더 중요한 여러 목적자금을 잘 준비할 수 없다는 게 문제다. 비싸고 버거운 보험료는 가정 재정에 어려운 순간이 닥쳤을 때 보험을 해지하게 만드는 주요 원인이 된다. 지출이고 비용인 보험료는 그래서 극단적으로 줄여야 한다. 보험가입자에게 꼭 필요한 중요 보장 위주로 집중하고, 보험료는 최소로 만드는 것이 좋다. 특히, 앞으로 더 많은 시간을 살아내야 할 젊은이라면 말할 나위 없다.

보험료에서 아낄 수 있는 몇만 원이 얼마나 중요한지 감이 오지 않을 것이다. 한 번만 계산해봐도 금방 알 수 있다. 매달 10만 원의 보험료를 줄일 수 있다고 가정해보자. 그 돈을 잘 투자하고 운용하면 얼마가 생길까?

과거 50년간 미국 주식시장 연평균 수익률은 대략 10%, 과거 35년간 유럽 주식시장 연평균 수익률은 대략 8%, 과거 35년간 KOSPI 연평균 수익률은 대략 8%를 상회한다. 이런 선진국 시장이나 성장 가능 국가의 종합주가지수에 장기 분산 투자해 8% 정도의 수익률을 올린다고 가정하자. 30세부터 매달 아낀 10만 원을 투자해서 매년 8%의 수익률로 장기운용한다면 70세가 되었을 때 그 돈은 3억 원이 된다.

월 10만 원씩 40년, 8% 수익률의 투자 결과(출처: 네이버 복리계산기)

별거 아닐 수 있는 월 10만 원이 적정 수익률과 긴 시간을 만나면 결코 무시할 수 없는 큰돈이 된다는 것을 확인했을 것이다. 만약 지금 보험료를 많이 납입하고 있어서 월 20만 원씩 줄일 수 있다면, 그 20만 원은 40년 후에 정확히 위의 두 배인 6억 원으로 바뀔 수도 있다. 내 월 보험료가 20만 원인데 20년 납 상품에 가입되어 있다고 치면 총 납입 보험료는 20만 원×12개월×20년=4,800만 원이다. 이를 10만 원으로 줄인다면 2,400만 원이라는 여유자금이 생기고, 이는 준중형차 한 대를 뽑을 수 있는 큰 금액이다.

혹시나 암에 걸릴지 몰라 그에 대비하기 위해 암보험에 가입하지만, 사실 암에 걸리지 않을 것에도 대비해야 한다. 암에 걸리지 않으면 납입한 보험료는 그대로 사라지는 지출이기 때문에 무작정 보장을 늘리거나 보험료를 높여서는 안 된다. 설계사가 권하는 모든 특약에 다 가입할 것이 아니라, 최대한 중요한 보장에 보험료를 집중해서 가입하고 덜 중요한 특약은 줄여야 한다. 뭐가 중요하고, 뭐가 덜 중요한지는 앞으로 알아볼 것이다.

아직 괜찮다. 지금이라도 당장 내 보장을 잘 점검해보자. 그리고 내가 가입한 보험에 대해 정확히 알자. 나도 모르게 수많은 특약이 포함된 여러 보험으로 매달 수십만 원이 내 계좌에서 자동으로 빠져나가고 있다면, 반드시 반성하고 점검해야 한다. 보험으로 내 몸을 이용해 돈 벌 생각하지 말고, 보험료를 아끼고 자기관리를 열심히 하면서 건강한 인생에 필요한 여러 목적자금을 잘 준비하기 위해 적극적으로 노력하자.

그럼,
차라리 보험에
가입하지 말까?

　지금까지 줄곧 보험에 대한 부정적인 이야기만 했다. 이렇게 불합리하니 차라리 보험에 가입하지 말아버릴까? 절대 그렇지 않다! 보험은 분명히 필요하다. 불확실한 미래의 잠재적 리스크를 평상시의 적은 투자금으로 상쇄할 수 있는 훌륭한 도구가 보험이다.

　보험의 본질은 혼자서는 감당하기 어려운 큰 비용을 여러 사람이 소액씩 나눠서 분담해 그 위험을 함께 이겨내는 데 있다. 《현대인의 보험생활백과》에서 윤정식 저자는 "1년에 한 건씩 발생하는 화재에 대비하기 위해 1만 명의 주택 소유자가 소액의 금액을 모아서 모두 화재보험에 들었을 경우, 혼자서는 감내하기 어려운 화재의 큰 손실에 모두가 대비할 수 있는 장점이 있다"라고 말한다. 내가 오늘 당장 보험의 혜택을 누릴 수는 없더라도 여러 가입자가 모아둔 보험료는 위기에 닥친 또 다른 가입자가 어려움을 잘 헤쳐 나가게 하는 힘이 된다. 보험은 개인에게 도움이 될 뿐만 아니라, 타인의 어려움과 아픔을 배려하고 도와줄 수 있는 공익적인 특성도 가지고 있다.

보험 덕분에 큰 위기를 넘긴 사람도 많다. 당장 필자의 어머니만 해도 암 진단을 받았었다. 다행히 초기에 발견해 치료를 잘 마쳤고, 지금은 5년 후 완치 판정까지 받았다. 암 진단 후 얼마 안 되어 보험금 5천만 원을 받았고, 그 돈으로 치료와 요양기간 내내 재정적 어려움 없이 버틸 수 있었다. 과거 해외 생명보험사 암보험에 우연히 가입했었는데, 진단서와 여러 서류 검토 후 약속된 보험금을 일시에 지급했다. 갑작스러운 암 선고에 충격을 받은 가족들에게 큰 도움이 되었음은 물론이다.

이 책의 목적이 '보험금을 못 받을 수도 있으니 보험에 가입하지 말자'라는 것이 절대 아니라는 말을 하고 싶다. 오히려 개인적으로는 모든 국민이 꼭 보험에 가입해야 한다고 생각한다. 단, 나의 소득과 경제상황에 맞는 적절한 금액으로 꼭 필요한 보험에만 가입하자는 것이 핵심이다. 소득의 10% 이내에서, 미래의 위험에 대비하여 일부 자금을 떼어 보험에 가입하는 것은 지혜로운 행동이다. 갑작스러운 사고나 질병으로 인한 실직과 예상치 못한 치료비와 생활비를 생각한다면, 이 10% 이하의 금액은 나머지 90%의 자산을 안전하게 지켜주는 중요한 버팀목이 된다.

"보험 가입이 필요하다는 건 이제 알겠는데, 그러면 어떻게 잘 가입해야 하는 거죠?"라는 질문에 대해서는 앞으로 자세히 답할 것이다. 일단 다음 사항을 고려하면 좋다. 보험의 목적 중 가장 중요한 것은 '병원 치료비에 대한 대비'다. 사회보험인 국민건강보험에 우선 가입해서 병원비의 급여 항목에 대해 보장받고, 부가적으로 일반 사보험을 통해 급여 중 본인부담금과 일부 비급여 항목에 대해 보장받을 대비를 해야 한다. 그뿐만 아니라 큰 사고나 질병으로 인한 실직 및 장기요양에 대비한 일부 생활자금, 요양자금도 보험으로 준비하는 것이 좋다. 자녀가 있다면 조기 사망에 대비하기 위해 사망보험금을 준비할 수도 있다.

얼마 전 지인이 몸이 아파 수술을 받게 되었는데, 가입하고 있던 실손의료보험(이후 '실비보험'으로 통칭) 보험료를 그전부터 내지 못한 상태라 실효되어 치료비 혜택도 받지 못했다는 속상한 소식을 들었다. 참고로 '실효'란 '보험의 효력이 상실된 상태'라는 뜻이다. 쉽게 보험료를 안 내서 보험 혜택을 받지 못한다는 말이다. 왜 이런 안타까운 일이 벌어졌을까? 가입하고 있던 실비보험의 금액이 비싼 것이 가장 큰 원인이라고 생각한다. 말은 실비보험이라고 했지만, 실상은 여러 가지 보장이 함께 포함된 종합보험 형태였을 확률이 높다.

많은 사람이 실비보험과 종합보험을 구분하지 못한다. 종합보험이라면 적게는 3만 원, 많게는 10만 원 이상의 보험료도 쉽게 나올 수 있다. 이수준의 보험료라면 가정에 재정적인 어려움이 닥쳤을 때 보험을 해지하기 쉽다. 반대로 이 지인이 단독 실비보험에 가입했었다면 어땠을까? '단독 실비보험'이란 실손의료비 담보만 따로 빼서 가입하는 실비보험 전용상품이다. 현재 단독 실비보험으로만 가입할 수 있는 4세대 실비보험 기준으로 보면, 대략적인 월 보험료는 다음과 같다.

4세대 실비보험 연령별 보험료		
20세 기준	남성 월 6,000원	여성 월 5,000원
30세 기준	남성 월 8,000원	여성 월 9,000원
40세 기준	남성 월 10,000원	여성 월 12,000원
50세 기준	남성 월 16,000원	여성 월 20,000원
60세 기준	남성 월 27,000원	여성 월 30,000원

정말 저렴하지 않나? 이 정도 보험료라면 형편이 어려워져도 충분히 유지할 수 있다. 비싼 종합보험에 묶인 채로 동시에 실효되거나 해지하지 않아도 된다. 이처럼 보험은 어떻게 가입하느냐에 따라 금액과 혜택이 천지 차이다. 어려울 때 나를 도와주는 보험, 그 보험을 제대로 보는 안목을 키우면 나에게 가장 좋은 보장과 적절한 금액의 보험상품을 혼자서도 충분히 가입할 수 있다. 이 책을 여러 번 읽어보고, 관련된 유튜브 동영상도 보면서 이해할 때까지 반복해보자.

우리 가족이 어떤 보험에 가입해 있고,
보험료가 각각 얼마 정도인지,
보험은 몇 개고 총 보험료가 얼마인지 한 번 정리해보아요.

보험,
흔들림 없이
중심을 잡는 핵심 요령

보험을 어렵게 만드는 첫 번째가 바로 용어입니다. 이게 뭔지 저게 뭔지 제대로 모르니 설계사나 보험대리점이 제안한 그대로 따라가게 되지요. 보험료만 눈덩이처럼 불어나고 실속은 없기 쉽습니다. 2부에서는 보험의 종류와 상관없이 알아야 할 기본용어와 나에게 필요한 선택을 할 수 있는 핵심 요령을 정리합니다. 이 몇 가지만으로도 보험이 엄청나게 쉬워지는 걸 경험할 수 있을 것입니다.

만기환급형 vs 순수보장형 – 순수보장형!

보험 가입할 때 자주 듣는 용어 중 하나가 '만기환급형'이다. 이름 그대로 만기에 환급, 즉 보험의 보장기간이 끝나면 그동안 낸 금액 대부분을 돌려준다는 가입방식이다. 예를 들어 어떤 상품을 20년 납 80세 만기로 가입했다면, 80세 보험 만기가 되었을 때 그동안 납입한 보험료를 대부분 돌려준다. 이와 반대되는 것이 '순수보장형'이다. 납입한 보험료가 순수하게 보장에만 쓰인다. 보험료 일부를 저축용 자금(적립보험료)으로 모으는 게 아니라 진단비, 치료비, 수술비, 입원비 등의 보장(위험보험료)에만 쓰인다는 게 다르다. 저축용 자금이 없으니 만기에 고객에게 돌려줘야 할 금액도 없다. 대신 만기환급형보다 월 보험료가 매우 저렴하다.

얼마나 저렴한지 알기 위해 온라인 생명보험에서 판매하는 비갱신형 암보험의 만기환급형과 순수보장형을 비교해보자. 온라인을 이용하면 내가 원하는 방식으로 직접 설계해서 여러 회사의 보험료를 비교해볼 수 있다. 다음 예시는 보험료를 이해하기 위한 설명일 뿐, 특정 회사의 상품을 강조하는 것은 아니니 주의가 필요하다.

예) 보험 나이 40세 남성 기준으로 일반 암 진단비 3천만 원에 가입할 때(가입 조건 20년 납, 80세 만기)

만기환급률이 0%인 순수보장형의 경우
월 보험료는 31,830원이고, 20년간 내야 하는 총금액은 7,639,200원이다.

만기환급률이 100%인 만기환급형의 경우
월 보험료는 72,000원이고, 20년간 내야 하는 총금액은 17,280,000원이다.

(출처: A생명 인터넷 암보험)

똑같이 3천만 원인 일반 암 진단비 보장을 받는데, 월 보험료 3만 2천 원에 가입할 수도 있고, 2배가 넘는 7만 2천 원에 가입할 수도 있다는 말이다. 이런 선택의 순간 우리는 어떤 방식을 선택해야 할까? 사실 보험가입자가 20년간 보험을 해지하지 않고 끝까지 완납하는 건 절대 쉽지 않다. 20

만기환급형 vs 순수보장형 – 순수보장형!

년은 우리가 생각하는 것보다 훨씬 긴 시간이다. 실제로 다음 통계를 보더라도 25회차 평균 계약유지율, 즉 2년여 동안의 보험 유지율은 주요 보험사 기준 대략 70% 정도 수준이다.

(2022. 1. 1.~2022. 12. 31.) (단위: %)

보험계약관리목록

회사명	13월차 설계사등록정착률	13회차 계약유지율	25회차 계약유지율
한화생명	-	84.2	68.6
삼성생명	47.2	90.2	75.2
흥국생명	21.8	84.3	71.8
생보사 평균	39.0	87.7	69.2
～～～	～～～	～～～	～～～
에이스손보	0.0	63.3	50.2
손보사 평균	52.2	87.3	72.5

2022년 13, 25회 차 계약유지율(출처: 금융감독원)

61회차 5년 계약유지율은 과거 50~55% 수준이고, 85회차 7년 유지율은 35% 수준이라는 데이터가 있으며, 10년 유지율은 10% 내외에 불과하다는 금융소비자원 임원의 인터뷰 기사도 있다. 수많은 보험가입자가 20년 만기까지 보험료를 완납하지 못하고 중도에 보험을 해지하며, 그 결과 보장도 잃어버리고 보험료도 손해 보고 있다는 뜻이다.

보험계약을 끝까지 유지하기도 힘든데, 보험 만기인 80세 시점에 원금을 돌려받자고 2배 이상 비싼 보험료를 낼 필요가 있을까? 2배가 넘는 부담스러운 보험료는 보험을 중도 해지하게 만드는 원인이 될 뿐이다. 20년이라는 긴 시간 동안 가정 재정에 위기의 순간이 한 번이라도 찾아오면 보험가입자는 결국 비싼 보험을 끝까지 유지하지 못한다.

좀 더 자세히 살펴보자. 순수보장형과 만기환급형 간 월 보험료 차이는 약 4만 원 정도다. 만기환급형으로 가입했을 때, 매달 더 내게 되는 이 차액은 보험회사가 직접 운용한 후 만기 시점에 가입자에게 되돌려준다. 문제는 수수료 차감에 있다. 이 차액금의 일부는 납입과 동시에 보험회사 사업비로 일부가 즉시 빠져나가고, 그 사업비를 뺀 나머지 금액만 쌓여서 운용된다. 마이너스 상태에서 시작하는 저축이나 다름없다.

사업비로 빠져나가는 비율을 10%라고 가정할 때, 보험료가 4만 원이라면 약 4천 원은 보험회사 사업비로 먼저 떼고, 잔액 3만 6천 원으로 만기 때 돌려줄 납입원금을 만들기 위해 80세까지 운용하는 식이다. 이런 상황이니 차라리 그 차액 4만 원을 보험회사에 맡기지 말고 보험가입자가 직접 예·적금으로 모으거나, 다른 곳에 투자하면 만기환급금보다 더 큰 수익을 남길 수 있을 것이다.

김승동, 임성기의《보험으로 짠테크하라》를 보면 이런 내용이 나온다. "만기환급금을 위한 생명보험사의 부가보험료에 붙는 사업비는 7% 내외에 불과하지만, 손해보험사의 적립보험료에 붙는 사업비는 무려 30%에 달한다. 분명 공시이율은 적금보다 높지만, 과도한 사업비 때문에 적금 만기 수익에도 훨씬 못 미치는 구조다." 거듭 말하지만 그 차액을 수수료까지 내면서 보험회사가 운영하게 할 필요가 전혀 없다.

만기환급형을 선택하지 말아야 할 이유는 또 있다. 환급금을 돌려받는 '만기'라는 시점은 몇십 년 후의 일이라 화폐가치 하락에 크게 노출된다는 점 때문이다. 위 예시에서 40세에 보험에 가입해서 80세 만기에 돌려받

만기환급형 vs 순수보장형 – 순수보장형!

는 금액 1,728만 원은 현재가치 그대로가 아니다. 과거 10년의 평균 물가 가치 상승률 2%를 반영한 후 30년마다 화폐가치가 절반 수준으로 떨어진 다고만 가정해 계산해봐도 30년을 훌쩍 넘는 40년 후의 1,728만 원은 현재 가치로 700만 원 수준에 불과하다. 40년 후에 현재가치로 700만 원을 돌려받기 위해, 매달 순수보장형과 만기환급형의 보험료 차액 4만 원을 20년 동안 납입해 총 약 964만 원을 내는 꼴이다. 700만 원 받자고 964만 원을 내는 게 말이 되나?

우리는 합리적인 설명을 들으면 합리적인 판단을 내릴 수 있다. 위에 예로 든 보험사에서는 가입자들의 보험 가입 현황을 보여주는데, 만기환급률 0%인 순수보장형을 선택한 가입자가 전체 가입자의 86%나 된다. 그 이유는 다음 그림처럼 순수보장형과 만기환급형에 대한 설명을 정확하게 표기해 놓았기 때문이다.

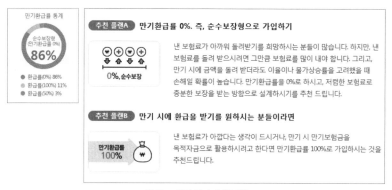

(출처: A생명 인터넷 암보험)

보험회사가 고객에게 최대한 정확한 정보를 전달하겠다는 노력을 한 결과라고 생각한다. 온라인으로 보험에 가입할 정도라면 이미 충분히 합리적인 소비자라고 판단해서일 수도 있고, 오프라인 영업에 대항하기 위해 실제적인 메리트를 주기 위한 전략일 수도 있다. 어떤 이유에서든 이런 충분한 정보 제공은 보험가입자가 올바른 선택을 하도록 유도하고, 효과적인 보험 가입에 도움을 주는 것은 분명하다.

안타깝게도 보험설계사를 통해서 보험에 가입하면 순수보장형에 대한 설명 자체를 듣지 못하는 경우가 많다. 고객이 만기환급형을 선택해야 보험료가 높아지고, 그것이 설계사와 보험회사에 더 큰 수익을 올리는 구조가 되기 때문이다. 설계사 역시 만기에 원금을 돌려받는 게 당연하다고 생각할 수도 있고, 고객 대부분이 이 방식을 원한다고 생각해서일 수도 있다.

사실 보험설계사로서는 고객과 만나서 이런저런 긴 설명을 할 여유가 없을 수도 있다. 새로운 고객을 만나기까지 어려운 과정을 거쳤을 것이고, 그 짧은 만남은 보험 가입 성공 여부가 결정되는 아주 중요한 순간이기 때문이다. 이럴 때 비양심적인 설계사는 순수보장형에 대한 언급 없이 만기환급형 상품 설계서만 출력해 와서 고객 앞에 내놓는다. 가입자 대부분은 보험에 대한 충분한 지식이 없으니 그 순간 올바른 판단을 내릴 여유와 경험이 없다. 그냥 그들이 제안하는 상품이 최선이고, 나에게 유리한 상품이려니 생각하고 쉽게 보험에 가입한다. 이것저것 묻는 것도 눈치 보이고, 잘 모르니 뭘 물어야 할지조차도 모른다. 하지만 이런 선택으로 결국 더 많은 보험료를 내게 된다는 게 아쉽다. 보험회사는 화폐가치가 가장 큰 지금 우리에게서 받은 그 돈을 운영해 소득을 올리고, 돈의 가치가 크게 떨어지는 미래 시점에 우리에게 받은 돈을 다시 돌려준다.

그러니 만기환급형 보험에 가입하지 말고, 순수보장형 보험에 가입하자. 보험료가 비싸면 보험을 끝까지 유지할 확률이 매우 낮고, 후에 받게 될 만기환급금의 가치는 당신이 생각한 것보다 훨씬 적으며, 만기환급형을 선택함으로써 올라가는 보험료 차액은 보험회사에 맡길 필요 없이 우리가 직접 운영하는 것이 훨씬 더 낫다.

20년 납 vs 전기납
– 전기납!

보험료를 내는 가장 효율적인 방법은 길게 나눠 내는 것이고, 특히 전기납을 활용하는 것이다. '전기납'은 보험기간 내내 보험료를 납입하는 방식이다. 일반적인 '20년 납'이 보험 가입 후 초기 20년 동안만 보험료를 내는 방식이라면, '전기납'은 보험기간이 80세까지라면 80세까지 계속 보험료를 내는 방식이다. "보험료를 80세까지 내야 한다고? 무슨 말도 안 되는 소리야?"라고 할 수 있지만, 어떤 장점이 있는지 천천히 살펴보면 이해할 수 있을 것이다. 여기에는 아무도 이야기하지 않는 중요한 비밀이 숨어 있다. 전기납의 장점은 다음과 같다.

첫 번째, 월 보험료가 아주 저렴하다.

20년 동안 압축해서 내면 될 것을 80세나 100세까지 길게 나눠서 내는 것이니, 월 보험료가 저렴한 것은 당연하다. 비교해보자.

예) 보험 나이 40세 남성 기준으로 일반 암 진단비 3천만 원에 가입할 때(가입 조건 80세 만기, 순수보장형)

20년 납의 경우
월 보험료는 24,780원이고, 20년간 내야 하는 **총금액은 5,947,200원**이다.

전기납의 경우
월 보험료는 16,650원이고, 80세까지 내야 하는 **총금액은 7,992,000원**이다.

20년 납과 전기납의 월 보험료는 각각 24,780원과 16,650원이다. 이 경우 전기납을 이용하면 월 보험료가 약 1/3쯤 내려간다. 보험을 끝까지 유지하기 위해 가장 중요한 일은 월 보험료를 줄이는 것인데, 전기납을 이용

(출처: A생명 인터넷 암보험)

하면 이렇게 월 보험료를 크게 낮출 수 있다. 이쯤 되면 이런 질문이 나올 차례다. "납입하는 총금액은 좀 더 비싼데요?" 맞다. 비싸다. 세 번째 이유에서 그 답을 찾을 수 있다.

두 번째, 체감하는 보험료 부담은 시간이 지날수록 낮아진다.

우리가 받는 보험금뿐만 아니라 우리가 내는 보험료도 화폐가치 하락에 영향을 받는다. 보험료에 대한 부담 역시 마찬가지다. 앞으로 우리는 보험료가 올라가지 않는 비갱신형 상품(고정된 보험료)에 주로 가입할 텐데, 전기납 비갱신형 상품이라면 보험료에 대한 체감 부담 역시 시간이 흐를수록 계속 줄어든다.

비갱신형이라서 시간이 지나거나 갱신을 빌미로 보험료가 오르지 않고, 시간이 지날수록 돈의 화폐가치는 계속 하락하기 때문이다. 결국, 전기납 선택을 통해 1차로 저렴한 보험료가 만들어졌고, 거기에 내가 느끼는 보험료 부담은 30년 후면 절반 수준으로 더 작아진다. 현재의 보험료 16,000원이 30년 후에는 현재의 8,000원 정도로 느껴질 것이다. 게다가 이런 효과는 젊어서 일찍 전기납 보험에 가입하면 할수록 극대화된다. 20세에 전기납으로 가입하여 80세가 되면 30년이 두 번 지나가게 되므로 만기 시점 즈음에 느끼는 보험료 부담은 절반에 절반인 25~30% 수준으로 떨어진다.

보험은 짧게는 몇 년에서 길게는 수십 년의 시간을 활용하는 장기 상품이다. 시간이 갈수록 물가가 오르고 화폐가치는 떨어지기 때문에 화폐가치가 가장 큰 시점은 지금, 바로 이 순간이라는 걸 잊으면 안 된다. 화폐가치가 가장 큰 현재의 돈을 최대한 절약해, 보험회사 대신 투자가치가 더 높은 곳에 내가 직접 투자하는 것이 더 낫다. 보험 납입기간을 최대한 늘려서 월 보험료를 최소로 줄이고, 긴 시간이 주는 화폐가치 하락의 이점을 챙기는 것이 핵심이다.

세 번째, 납입면제 혜택을 받는 데 유리하다.

위 온라인 암보험의 경우, 납입기간 중 암에 걸리거나 50% 이상의 장해가 발생하면 그 이후 보험료 납입분을 면제해주는 '납입면제' 혜택이 있다. 즉, 80세 전기납에 가입하면 80세 이전에 암에 걸리거나 큰 장해 상태가 되는 그 순간부터 80세까지의 보험료는 내지 않아도 되는 것이다. 모든 상품이 납입면제되는 건 아니니 확인이 필요하지만, 이 혜택이 있는 보험 상품은 많다.

그러나 이 보험을 '20년 납'으로 가입했다면 20년 동안 이미 보험료를 완납했기 때문에 그 후에는 암에 걸려도 납입면제 혜택을 받을 수 없다. 게다가 젊었을 때 일찍 보험에 가입했다면 납입기간인 20년 동안에는 암에 걸릴 확률도 상대적으로 낮다. 통계상 암이 가장 많이 발병하는 시점은 60세 이후이기 때문이다. 이제 "납입하는 총금액은 좀 더 비싼데요?"에 대해 답할 차례다. 총 납입금액은 20년 납보다 전기납이 다소 비싼 게 맞다. 그러나 납입면제에 해당할 확률은 20년 납보다 전기납이 훨씬 높으니 총금액에서도 크게 손해 보는 일은 아닌 셈이다. 게다가 워낙 긴 시간 동안 나눠 내는 것이다 보니, 수십 년 후에 납입하는 금액은 그만큼 화폐가치가 많이 하락한 금액이다. 그런 관점에서 보면 액수로만 따졌을 때 20년 납보다 전기납이 더 많이 낸다고 볼 수도 없다.

지금까지 전기납의 3가지 장점에 대해 알아보았다. 미리 말해두지만 납입기간에 대한 이런 관점을 가지고 보험설계사와 대화하면 비아냥이 되돌아올 수도 있다. "수입이 없는 80세까지 보험료를 낼 생각이냐?"라는 반론을 펼칠 수도 있다. 그래도 당신의 주장을 관철하면 된다. 결론 없는 논쟁에 휘말릴 필요도 없다.

예시에서처럼 일반 암 진단비 보험료 하나만 봐도 금액 차이가 이 정도인데, 많이들 가입하는 2대 질병 진단비나 후유장해, 기타 여러 특약까지 모두 이런 방식으로 보험료를 줄이면 상당한 금액이 줄어들 것이다. 본인 한 명이 아니라 가족 모두의 보험까지 생각하면 무시 못 할 수준이다. 비싼 보험료 때문에 납입기간 20년을 채우지 못하고 해지하거나, 많은 보험료를 내느라 제대로 된 노후 준비를 못 하니, 차라리 적은 보험료로 만기까지 보험을 유지하고, 남은 돈으로는 다각적인 방법으로 노후를 철저히 준비해 나가는 것이 백배 현명하다.

단, 무조건 전기납이 좋은 것만은 아니다. 일부 3대 질병 진단비 보험에는 전기납이 없는 상품도 있고, 연세가 있다면 초기 보험료 자체가 부담되기 때문에 길게 내는 게 어려울 수도 있다. 예를 들어 50~60대 나이에 보험에 가입한다면 초기 보험료가 비싸고, 남은 보험기간도 짧다. 그런 경우라면 전기납 대신 20년 납이나 20~30년 갱신형을 사용하는 것이 더 나을 수도 있다. 4부에 나오는 연령별 가입 예시를 참고해서 상황에 맞게 선택하자.

3대 질병 진단비 보험 외에 온라인 암보험이나 온라인 정기보험의 경우 초기 보험료 수준도 낮아서 전기납을 활용하기에 최적인 상품이다. 보험 가입 연령이 낮을수록 전기납의 활용도는 극대화된다. 보험료를 길게 나눠 내는 것의 장점을 가입자가 잘 활용하는 것이 매우 중요하다. 보장이 같다면 뭐니 뭐니 해도 가장 중요한 것은 월 보험료를 최대한 줄이는 것이기 때문이다.

80세 vs 100세
– 80세 만기!

과학과 의학 기술이 발전하면서 인간의 수명도 계속 늘어난다. 100세 수명 얘기가 심심찮게 떠돌자, 보험도 100세 만기로 가입해서 준비해야 하는 건 아닌지 고민이 많다. 요즘은 110세 보장 상품까지도 등장하고 있다. 물론 100세 만기로 가입할 수 있으면 당연히 좋다. 그러나 보험료는 많이 올라간다. 앞 예시 그대로 만기만 바꿔 비교해보면 오른쪽 페이지 같은 결과가 나온다.

예) 보험 나이 40세 남성 기준으로 일반 암 진단비 3천만 원에 가입할 때(가입 조건 전기납, 순수보장형)

80세 만기 전기납의 경우
월 보험료는 16,650원이다.

100세 만기 전기납의 경우
월 보험료는 20,610원이다.

진단보험금(일반암 기준)		보험기간 ?			납입기간 ?		
○ 1천만원 ○ 2천만원 ◉ 3천만원 ○ 4천만원		○ 20년	◉ 80세	○ 100세	○ 20년	○ 60세	◉ 80세

보험가입금액 3천만원

· 고액암 ?	6천만원
· 일반암 ?	3천만원
· 유방암/전립선암	6백만원
· 소액암 ?	3백만원

* 최초 계약일로부터 2년 이내는
진단보험금의 50% 지급

₩ 월 보험료   **16,650**원

진단보험금(일반암 기준) **3천만원**(보험가입금액 3천만원)

진단보험금(일반암 기준)		보험기간 ?			납입기간 ?		
○ 1천만원 ○ 2천만원 ◉ 3천만원 ○ 4천만원		○ 20년	○ 80세	◉ 100세	○ 20년 ◉ 100세	○ 60세	○ 80세

보험가입금액 3천만원

· 고액암 ?	6천만원
· 일반암 ?	3천만원
· 유방암/전립선암	6백만원
· 소액암 ?	3백만원

* 최초 계약일로부터 2년 이내는
진단보험금의 50% 지급

₩ 월 보험료   **20,610**원

진단보험금(일반암 기준) **3천만원**(보험가입금액 3천만원)

(출처: A생명 인터넷 암보험)

전기납인 데다가 온라인 보험이라 워낙 저렴해서 큰 차이가 안 나는 것처럼 보이지만, 수치상으로는 21%라는 비용이 올라간다. 여력이 충분하다면 100세 만기를 마다할 이유는 없다. 당연히 100세 상품에 가입해도 된다. 그러나 부담 없는 보험료로 보험을 끝까지 유지하는 것이 무엇보다 중요하다면 80세 만기 상품이 여러 방면으로 효율적인 대안이 된다. 왜 80세 만기 상품에 가입해도 된다고 하는지 이유를 살펴보자.

첫 번째, 무엇보다 보험료가 저렴해서 만기까지 유지하기가 쉽다.

두 번째, 80세 넘어 질병이나 사고로 보험금을 탄다고 해도 화폐가치가 하락해 보험금 가치 역시 크게 줄어들기 때문이다. 예를 들어, 99세에 암에 걸렸다고 가정해보자. 40세에 보험에 가입해서 99세가 되면 60년이라는 세월이 지난다. 정말 긴 시간이다. 이 책을 읽고 있는 독자들도 아직 60년을 살아보지 못한 사람이 태반일 것이다.

그만큼 먼 미래라 화폐가치의 하락을 지금 체감하지 못할 뿐이지, 과거를 돌아보면 60년간 얼마나 물가가 올랐고, 화폐가치가 크게 떨어졌는지를 알 수 있을 것이다. 30년 동안 화폐가치가 절반 수준으로 떨어진다면 60년은 30년이 두 번이나 지나는 시간이다. 40세에 가입한 3천만 원이라는 암보험금을 99세에 받게 되면 현재가치로 750만 원 수준에 불과하다. 투자한 시간과 금액 대비 초라한 보상이 아닐 수 없다.

이처럼 보험이 워낙 긴 시간을 다루는 상품이다 보니 화폐가치 하락에 영향을 받지 않는 부분이 거의 없다. 따라서 80세 이후의 위험은 현재의 보험으로 해결할 영역이 아니다. 오늘 비싼 보험료를 내느니, 차라리 그 돈을 저축하거나 투자해서 모은 자금이나 연금으로 해결하는 게 낫다.

세 번째, 일찍 사망하면 그만큼 손해를 보기 때문이다. 100세 보장하는 보험에 가입하고 81세에 사망하면 19년 치의 보험료는 손해 아닐까? 물론 여러분과 나는 앞으로 웬만하면 전기납으로 보험에 가입할 테니 상관없지만, 20년 납 순수보장형 상품으로 100세 만기 보험에 가입했다면 19년 치의 혜택은 누려보지도 못하고 죽는 셈이다.

네 번째, 대부분은 생각처럼 그리 오래 살지 않기 때문이다. 다들 100세까지 살 수 있을 거라고 막연히 생각하지만, 2021년 기준 0세 출생자가 앞으로 생존할 것으로 기대되는 기대수명은 평균 83.6세에 불과하다. 더구나 이것도 지금 이 책을 읽고 있는 당신이 아니라 2021년 0세 출생자 기준일 때 그렇다.

다섯 번째, 80세 이후엔 생각보다 생활비가 적게 든다. 거동이 불편해서 밖에 나가지 못하는 분들도 많기 때문이다. 면역력이 많이 떨어져 수술받기도 어렵고, 3대 질병 같은 중증에 걸리면 병원에서 사망하는 일도 많다. 따라서 80세 이후를 대비해 수술비, 입원비, 진단비를 별도로 많이 준비하는 대신, 병원 치료비만 실비보험으로 잘 준비하는 게 여러모로 효율적이다.

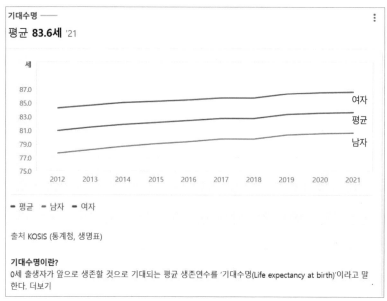

2021년 대한민국 평균 기대수명(출처: 네이버 지표)

여섯 번째, 40~50년 후의 일은 아무도 예측할 수 없기 때문이다. 지금
은 암보험이 꼭 필요해서 가입했지만, 40~50년 후에는 새로운 백신이나 치
료제가 개발되어 암이라는 질병 자체가 발병하지 않을 수도 있는 일이다.
이런 경우라면 암보험 진단비 1억 원에 가입해 놓은들 무슨 의미가 있을까?
미리 백신을 맞고 모두 암에 걸리지 않는다면 말이다. 의학기술도 급격히
발전하고 있고, 세상은 우리가 예측하지 못하는 방향으로 언제든 바뀔 수
있다.

40~50년 전에 우리가 어떤 생활을 하고 있었는지 떠올리면 미래가 얼
마나 많이 바뀔지도 충분히 예상할 수 있다. 기술 발전 속도는 과거 어느 때
보다 더 빨라질 것이다. 따라서 오랜 기간을 보장받고자 꼭 100세 상품에

가입할 필요가 없다.

단, 예외가 하나 있다. '실비보험'이라고 부르는 '실손의료비보험'은 현재 가입 가능한 모든 상품이 100세 만기다. 이전에 가입해서 80세 만기인 가입자도 있겠지만, 앞으로 가입할 실비는 모두 100세 만기 상품이므로 그대로 유지하면 된다. 현재 실비가 80세 만기라면 '실손 전환제도'를 통해 100세 상품으로 전환할 수도 있다. 현재 가입 가능한 실비보험은 모두 1년 갱신형이라 매년 보험료가 갱신된다. 앞으로 보험료가 얼마나 올라갈지 모르지만, 형편 닿는 데까지 최대한 유지하면 된다. 실비보험료를 최대한 줄일 수 있는 여러 대안도 있다. 실비보험에 대해서는 3부, 5부를 참고하자.

갱신형 vs 비갱신형
– 비갱신형!

갱신형과 비갱신형이 무슨 말일까? 납입하는 보험료가 계속 변하는 것이 갱신형이고, 보험료가 일정하게 변하지 않는 것이 비갱신형이다. 갱신형의 경우 '변한다'라고 표현했지만 일반적으로는 '계속 오른다'고 보는 것이 사실에 가깝다. 비갱신형은 내가 내기로 했던 초기 보험료를 납입기간 동안 변동 없이 그대로 납입하면 된다. 따라서 앞으로 지출할 금액을 정확하게 예측할 수 있다. 그러나 갱신형은 앞으로 얼마나 오를지 아무도 알 수 없다. 보험회사의 손해율 및 물가가치, 기대여명 등을 고려해서 갱신 시 변동되므로 예측하기 어렵다.

내 보험에 여러 특약이 포함되어 있다면 갱신형 특약이 한두 개씩은 있을 수 있다. 갱신형 특약은 가입 당시에는 보험료가 저렴하다. 대부분 보험은 젊어서 가입하기 마련이고, 그 나이 때는 해당 특약의 위험률이 크지 않다. 비갱신형보다 금액이 훨씬 저렴하니 여러 특약을 넣고도 저렴한 것 같지만, 시간이 지나면 지날수록 보험료는 올라간다. 얼마나 올라갈지 감히 예측할 수도 없다. 질병에 대한 위험률이 급격히 올라가는 60세 이후 시점이 되면 보험료가 갱신될 때마다 가슴이 철렁 내려앉지 않으리란 보장이 없다. 정작 보험이 가장 절실히 필요한 60세 이후 시점에, 비싼 보험료로 그 보장을 유지하지 못한다면 그것처럼 안타까운 일도 없을 것이다. 이것이 일반인들이 잘 모르는 갱신형 특약의 숨겨진 리스크다.

따라서 갱신형으로만 되어 있는 실비보험을 제외하고는, 가능한 한 갱신형 특약을 모두 비갱신형으로 바꾸자. 암이나 뇌, 심장질환 같은 주요 진단비 특약을 비롯해 비갱신형으로 가입할 수 있는 모든 특약은 비갱신형으로 준비하는 것이 좋다.

물론 갱신형 특약이 다 나쁜 건 아니다. 변화하는 환경에 맞추어 보험료와 보장 내용을 변경하겠다는 좋은 취지로 시작되었지만, 지금으로서는 가입자에게 유리한 것이 별로 없다. 갱신될 때마다 부담스럽게 금액만 올라갈 뿐이다. 단, 갱신형 특약을 잘 이용할 만한 상황이 2가지 정도는 있다.

첫째, 60세 이후 보험에 가입할 때 갱신형을 활용할 수 있다. 예를 들어, 65세에 보험에 가입할 때 20년 갱신형 특약으로 가입하면 85세까지는 가입 초기 보험료 그대로 20년간 보장받을 수 있다. 이 경우 20년 납 비갱신형보다 더 저렴하게 보험설계를 할 수 있다는 장점이 있다. 그렇게 65세부터 85세까지 20년 동안 같은 보험료로 보장을 유지하다가 85세에 보험료가 크게 오르며 갱신될 때 해지하는 식으로 활용한다. 실제로 현장에서 많이들 사용한다.

둘째로, 비갱신형과 갱신형을 함께 가입하는 복층형 설계 방식을 활용할 수 있다. 예를 들어, 형편상 비갱신형 암 진단비 5천만 원을 준비하기가 부담스러울 수 있다. 이때 비갱신형으로 3천만 원을 넣고, 갱신형으로 2천만 원을 추가하는 게 복층형 설계다. 갱신형은 가입 초기 비용이 저렴하니 좀 더 저렴한 보험료로 부담 없이 2천만 원이라는 진단비를 추가하면 총 5천만 원의 암 진단비를 준비할 수 있다. 나중에 갱신형 보험이 비싸져 유지하기 어려워진다면, 미련 없이 갱신형을 해지하고 비갱신형 3천만 원만 유지하면 된다. 이런 복층형 설계는 젊었을 때 생길 위험을 저렴하게 든든한 보장으로 대비하기 위한 것인데, 사실 그리 많이 사용되고 있지는 않다. 대부분의 중대한 질병은 60세 이후에 급격히 발병률이 증가하므로, 웬만하면 적당한 금액의 비갱신형 상품 하나만 끌고 나가도 큰 무리가 없기 때문이다.

온라인 vs 설계사
– 온라인! 보험다모아

당연한 이야기지만 보험설계사를 통하지 않고 온라인으로 직접 보험에 가입하면 보험료가 매우 저렴하다. 온라인 보험상품은 설계사에게 지급될 수수료가 없어서 그렇다. 우리가 어떤 물건을 살 때 그 상품에 대해 잘 모른다면, 직접 가서 이것저것 잘 따져보고 사야 하지만, 이미 그 상품에 대해 잘 안다면 번거롭게 직접 상점에 갈 필요가 없다. 온라인으로 구매하는 것이 더 편하고 저렴하다. 이것이 온라인 상거래 매출이 급증하는 이유고, 보험 시장도 마찬가지다. 보험에 대해 어느 정도 이해하면 더는 설계사를 만나서 가입할 필요를 못 느낄 것이다.

온라인 보험 슈퍼마켓 '보험다모아' e-insmarket.or.kr

　　온라인 보험 가입을 위해 필자가 주로 이용하는 곳은 '보험다모아' 사이트다. 금융당국이 소비자들의 보험상품 가입 편의를 위해 만든 '온라인 보험 슈퍼마켓'인데, 쉽게 보험 가격비교 사이트라고 보면 된다. 영리를 추구하는 개인이나 보험회사가 아니라 생명보험협회와 손해보험협회가 운영하는 곳이라 신뢰할 수 있다. 최저가 순으로 여러 보험사 상품들이 한 번에 검색되니 비교하면서 고를 수 있어 편리하다. 보험사 간 경쟁으로 가격이 저렴하지만, 가격만 보지 말고 보장기간과 보장내용까지 꼼꼼히 비교해보면서 선택해야 한다. 이 책에서도 이 사이트를 통해 직접 보험에 가입하는 방법을 계속 다룰 것이기 때문에, 자주 들어가서 빨리 익숙해지면 많은 도움이 될 것이다.

보험다모아란 무엇인가요?

01. 운영일자 : 2015.11.30
02. 운영주체 : 손해보험협회 및 생명보험협회
03. 운영목적 : 온라인 전용상품 등에 대한 소비자 접근성 및 선택가능성 제고 / 회사별 보험료·보장내용 등 비교 및 가입경로 안내
04. 운영근거 : 손해보험상품 비교·공시세부기준 및 생명보험상품비교·공시기준
05. 대상상품 : 온라인전용(CM) 상품 : 사이버상으로만 가입이 가능한 보험상품(CM:Cyber Marketing)
　　　　　　　방카저축성 보험상품 : 은행 등 금융기관보험대리점을 통해 가입이 가능한 저축성 보험상품
　　　　　　　실손의료보험 : 보험가입자가 질병.상해로 입원(또는 통원) 치료시 소비자가 실제 부담한 의료비를 보험회사가 보상 하는 상품
※ 상기 대상상품 이외에도 보험회사의 선택에 따라 추가 등재 가능

보험다모아에는 일반적으로 가입하는 거의 모든 보험이 올라와 있다. 자동차보험, 실손의료보험, 여행자보험, 연금보험, 어린이/태아보험, 암보험, 보장성보험, 저축성보험 등으로 항목이 구분되어 있고, 보장성보험 안에는 질병보험, 상해보험, 치아보험, 운전자보험, 간병보험, 치매보험, 종신보험, 정기보험, 화재/재물보험, 골프보험 등 많은 종류의 보험이 있다. 보장기간이나 보장금액 등 특정 조건을 지정해 검색하면 각 보험회사 상품별로 비교가 가능하다.

'보험다모아' 사이트가 있다는 것을 알고, 활용할 수만 있어도 이미 보험을 저렴하게 잘 가입할 수 있는 준전문가 수준이라고 확신한다. 보험다모아를 이용하면 더 좋은 보장으로 상상할 수 없이 저렴하게 가입하는 수많은 방법이 있다. 앞으로 자세히 설명하니 여기서는 '보험다모아 사이트라는 게 있고, 믿어도 되는 곳인가 보네' 정도로 넘어가자.

모르면 못 찾아 먹는
건강체/우량체 할인

보험회사별로 건강체나 우량체 등의 이름으로 건강한 사람에게 보험료 할인 혜택을 주는 제도가 있다. 지금까지 건강관리를 잘해온 사람일수록 앞으로도 건강관리를 잘하리라 판단하는 걸 수도 있고, 지금 건강하니 앞으로 조기 사망이나 질병의 위험에 덜 노출되리라 생각하는 걸 수도 있다. 그래서 보험회사가 특별히 제시하는 건강체 기준을 충족시킨 사람에게는 보험료가 많이 할인된다.

보험설계사를 통해 보험에 가입할 때 이런 건강체, 우량체 할인 혜택에 대해 들어본 일이 거의 없을 것이다. 건강체, 우량체 할인을 받으려면 별도로 진행하는 간단한 건강검진을 받고 심사를 통과해야 해서 설계사와 만나는 그 자리에서 바로 계약이 성사될 수 없기 때문이기도 하고, 할인되면 보험료가 작아지므로 설계사 수입에 영향이 가기 때문일 수도 있을 것이다. 그래서인지 그동안 여러 설계사를 만났지만, 이런 혜택에 대해 적극적으로 알려주는 설계사는 보지 못했다. 그러나 온라인으로 보험에 가입하면 이런 혜택을 자주 접하게 된다. 아는 자만이 누릴 수 있는 특권이다.

온라인 보험 슈퍼마켓인 보험다모아 사이트에서 정기보험 가입과정을 따라가다 보면 '비흡연자 할인은 물론! 건강할수록 건강체, 슈퍼건강체 보험료 추가 할인!'이라는 문구를 만날 수 있다. 할인 금액을 살펴보면 최근 1년간 흡연만 안 했어도 보험료가 17%나 저렴해지고(비흡연체), 건강체로 판단되면 25.7%의 할인을 받으며, 슈퍼건강체로 판단되면 43.3%까지 보험료를 할인해준다고 한다. 말이 43.3%지 이 정도면 거의 반값 수준이다. 건강하기만 해도 누구나 이런 혜택을 투명하게 받을 수 있다는 것이 온라인 보험의 큰 장점이다.

(출처: A생명 인터넷 정기보험)

다만, 이런 할인 혜택을 받으려면 간단한 건강검진으로 내 건강 상태를 먼저 입증해야 한다. 건강에 자신 있으면 한 번 해보자. 쭉 진행하면 가입 절차 도중 이런 문구를 볼 수 있다. '추가 보험료 할인(건강체/슈퍼 건강체)을 위해 건강검진 절차를 진행하시겠습니까?' 말 그대로 건강검진 결과를 보고 결정하겠다는 의미다. 선택한 후 가입을 진행하면 보험회사에서 연락이 오고 건강검진 일정을 협의하게 된다.

내 경우 보험에 가입하기 위한 건강검진을 두 차례 받아보았다. 첫 번째는 보험회사에서 지정한 몇 군데 병원 중 한 곳을 방문해서 약 1시간 정도 진행되는 검사를 받았고, 두 번째는 보험회사에서 보낸 간호사가 직접 집으로 찾아와 30분 정도 걸리는 간단한 건강검진을 진행했었다. 당시 건강검진은 혈압/혈액/소변검사/신체조건 등의 간단한 몇 가지 검사였는데 어렵거나 힘들지는 않았다. 사실 이런 건강검진이 오히려 좋은 기회라는 생각이 들었다. 내 몸에 이상이 있는지 없는지 알기 위해 내 돈을 쓰면서 건강검진을 받는 요즘 같은 때에, 어찌 보면 무료로 해주는 건강검진 아닌가?

모르면 못 찾아 먹는 건강체/우량체 할인

생각하기 나름이다. 결국 저자는 건강체에, 지인은 슈퍼건강체에 해당해 아주 저렴하게 정기보험에 가입했다. 이런 막대한 혜택이 있는지도 모르는 사람이 있는가 하면, 이런 혜택을 받고 보험료를 절반 가까이 줄이는 스마트한 소비자도 있다. 아는 것이 힘이고 모르면 결국 나만 손해다.

당장 가입해야 할
보험 우선순위

지금까지 어떤 형태의 보험이 괜찮은 보험인지(순수보장형, 비갱신형, 80세 만기), 어떻게 보험료를 내는 것이 유리한지(전기납), 온라인 가입으로 어떤 혜택을 받을 수 있는지(건강체, 우량체 할인 등)를 알았다면 이제는 어떤 보험이나 특약을 우선순위로 가입해야 하는지에 대해 알아보도록 하자. 각 보험에 대한 상세한 설명은 3부에서 다루니, 여기서는 간단한 설명과 함께 우선순위만 먼저 살펴볼 예정이다.

앞으로 보장성 보험을 들 때는 다음 5개의 보험이나 특약에 최대한 집중하자. 실비, 3대 질병(암, 뇌혈관질환, 심장질환) 진단비, 사망보험금, 후유장해, 가족 일상생활 배상책임 이렇게 5개다. 이 외의 다른 어떤 보험이나 특약도 추천하지 않는다. 수술비, 입원비, 골절, 화상, 기타 진단비 등 다른 수많은 담보가 있지만, 실비보험이 있다면 꼭 필요한 건 아니다. 다른 것들의 보험료를 줄여서 5개의 핵심 담보에 집중하는 것이 보험가입자에게 훨씬 유리하다!

1. 실손의료보험(실비보험)

가장 중요한 것은 실손의료보험 즉, 실비보험이다. 실비보험은 병원에서 발생한 실제적인 병원 치료비를 보장하는 보험으로, 누구든 필수로 가입하길 권한다. 이 실비보험 하나만 있어도 평생 살아가며 발생할 대부분의 큰 병원 치료비가 해결된다. 큰 질병이나 사고가 생긴 후에는 가입하고 싶어도 실비보험 가입이 어려워진다. 어찌어찌 가입해도 다른 사람보다 보험료는 비싸지고, 아팠던 부분은 보험으로 보장해주지 않는 부담보 계약을 해야 한다. 그러니 아프기 전에 실비보험 하나만큼은 꼭 미리 가입해두자.

본인이 가입한 실비보험이 80세 만기든 100세 만기든, 병원 치료비의 100%를 받든 80%를 받든 어떤 상품이든 간에 상관없이 실비보험 하나라도 제대로 가지고 있다면 그 사람의 보험 평가 점수는 이미 100점 만점에 80점 이상이다. 그만큼 실비보험은 중요하다. 다른 보험을 추가로 가입할 형편이 도저히 안 된다면, 이 실비보험 하나만이라도 유지하는 것이 좋다. 생활비, 간병비 보장까지는 안 되더라도 병원 치료비만큼은 대부분 보장되니 만약의 위험 상황에서 큰 도움을 받을 수 있다. 진단비, 수술비, 입원비 특약 등을 빼고 병원 치료비 보장만 단독으로 분리해서 판매하는 단독 실

손의료보험은(단독 실비보험) 비싸지도 않다. 4세대 실비보험을 기준으로
할 때 연령별 보험료는 다음과 같다.

4세대 실비보험 연령별 보험료		
20세 기준	남성 월 6,000원	여성 월 5,000원
30세 기준	남성 월 8,000원	여성 월 9,000원
40세 기준	남성 월 10,000원	여성 월 12,000원
50세 기준	남성 월 16,000원	여성 월 20,000원
60세 기준	남성 월 27,000원	여성 월 30,000원

이 정도 금액이면 가능하다. 충분히 할 만하지 않은가? 그러니 아무리
형편이 어려워도, 보험을 신뢰하지 않는 사람이라도 이것만은 꼭 가입하
자. 이 돈마저 아까워서 실비보험에 가입하지 않으면 생각하지 못한 큰 질
병과 사고로 인해 더 큰 경제적 위기에 빠질 수도 있다.

국민건강보험은 당연히 좋지만, 그것만으로는 아직 부족하다. 국민건
강보험은 병원비 중 급여에 대해서만 보장하지만, 실비보험은 비급여까지
도 보장해주기 때문이다. 실비보험은 너무 중요해서 뒤에서 따로 다룬다.
꼼꼼히 반복해서 읽어보자. 다른 어떤 보험상품보다 압도적으로 효율적이
고, 가입자에게 유리한 최고의 보험상품이다.

2. 암 진단비 보험

두 번째로 중요한 것은 암 진단비다. 그러면 안 되겠지만 불행히도 암에 걸렸다면 병원에서 수술하고, 치료받고, 약을 처방받는 데 비용이 제법 발생한다. 국민건강보험과 실비보험에 가입되어 있다면 병원에서 치료받는 치료비는 대부분 충당할 수 있다. 하지만 암 발병으로 생기는 다른 경제적 손실은 해결할 수 없다. 암으로 회사를 휴직했을 때의 수입 단절, 간병 비용, 요양 비용 등 많은 돈이 필요하다. 이것에 대비하기 위한 보장이 바로 '암 진단비' 특약이다. 암 진단을 받은 후 진단서와 함께 암에 걸렸다는 증빙서류를 제출하면 보험회사가 일시지급 형태로 약정한 보험금을 준다.

2022년에 발행된 국립암센터의 암 등록 통계자료에 따르면 2020년 암 발생 확률 데이터는 다음과 같다. 남성 80.5세, 여성 86.5세라는 기대수명까지 생존 시 남성의 암 발생 확률은 39%, 여성은 33.9%이다. 남성은 5명 중 2명, 여성은 3명 중 1명꼴이니 상당히 큰 비율이다. 쉽게 말해 3명 중 1명은 죽기 전에 암에 걸릴 수 있다는 것이다. 물론 실제로 암에 걸릴지 아닐지는 아무도 모르지만, 상대적으로 발병할 확률이 높다면 준비하는 게 낫다.

□ **암 발생확률**

○ 우리나라 국민들이 기대수명(83.5세)까지 생존할 경우 암에 걸릴 확률은 36.9%였으며, 남자(80.5세)는 5명 중 2명(39.0%), 여자(86.5세)는 3명 중 1명(33.9%)에서 암이 발생할 것으로 추정되었다.

기대수명까지 생존 시 암발생 확률(출처: 국립암센터)

그러면 암 진단비로 얼마를 준비해야 할까? 사람마다 형편과 환경이 다 다르므로 정해진 답은 없다. 많이 준비할수록 좋겠지만 보험료가 아주 비싸진다. 형편에 맞게 끝까지 유지 가능한 수준에서 암 진단비를 준비해야 한다. 개인적인 기준으로는, 일반 성인이라면 3~5천만 원 정도면 적절할 듯하다. 이 금액을 준비하기 위한 보험료는 앞에서 말한 여러 보험 가입 팁을 적용하면 크게 부담스럽지 않다. 일반암 진단비 3천만 원을 40세 남성, 80세 만기, 전기납으로 온라인보험상품을 통해 준비한다고 할 때 월 보험료는 18,000~20,000원 정도면 된다. 비흡연체, 무해지환급형으로 뽑아 본 금액이다.

생각보다 저렴하다고 느끼는 사람도 많을 것이다. 하나 더 팁을 주자면 진단비 보험은 생명보험사보다 손해보험사 상품이 유리하다. 암을 포함한 3대 질병 진단비 보험은 설계사나 보험대리점을 통해 가입한다. 손해보험사에서 일반 암 진단비를 2~3천만 원 수준으로 먼저 준비하고, 부족한 금액은 온라인 생명보험상품으로 저렴하게 보완하면 좋다.

(출처: A생명 인터넷 암보험)

3. 뇌, 심장질환 진단비 보험

세 번째로 중요한 것은 뇌와 심장질환을 대비한 2대 질병 진단비다. 대한민국 국민의 3대 사망 원인이 암, 심장질환, 뇌혈관질환이다. 여기서 암을 제외한 뇌와 심장 쪽 질병을 흔히 '2대 질병'이라고 부른다. 다음 차트에서 볼 수 있듯이 통계청에서 제공한 사망 원인 순위를 보면 악성 신생물(암)이 압도적인 1위고, 노인성 질환인 폐렴을 제외하면 심장질환과 뇌혈관질환이 2위와 3위를 차지한다. 2018년부터 폐렴이 뇌혈관질환을 소폭 앞서고 있으나, 노화와 면역력 부족 등으로 발생하는 노인성 질환이니 제외하자. 주변 친척이나 회사 동료 등 일상에서 심장질환과 뇌혈관질환으로 쓰러져 입원하는 경우를 종종 보았을 것이다. 그만큼 흔하면서도 위중한 질병이니 이 두 질병까지는 보험으로 미리 대비하는 것이 좋다.

암과 마찬가지로 이런 질병에 걸리면 오랫동안 회복하지 못하고 장기요양 상태에 있는 경우가 많아, 그만큼 요양비와 간병비가 필요하다. 보험회사에서도 이를 잘 알고 있기에 암, 뇌혈관질환, 심장질환을 3대 질병으로 묶어 '3대 질병 보험'이나 '3대 질병 진단비 보험' 등의 이름으로 판매한다. 개인적인 기준으로는, 뇌졸중과 급성심근경색 진단비로 각 2~3천만 원의 진단비를 손해보험사 3대 질병 진단비 보험을 통해 준비하는 것이 좋다고 생각한다. 보장범위가 더 넓은 뇌혈관질환 진단비, 허혈성 심장질환 진단비, 심혈관질환 진단비도 있고, 더 좁은 뇌출혈 진단비도 있지만 꼭 추천하지는 않는다. 이유는 뒤에서 자세히 설명하겠다.

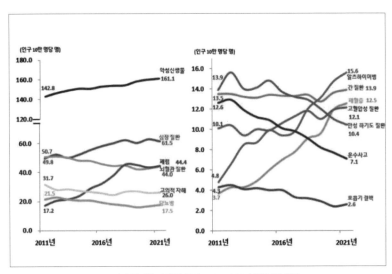

주요 사망원인별 사망률 추이, 2011~2021(출처: 통계청)

4. 사망보험금(정기보험)

네 번째로 중요한 것은 사망보험금이다. 사망보험금은 말 그대로 보험가입 자(정확하게는 피보험자)가 사망하면 수익자(법정상속인)에게 지급하는 약정된 금액이다. 가장이 한창 일할 시기에 갑작스럽게 사망하면 가정 경제에 직격탄을 맞게 되고, 모아둔 자금이 없다면 혼자 남은 배우자가 자녀를 양육할 방법이 없다. 이를 대비하기 위해 준비하는 것이 사망보험금이다. 흔히 5천만 원, 1억 원, 2억 원 등 큰 액수로 가입하는 것이 이것이다.

자녀가 없고 부부가 맞벌이라면 사망보험금을 꼭 준비할 필요는 없다. 한 사람이 먼저 사망하더라도 배우자가 계속 소득을 얻을 수 있으니 사

당장 가입해야 할 보험 우선순위

망보험금이 없어도 치명적인 문제가 발생하지는 않을 것이다. 그러나 자녀가 있고, 더구나 아직 어리다면 자녀가 사회생활을 하고 취업할 나이가 될 때까지를 고려해 사망보험금을 준비하는 것이 좋다. '나에게 설마 그런 일이 생기겠어?'라고만 생각하며 방관할 일만은 아니다. 만약의 사태에 대비하는 것일 뿐, 누구도 원해서 그런 일을 겪는 것은 아니기 때문이다. 필자의 친한 친구도 어릴 때 아버지가 돌아가셔서 속된 말로 '죽도록 고생했다'라는 말을 종종 듣는다. 죽을 때는 순서가 없고, 누구에게나 일어날 수 있다. 큰 위험을 작은 비용으로 준비하는 것이 보험의 핵심이다. 남은 가족의 미래를 위해 끝까지 유지 가능한 적절한 보험료를 통해 적절한 사망보험금을 준비하자.

5. 후유장해, 가족 일상생활 배상책임(일배책) 특약

마지막으로 있으면 좋은 것은 상해/질병 후유장해 특약과 가족 일상생활 배상책임 특약이다. 다치거나 병에 걸려 몸에 영구적인 장해가 남게 되면 보험금을 받을 수 있는 상품이 상해 후유장해와 질병 후유장해 특약이다. 장해 진단을 받으면, 장해분류표에 따라 장해율이 정해져 있는데 가입금액에 그 비율을 곱하여 계산한 보험금을 받는다.

후유장해 특약의 경우 여러 신체에 중복 보상이 가능하여 보장범위가 아주 넓다는 장점이 있다. 보험료도 크게 비싸지 않다. 특히 질병 후유장해 특약은 치매보험보다 가성비가 좋고 신체의 보장범위가 넓어서 인기가 많은데, 현재는 가입할 수 있는 보험회사가 적다. 3대 질병 진단비 보험에 가입하면서 이 특약을 추가하면 좋다.

가족 일상생활 배상책임 특약은 월 1,000원 안팎의 저렴한 보험료로 일상생활에서 우연히 남에게 피해를 주는 수많은 경우의 재정적 피해를 보장해주니 가성비가 좋다. 주택의 소유, 사용, 관리로 인한 우연한 사고에 대한 배상책임도 보장한다. 예를 들어 아랫집에 누수가 생기거나, 다른 집에 놀러 갔다가 실수로 그 집 TV를 망가뜨리거나, 우리 개가 사람을 물었을 때 등의 처리비용을 받을 수 있다. 보험료는 상대적으로 저렴하지만 피해 금액을 한 담보 당 1억 원까지 보장해준다. 한 사람당 1억 원까지 가입할 수 있으니 가족 중 2명 이상이 가입하면 자기부담금도 상쇄시킬 수 있고, 보장 금액도 2억 원 이상이 되는 셈이라 좋다. 하나 아쉬운 점은 예전엔 비갱신형으로 판매되었으나 요즘은 갱신형으로만 판매된다는 것이다. 그래도 보험료가 크게 오를 염려는 없으니 갱신형이라도 꼭 준비하자.

당장 삭제해도 될
특약 우선순위

앞에서 꼭 가입해야 하는 중요한 보험 및 특약에 관해 알아봤다면, 이번에는 해지해도 되는 덜 중요한 특약이다. 사실 가입자의 형편과 상황, 환경에 따라 필요한 보험과 특약은 천차만별이다. 어떤 특약이 꼭 필요하고 어떤 특약이 불필요한지는 사람마다 다를 수 있지만, '최대한 저렴한 보험료로 충분한 보장을 준비하자'라는 이 책의 목적에 맞춰 안내한다.

1. 수술비, 입원비 특약

지인들 보험 리모델링을 도와주면서 가장 먼저 삭제하는 것이 수술비와 입원비 특약이다. 이유는 간단하다. 실비보험에서 이미 수술비용, 입원비용을 대부분 보장받기 때문이다. 물론 이런 특약을 별도로 가입하면 수술하거나 입원할 때 실비보험에서 받는 보험금을 받고, 추가로 이 특약에 따른 보험금이 더 나온다. 돈이 많을수록 치료나 간병에 도움이 되는 건 맞다. 보험에 가입한 시기에 따라 실비보험의 보장 내용이 다르므로, 실비보험에서 지급되지 않는 병원비 10~30%의 자기부담금에 대한 보조금이라고 생각해도 되긴 한다.

하지만 수술할 일이 인생에 몇 번이나 될까? 입원할 일도 사실 그리 많지 않다. 수술하지 않고 입원하지 않으면 쓰지도 못하고 다 버리는 돈이다. 수술비, 입원비를 준비하지 말자는 게 아니라 실비보험에서 수술비, 입원비의 최소 70~80% 이상이 지급되니 부가적인 비용을 더 들이지는 말자는 뜻이다. 그 돈으로 차라리 더 운동하고 더 좋은 음식을 먹으면서, 수술 안하고 입원 안 하도록 노력하는 데 쓰자. 더구나 받을 혜택에 비해 월 보험료 비중은 제법 크다.

입원비 특약의 예를 들어보자. 20년 납 100세 만기 1일 이상 지급 입원비의 경우 이 특약에만 매달 약 2~4만 원가량의 보험료를 내야 한다. 나중에 입원하면 하루당 3~5만 원 정도의 보험금을 받는다. 실손보험 가입자 중 입원 보험금을 청구한 가입자 수가 총 가입자의 9.5%에 불과하다는 데이터가 있다. 요즘 대형병원은 병실에 입원할 수 있는 기간이 그리 길지 않

당장 삭제해도 될 특약 우선순위

다는 사실까지 고려하면, 입원 일당을 받아서 지금껏 납입한 비용을 다 뽑아내기란 거의 불가능에 가깝다. 하루당 3~5만 원 하는 며칠 동안의 입원비를 받자고 20년 내내 매달 입원비 보험료를 낸다? 그래서 가성비가 가장 나쁜 특약이라고 불리기도 하는 것이다.

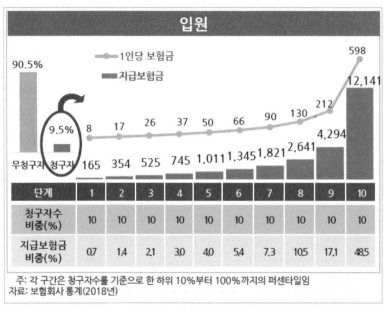

실손의료보험 지급 보험금 현황분석, 단위: 만 원, 억 원(출처: KIRI 보험연구원)

그러면 수술할 확률은 어떨까? 다음 자료를 보면 2021년 33개 주요 수술을 받은 총환자 수는 10만 명당 3,176.99명이다. 주요 수술 이외의 환자까지 고려해 3,200명이라 했을 때, 10만 명당 3,200명은 100명당 약 3.2명 수준에 불과하다. 그중 치명적인 질병으로 인한 수술이라 보기 어려운 2가지 수술, 즉 시력 교정용으로 많이 진행되어 시중에 말도 많고 탈도 많은 백내장 수술(1위)과 산모라면 누구나 받을 수 있는 제왕절개 수술(4위) 2 개를 제외하면 100명당 약 2명에 불과하다. 정리하면 대한민국 국민이 중 대한 질병/상해로 인해 수술받을 확률은 매년 100명당 2명 정도인 셈이다. 생각보다 많지 않은 확률이다.

실비보험에 가입되어 있다면 수술비와 입원비는 꼭 필요한 특약이 아 니라는 말이다. 이제 알았으니 보험 가입 시 이런 특약은 가능한 한 배제하 자. 이미 입원비, 수술비 특약에 가입되어 있고 그간 납입한 기간이 길지 않 다면 콜센터나 담당 설계사에게 전화해서 해당 특약의 삭제를 요청하는 것 도 보험료를 줄이는 좋은 대안이 된다.

(단위: %)

순위	구 분	2017	2018	2019	2020	2021	연평균 증감률 (2017-)
	계(33개 주요수술)	2,959.99	3,007.10	3,149.80	3,023.56	3,176.99	1.8
1	백내장 수술	719	766	868	859	938.19	6.9
2	일반 척추수술	313.91	320.33	330.69	338.28	358.96	3.4
3	치핵 수술	355.21	331.1	319.17	316.85	298.96	-4.2
4	제왕절개수술	606.26	586.87	578.72	552.24	277.42	-17.8
5	담낭절제술	139.19	148.67	158.74	158.97	167.54	4.7
6	충수절제술	158.73	152.8	153.42	143.73	143.26	-2.5
7	슬관절 치환술	126.72	130.23	143.39	129.06	137.21	2
8	스텐트삽입술	118.82	122.98	126.21	121.81	130.48	2.4
9	내시경 및 경피적 담도수술	70.68	76.9	79.75	81.99	103.51	10
10	자궁절제술	157.16	158.82	157.95	148.53	75.72	-16.7
11	유방 부분 절제술	48.41	63.4	67.99	66.7	75.62	11.8
12	갑상선 수술	54.23	58.13	63.05	59.34	68.54	6
13	내시경하 부비동 수술	113.08	121.82	118.11	60.52	62.22	-13.9
14	서혜 및 대퇴 허니아 수술	65.96	66.4	65.18	58.71	62.03	-1.5
15	고관절 치환술	52.47	53.63	54.83	54.55	56.88	2
16	간색전술	51.76	52.62	54.49	53.57	54.83	1.5
17	편도절제술	78	75	76	58	39.21	-15.9
18	유방 전 절제술	37.28	24.07	30.97	35.43	38.9	1.1
19	정맥류 결찰 및 제거수술	36.91	35.18	37.52	33.59	35.16	-1.2

당장 삭제해도 될 특약 우선순위

구 분		2017	2018	2019	2020	2021	연평균 증감률 (2017-)
20	위 절제술	35.41	34.32	33.56	30.95	32.85	-1.9
21	심박조율장치의 삽입, 교체, 제거 및 교정	22.98	22.95	24.5	25.04	31.67	8.3
22	내시경하 척추수술	9.55	13.47	15.84	17.1	22.79	24.3
23	경요도 전립선절제술	42.49	43.81	45.24	42.81	22.48	-14.7
24	심장 수술	13.81	13.41	13.6	17.15	17.76	6.5
25	경피적 관상동맥확장술	13	15	16	15	17.2	7.4
26	간 부분 절제술	13.79	14.8	14.81	15.35	15.45	2.9
27	뇌종양 수술	13.43	10.14	10.66	10.71	15.24	3.2
28	관상동맥우회수술	7.52	7.68	8.09	7.96	8.49	3.1
29	심장 카데터 삽입술	4.61	4.16	4.64	5.14	6.32	8.2
30	일반 부비동 수술	11.17	11.06	5.9	4.75	4.29	-21.3
31	전립선절제술(경요도 제외)	8	7.91	8.35	6.9	2.85	-22.8
32	순열 및 구개열 수술	1.82	1.58	1.51	1.45	1.3	-8.1
33	뇌기저부 수술	0.65	0.69	0.98	0.94	0.97	10.6

2021 주요 수술 통계연보 - 연도별 인구 10만 명당 주요 수술 환자 추이(출처: 국민건강보험)

2. 질병사망 보험금 특약

그다음 조정해야 하는 특약은 질병사망 보험금이다. 질병사망 특약은 종합 보험에 포함된 경우가 많은데, 의외로 비싸고 갱신형도 많다. 사망보험금 이 필요한 가장이라면 '정기보험'이라는 상품으로 아주 저렴하게 꼭 필요한 기간만 정해 준비할 수 있다. 그러니 꼭 필요하지도 않은데 보장기간이 길 어 보험료가 비싼 질병사망 특약은 삭제하자. 사망보험금이 꼭 필요하다면 온라인 정기보험상품으로 따로 가입하는 게 낫다.

3. 갱신형 특약들

다음으로는 갱신형 특약이다. 실비보험 외에 갱신형으로 가입된 특약들은 최대한 삭제하자. 갱신형으로 가입해도 좋은 경우는 딱 2가지다. 앞에서 설명했듯이, 비싼 3대 진단비를 저렴하게 준비하기 위해 갱신형, 비갱신형을 섞어 복층 설계하는 경우와 60세 이상 고령이 20년 갱신형 상품을 통해 비갱신형보다 조금 더 저렴한 보험료로 같은 보장을 유지하려는 경우다. 이 2가지를 제외한 다른 갱신형 특약은 다 삭제하고 비갱신형으로 교체해도 무방하다. 당장은 갱신형 특약이 저렴해 보여도, 나중에 보험료가 얼마나 올라갈지 누구도 예상할 수 없다. 예측할 수 없는 보험료는 갱신형 외에는 선택할 수 없는 실비보험 하나로 충분하다.

당장 삭제해도 될 특약 우선순위

보험 들 때 반드시 지킬 것 3가지 - 자필서명, 고지의무, 통지의무

　　보험가입자들이 반드시 지켜야 할 3가지 의무는 자필서명, 고지의무, 통지의무다. 이 3가지는 꼭 기억하고 반드시 지키는 것이 좋다. 보험금 지급 관련 분쟁이 생겼을 때 보험회사가 가장 먼저 찾아보는 것이 고객의 의무실행 여부다. 혹여나 꼬투리 잡힐 빌미를 주지 않기 위해서라도 최대한 성실히 고지하여 보험금을 받지 못하는 불상사가 생기지 않도록 늘 주의하자.

　　자필서명은 말 그대로 보험 계약 시 본인이 직접 서명해야 한다는 내용이다. 가족이 대신 서명하거나 설계사가 대리로 하면 안 되고, 본인이 직접 해야 한다. 계약자와 피보험자가 다를 경우, 예를 들어 남편이 아내의 보험을 가입해줄 때도 남편과 아내가 모두 직접 서명해야 한다. 요즘은 온라인으로 보험을 많이 가입하는데 전자서명도 자필서명과 같은 효력이 있으니 본인 인증을 하고 온라인으로 직접 가입하면 문제 될 것이 없다. 보험대리점을 통해 전화로 보험에 가입한다면 음성녹음이 자필서명을 대체한다.

고지의무는 보험 가입 전에 가입자의 병력 유무에 대해 보험사에 미리 알리라는 요구사항이다. 보통은 33155 병력 고지 조건, 즉 3개월 이내에 의사로부터 진단이나 치료 등을 받은 것이 있는지, 1년 이내에 추가검사(재검사)를 받은 적이 있는지, 5년 이내에 진단/수술/입원/치료/투약 등을 받은 적이 있는지를 묻는다. 이 내용에 해당하는 사항이 있다면 솔직하게 고지하자. 도저히 이해가 안 되거나 헷갈린다면 설계사와 상의하여 차후에 문제가 생기지 않도록 잘 처리해야 한다. 고지의무 미이행은 실컷 보험료 다 내고도 보험금을 못 받거나 보험계약을 해지당할 수도 있는 중대한 계약위반 사항이기 때문이다.

		예	아니오
1	최근 3개월 이내에 의사로부터 진찰 또는 검사(건강검진 포함)를 통하여 다음과 같은 의료행위를 받은 사실이 있습니까? □ 질병확정진단 □ 질병의심소견 □ 치료 □ 입원 □ 수술(제왕절개포함) □ 투약 ※ 질병의심소견이란 의사로부터 진단서 또는 소견서를 발급받은 경우를 말합니다. ※ 투약이란 의사가 환자에게 약을 처방하는 행위를 말하는 것으로 실제로 약을 구입하지 않았어도 기재해야 합니다.	□	□
2	최근 3개월 이내에 마약을 사용하거나 혈압강하제,신경안정제,수면제,각성제(흥분제),진통제 등 약물을 상시 복용한 사실이 있습니까? ※ 혈압강하제란 혈압을 내리게 하는 의약품을 말합니다. ※ 각성제란 신경계를 흥분시켜 잠이 오는 것을 억제하는 의약품을 말합니다.	□	□
3	최근 1년 이내에 의사로부터 진찰 또는 검사를 통하여 추가검사(재검사)를 받은 사실이 있습니까?	□	□
4	최근 5년 이내에 의사로부터 진찰 또는 검사를 통하여 다음과 같은 의료행위를 받은 사실이 있습니까? □ 입원 □ 수술(제왕절개포함) □ 계속하여 7일 이상 치료 □ 계속하여 30일 이상 투약 ※ 여기서 '계속하여'란 같은 원인으로 치료 시작후 완료일까지 실제 치료, 투약 받은 일수를 말합니다.	□	□
5	최근 5년 이내에 아래 10대 질병으로 의사로부터 진찰 또는 검사를 통하여 다음과 같은 의료행위를 받은 사실이 있습니까? □ 암 □ 백혈병 □ 고혈압 □ 협심증 □ 심근경색 □ 간경화증 □ 당뇨병 □ 뇌졸중증(뇌출혈,뇌경색) □ 에이즈(AIDS),HIV보균 □ 심장판막증 □ 직장·항문 관련 질환(치질, 치루(누공), 치열(찢어짐), 항문 농양(고름집), 직장 또는 항문탈출, 항문출혈, 항문궤양) → 실손의료비 가입시에만 해당되는 고지사항임 □ 질병확정진단 □ 치료 □ 입원 □ 수술 □ 투약	□	□

실손의료보험 고지의무 예시(출처: ○○화재보험 청약서)

통지의무는 '계약 후 알릴 의무'라고도 부른다. 계약 후에 가입자에 대한 변경 사항을 보험회사에 알리라는 요청사항이다. 가장 흔한 예는 가입

보험 들 때 반드시 지킬 것 3가지 - 자필서명, 고지의무, 통지의무

자의 직업군이 바뀌었을 때다. 가입자의 직업 위험도가 바뀌면 보험회사의 보험료 산정액도 바뀔 수 있다. 사무직이었는데 이직으로 위험한 일을 하게 된다면, 당연히 상해 위험에 노출될 확률이 높아지므로 보험회사도 그에 따른 대응을 하는 것으로 보면 된다. 운전 여부가 변경되었거나 운전 목적이 변경되었을 때도 알리자. 상해 위험도가 변경되어 상해 관련 특약 보험료가 변경될 수 있기 때문이다. 마지막으로, 주소나 연락처가 바뀌었을 때도 보험회사에 꼭 알려야 중요한 서류나 갱신 및 재가입에 대한 연락을 놓치지 않고 받을 수 있다.

통지의무에 해당하는 일이 생겼을 때 담당 설계사에게 변경을 요청해도 되지만, 가능하면 보험회사에 직접 전화해 알려주는 것이 빠르고 안전하다. 설계사의 실수를 예방할 수 있기 때문이다. 보험사 홈페이지에서 직접 변경된 주소로 수정할 수도 있다.

part
3

보험료
절반으로
줄이기

가입한 보험의 개수가 많을수록, 보험료가 비싸면 비쌀수록 탄탄하게 대비했다고 생각하나요? 절대 아닙니다! 꼭 가입해야 하는 보험이 있고, 실제 내가 받는 혜택은 거의 없고 보험사만 좋은 일 시키는 보험도 있죠. 3부에서는 꼭 가입해야 할 보험과 가장 효과적이면서 저렴하게 가입할 수 있는 실제 방법을 알아보겠습니다.

두려움 없이 꼿꼿하게,
핵심보험 2+1(투 플러스 원)

이제부터는 실전이다. 누구나 따라 할 수 있도록 최대한 쉽고 간단하게 설명해보겠다. 결론부터 말하면 성인은 기본 보험 딱 2가지, 실비보험과 3대 질병 진단비 보험만 들어도 된다. 왜 이렇게 말할까? 사는 동안 신체에 관련하여 우리에게 닥칠 수 있는 중대한 재정적 리스크는 다음과 같은 경우다.

첫째, 큰 질병에 걸리거나
둘째, 사고로 크게 다치거나
셋째, 일찍 사망하거나
넷째, 너무 오래 사는 것이다.

일찍 사망할 때의 문제는 사망보험금으로 상쇄할 수 있고, 너무 오래 사는 것에 대한 대비는 연금 및 노후자금 준비로 대비할 수 있다. 남은 2가지, 즉 큰 질병에 걸리거나 사고로 크게 다치는 것에 대한 재정적 리스크는 우리가 흔히 가입하는 보장성 보험으로 상당 부분 해결할 수 있다. 이런 질병과 상해 사고가 생겼을 때 준비해야 하는 자금은 크게 병원 치료비와 여유 생활자금일 것이다. 병원 치료비야 지극히 당연하고, 퇴원 후 2차 치료 및 요양, 휴직 등으로 발생하는 소득 공백에 대비하기 위해 어느 정도의 여유 생활자금을 준비해야 재정적인 곤란에 빠지지 않는다.

결국, 보장성 보험으로는 이 2가지만 잘 준비하면 되는데, 병원 치료비는 실비보험으로 대비하고, 여유 생활자금은 진단비 보험으로 해결할 수 있다. 그럼 이 2가지 중 실비보험의 중요성과 혜택에 대해 먼저 알아보도록 하자.

핵심 1.
실손의료보험(실비보험)

"국민건강보험과 실비보험 하나만 잘 준비해도 병원 치료비 걱정은 없다!"

이 말을 먼저 머릿속에 넣고 시작하자. 그래야 앞으로 우리가 가입할 보험을 설계사에게 휘둘리지 않고 두려움 없이 제대로 판단할 수 있다. 지금까지 실비보험에 대해 조금씩 얘기했지만 여기서는 왜 실비가 그리도 중요한지 꼼꼼히 살펴보자. 국민건강보험은 국민 대부분이 필수로 가입해야 하는 사회보험이니 별도의 설명은 필요 없을 것이다. 여기에 개인적으로 실비보험 하나만 잘 가입해 유지해도 평생 마주치게 될 거의 모든 병원 치료비의 80~90% 이상이 해결된다.

병원에 다녀오면 치료비가 든다. 병원 치료비의 구성을 알면 실비보험의 보장범위에 대해 쉽게 이해할 수 있다. 병원 치료비는 급여와 비급여로 나뉘어 있고, 총치료비 합계 금액은 A+B+C의 합이다.

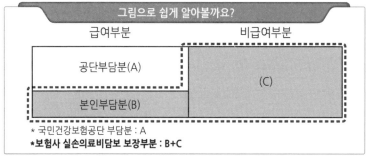

실손의료보험 보장범위(출처: 금융감독원)

급여는 국민건강보험공단(이하 건강보험)의 지원을 받는 필수 치료 항목이다. 그러나 다 지원하는 것이 아니라 건강보험이 내주는 금액 A와 환자가 직접 부담해야 하는 금액 B로 나뉘어 있다. 반면 C에 해당하는 비급여 항목은 건강보험이 적용되지 않아 환자가 100% 부담해야 한다. 이때 최종적으로 환자가 내야 하는 병원 치료비는 얼마일까? A는 공단에서 내주니 B와 C의 합계 금액만 내면 된다.

실비보험이 보장하는 부분이 바로 이 B와 C 부분이다. 실비보험 가입 시기를 기준으로 상품마다 차이가 있는데, B+C 금액의 100%를 지급하는 상품도 있고, 80~90%를 지급하는 상품도 있다. 2021년 7월에 출범한 4세대 실비보험의 경우에는 급여의 80%, 비급여의 70%를 지급한다. 지금 기억해야할 가장 중요한 것은 건강보험을 납부하고, 개인적으로 실비보험에도 가입했다면 병원 치료비 A+B+C 대부분을 환자가 내지 않아도 된다는 점이다.

물론 실비보험에서도 보장하지 않는 다음 항목들도 있다. 이렇게 쭉 늘어놓으니 보장하지 않는 항목이 많고 복잡해 보이지만 실상은 아주 작은 부분이다. 이를 제외하고, 아파서 치료받는 병원비 대부분은 건강보험과 실비보험이 다 커버한다. 실비보험이 보장하지 않는 부분도 있다는 정도로만 알고 넘어가자.

- 실비보험은 기본적으로 아프거나 다쳐서 받는 병원 치료비를 보장하는 상품이기 때문에 그 외 예방 접종비, 간병비 등은 보장하지 않는다.
- 의사 처방 없이 살 수 있는 의약품이나 의약 외품 비용도 보장하지 않는다.
- 우연히 발생한 사고나 질병을 보장하는 것이 목적이라 여성이라면 누구나 겪는 임신, 출산 관련 비용도 배제되며,
- 비만 치료나 미용을 위한 비용과 비급여 한방/치과 치료도 일정 부분 보장에서 배제된다.
- 기타 건강관리공단에서 효능과 안정성을 아직 인정받지 못한 임의 비급여 항목들도 보장하지 않는다.

2009년 10월 이전에 가입한 1세대 실비보험의 경우 B+C 전액이 소액의 공제금을 제외하고 지급되었다. 놀라운 보장 혜택을 자랑한다. 그로 인해 보험회사의 손해율이 높아지자 100% 지급 범위가 90%로, 90%가 80%로, 다시 70%로 점차 축소되고 있다. 그러나 치료비 100%가 지원되지 않는 2009년 10월 이후 가입한 실비보험이라도 실망할 필요는 없다. 가입자가 내야 할 연간 입원 치료비가 200만 원이 넘을 경우, 200만 원이 넘는 비용은 실비보험회사에서 다 지급하는 막강한 보장이 포함되어 있기 때문이다. 단, 이 200만 원에 상급병실료 차액과 3세대 실비보험의 3대 비급여 특약 사용금액은 포함되지 않으니 참고하자. 결과적으로 환자가 중대한 병에 걸려 막대한 비용이 발생하더라도 연간 200만 원 이상의 개인 지출은 거의 발생하지 않는다. 웬만해서는 병원비 명목으로는 가정 재정에 치명타를 받지 않는다는 뜻이다.

이 정도면 왜 실비보험 하나가 이렇게나 중요하고 필수적이라고 강조하는지 충분히 이해했을 것이다. 단, 예외가 있다. 2021년 7월에 출시한 4세대 실비의 경우 비급여 이용량에 따른 할인/할증을 보험료에 반영하다 보니 비급여 치료에 대해 매우 민감하다. 결과적으로 연간 200만 원 한도 규정이 급여에만 적용되고, 비급여에는 적용되지 않는다는 치명적인 단점이 생겼다. 보험사의 손해율이 극심하다 보니 비급여에 관련된 부분은 차츰 가입자에게 불리해지는 분위기다. 4세대 실비 가입자라면 이 부분을 잘 이해하고, 과도한 비급여 치료를 받기 전에 병원과 보험사에 문의한 후 진행하는 것이 좋다.

구분		보상금액
표준	입원실료, 입원제비용, 입원수술비	「국민건강보험법」에서 정한 요양급여 또는 「의료급여법」에서 정한 의료급여 중 본인부담금'과 '비급여*'를 합한 금액(본인이 실제로 부담한 금액을 말합니다)의 80%에 해당하는 금액 다만, 나머지 20%가 계약일 또는 매년 계약해당일부터 기산하여 연간 200만원을 초과하는 경우 그 초과금액은 보상합니다. *상급병실료 차액은 제외

(출처: 실손의료보험 약관)

이제 현재 가입할 수 있는 4세대를 기준으로, 실비보험의 주요 보장을 간략히 살펴보자. 1~4세대 세대별 차이는 5부에 자세히 설명되어 있다. 4세대 실비보험은 크게 주계약 급여와 특약 비급여로 구분되어 있고 총 5개의 담보로 이루어져 있다. 처음에는 좀 복잡해 보이겠지만 별거 없다. '총 5개의 담보가 있고, 병원 치료비 중 급여의 80%, 비급여의 70%를 보장한다' 정도로 쉽게 생각하면 된다.

기본형	상해급여	입원 (통원 합산 5천만원 한도)	급여 보장대상의료비에서 공제금액(=보장대상의료비의 20%)을 뺀 금액
		통원 (회당 20만원 한도)	급여 보장대상의료비에서 공제금액(=Max[보장대상의료비의 20%, 최소자기부담금])을 뺀 금액 • 최소자기부담금: (병·의원)1만원, (상급·종합병원) 2만원
	질병급여	입원 (통원 합산 5천만원 한도)	급여 보장대상의료비에서 공제금액(=보장대상의료비의 20%)을 뺀 금액
		통원 (회당 20만원 한도)	급여 보장대상의료비에서 공제금액(=Max[보장대상의료비의 20%, 최소자기부담금])을 뺀 금액 • 최소자기부담금: (병·의원)1만원, (상급·종합병원) 2만원

4세대 실손의료보험 주계약 급여 담보(출처: 손해보험협회 공시실)

기본형 2가지 담보는 주계약이고, 급여 부분을 보장한다.

두려움 없이 꼿꼿하게, 핵심보험 2+1(투 플러스 원)

1) 상해급여 말 그대로 다쳐서 병원 치료를 받을 때 그 비용을 보장받는 담보다. 입원/통원/약제가 모두 한 담보에 들어있고, 병원비 중 급여의 80%를 보장받는다. 1년마다 보험료는 갱신되며, 5년 후 재가입된다. 총 가입금액은 5천만 원이고, 통원 가입금액은 회당 20만 원이다.

2) 질병급여 위와 같다. 질병으로 치료받는 경우다.

특별약관, 즉 특약 3가지는 비급여 부분을 보장한다. 선택적으로 넣고 뺄 수 있지만 당연히 모두 포함해서 가입하는 게 좋다. 나중에 보험료가 부담스러워지면 이 비급여 특약을 하나씩 삭제하면서 보험료를 줄일 수 있다. 나에게 가장 덜 중요한 담보를 삭제하면 된다.

3) 상해비급여 앞에 있는 주계약 상해급여에서 보장하는 내용과 범위가 같다. 급여가 아니라 비급여를 70% 보장한다는 것, 비급여에 해당하는 상급병실료 차액을 하루 10만 원 한도로 보장한다는 것, 통원 시 최소자기부담금이 3만 원이라는 것만 다르다.

4) 질병비급여 위와 같다. 질병으로 치료받는 경우다.

5) 3대 비급여 보험사 손해율에 가장 큰 영향을 주는 3가지를 뽑아 따로 관리한다. 비급여 중 도수치료/체외충격파치료/증식치료, 주사료, 자기공명영상진단(MRI/MRA)를 따로 분리해 별도의 가입금액과 횟수 한도를

걸어두었다. 가입금액은 순서대로 350/250/300만 원이다.

특별약관	상해비급여	**입원** (통원 합산 5천만원 한도)	비급여 보장대상의료비(3대비급여 제외)에서 공제금액(보장대상의료비의 30%)을 뺀 금액
		상급병실료 차액보장	비급여 병실료의 50%(단, 1일 평균금액 10만원 한도)
		통원 (회당 20만원, 연간 100회 한도)	비급여 보장대상의료비에서 공제금액(=Max[보장대상의료비의 30%, 최소자기부담금])을 뺀 금액 • 최소자기부담금: 3만원
	질병비급여	**입원** (통원 합산 5천만원 한도)	비급여 보장대상의료비(3대비급여 제외)에서 공제금액(보장대상의료비의 30%)을 뺀 금액
		상급병실료 차액보장	비급여 병실료의 50%(단, 1일 평균금액 10만원 한도)
		상급병실료 차액보장	비급여 보장대상의료비에서 공제금액(=Max[보장대상의료비의 30%, 최소자기부담금])을 뺀 금액 • 최소자기부담금: 3만원
	3대비급여	**도수·체외충격파·증식 치료** (연간 350만원, 연간 50회 한도 / 단, 각 치료횟수를 합산하여 최초 10회 보장하고, 이후 객관적이고 일반적으로 인정되는 검사 결과 등을 토대로 증상의 개선, 병변호전 등이 확인된 경우에 한하여 10회 단위로 연간 50회까지 보상)	비급여 보장대상의료비에서 공제금액(=Max[보장대상의료비의 30%, 최소자기부담금])을 뺀 금액 • 최소자기부담금: 3만원
		주사료 (연당 250만원, 50회 한도)	
		자기공명영상진단 (연간 300만원 한도)	

4세대 실손의료보험 특약 비급여 담보

핵심 2.

암/뇌/심 3대 질병 진단비 보험

노인성 질환인 폐렴을 제외하면 대한민국 사망 원인 1, 2, 3위가 바로 암, 심장질환, 뇌혈관질환이다. 이 3가지는 치명적이고 위중한 질병이라 병원 치료비뿐만 아니라 회복 과정에도 큰돈이 들어가니 별도의 생활자금을 보험으로 꼭 대비하는 것이 좋다. 그중에서도 암은 기대수명까지 생존 시 3명 중 1명꼴로 발병한다는 국립암센터의 통계자료가 있다. 또 국립암센터가 실시한 '2013년 국가 암 환자 의료비 지원 사업 만족도 조사 결과'를 보면 조사 참여자 중 46.8%가 암 진단 후 휴직이나 실직으로 고용 상태가 변했고, 고용 상태가 변했다고 응답한 암 생존자의 84.1%는 실직한 것으로 나타났다.

병원 치료비는 건강보험과 실비보험에서 대부분 보장받는다고 해도 휴직이나 실직에 따른 생활비와 요양자금은 무시하지 못할 수준이다. 따라서 모든 질병에 대비하지는 못할지라도, 가장 많이 걸리고, 사망 위험에 크게 노출되며, 요양 기간이 절대적으로 필요한 3대 질병에 대해서만큼은 별도로 진단비를 준비해 2차 치료비, 생활비, 간병비 등의 비용에 대비하는 것이 현명하다. 게다가 실비보험은 병원비를 개인이 먼저 정산한 후 나중에 보험회사에 청구하는 방식이라 당장 병원비 납부가 어려운 상황이라면 진단 후 바로 받을 수 있는 진단비 보험금이 큰 도움이 된다.

가장 먼저 준비해야 할 3대 질병 진단비는 암 진단비, 뇌졸중 진단비, 급성심근경색 진단비다. 이들 보장만 집중적으로 묶어서 판매하는 '3대 질병 진단보험' 또는 '3대 질병 진단비 보험'에 가입하면 된다. 과거에 가입한 생명보험사에는 뇌졸중 진단비가 아닌 뇌출혈 진단비 상품이 많다. 뇌출혈보다 뇌졸중의 보장범위가 5~6배 이상 크고, 뇌졸중은 발병률이 높은 뇌경색까지 포함하기 때문에 뇌졸중 진단비 이상으로 가입하는 것이 유리하다.

물론 이보다 더 범위가 넓은 뇌혈관질환 진단비도 있고, 급성심근경색보다 훨씬 범위가 큰 허혈성 심장질환 진단비, 심혈관질환 진단비도 있다. 그만큼 보험료 비용도 만만치 않다. 한 사람만 놓고 보면 크게 부담스럽지 않을 수 있지만 3인 가족, 4인 가족으로 범위가 넓어지면 충분히 부담된다. 이런 비싼 특약을 유지하는 데 큰 어려움이 없다면 좋겠지만, 사회초년생이나 평범한 중산층 가정이라면 더 위중한 뇌졸중과 급성심근경색 진단비에 집중하는 것이 일반적으로 더 효과적이다.

급성심근경색 진단비의 경우, 보장범위가 허혈성 심장질환 진단비 보장범위의 5분의 1밖에 되지 않는다는 이유로 무조건 허혈성 심장질환 진단비에 가입해야 한다는 주장도 있고, 요즘은 허혈성 심장질환 진단비와 심혈관질환 진단비를 대세로 판매하는 분위기이기도 하다. 하지만 급성심근경색이 보장하지 않는 것은 협심증과 만성 허혈성 심장병이 대부분이고, 이런 질병은 갑작스럽게 쓰러지거나 장기간 요양해야 하는 위중한 병이 아니라는 걸 알아야 한다. 환자가 직접 병원에 다니며 치료받을 수 있는 질병도 많다.

게다가 뇌혈관질환과 허혈성 심장질환 진단비의 가입금액 한도도 점차 줄어들고 있다. 원하는 만큼 보장금액을 넣지도 못하고, 보험료는 비싼 반쪽짜리 특약이 되어 가는 건 아닌가 싶다. 또 최초 1회만 지급되는 진단비 특약의 특성상 뇌혈관질환과 허혈성 심장질환 진단비에만 가입하면 경증 치료로 보험금을 다 받고 담보가 소멸할 수도 있다. 차후 더 중요한 중증진단 시에 보장 공백이 생기는 부분도 생각해야 한다. 보험에 정답은 없으니 상황과 형편에 맞게 선택적으로 결정할 부분이지만, 개인적으로는 중증에 해당하는 뇌졸중과 급성심근경색 진단비 보장금액을 높여 여기에만 집중하는 것이 더 좋다고 생각한다.

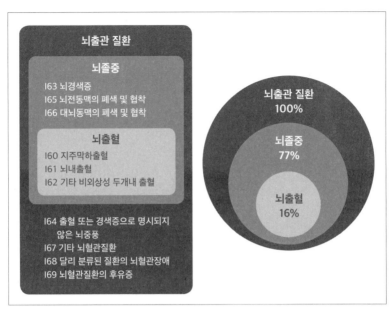

뇌출혈, 뇌졸중, 뇌혈관질환 보장범위와 질병 코드

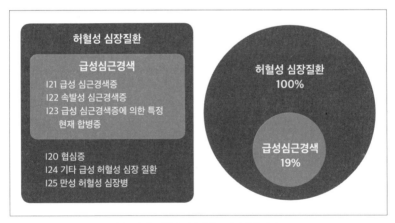

급성심근경색, 허혈성 심장질환 보장범위와 질병 코드

119

그러면 얼마의 진단비를 준비하는 것이 좋을까? 대체로 일반암 진단비 3~5천만 원, 뇌졸중, 급성심근경색 진단비 각 2~3천만 원 정도를 권한다. 바로 뒤에서 설명하는 요령대로 가입하면 크게 무리가 되지 않는 보험료로 이 진단비를 준비할 수 있다. 물론 여유가 된다면, 더 크게 가입해도 상관없다. 다만 진단비 보험의 경우 해당 질병에 걸리지 않으면 사라지는 금액이라는 걸 기억하자.

지금까지 핵심보험 2+1 중 기본 보험 2가지, 즉 실비보험과 3대 질병 진단비 보험에 대해 알아보았다. 이 2가지를 가입하면 병원 치료비의 상당 부분이 준비되고, 치료 후에 필요한 여유 생활비까지 어느 정도 마련된다. 보험으로 모든 것을 준비할 수는 없다고 이미 여러 차례 언급했지만, 최소한의 준비는 하는 것이 좋다. 이 정도만 준비해도 가정 경제가 무너질 정도의 큰 리스크에 노출될 확률은 극히 낮아진다. 20세 이상 성인이고 크게 형편이 어렵지 않다면, 위 2가지 기본 보험은 꼭 준비하길 권한다. 이미 다른 병력이나 치료력이 있다면 이마저도 가입이 쉽지 않을 것이다. 따라서 보험은 필요성을 깨닫는 즉시, 최대한 젊어서부터 일찍 준비하는 것이 좋다.

핵심 +1.

정기보험(사망보험)

어린 자녀가 있다면 가장의 조기 사망에 대비한 사망보험금 준비는 필수적이다. 가정의 수입을 책임지는 가장이 일찍 사망하면 남은 배우자와 자녀는 재정적으로 큰 어려움에 빠질 가능성이 크다. 그동안 모아둔 자금마저 없다면, 남은 배우자와 자녀들은 상상하기 힘든 경제적 어려움을 겪게 될지도 모른다. 이를 위해 준비하는 것이 바로 사망보험이다.

사망보험은 피보험자가 사망하면 유가족에게 약속된 보험금을 지급한다. 사망보험금을 핵심 담보로 판매하는 대표적인 보험은 '종신보험'과 '정기보험'인데, 차이는 아주 간단하다. 종신보험은 보험기간을 한정하지 않는다. 40세에 사망하든 110세에 사망하든, 사망 시점에 상관없이 사망만 하면 지급한다. 정기보험은 정해진 기간 안에 사망하는 경우에만 보험금을 지급한다. 예를 들어 '피보험자가 65세 이전에 사망할 경우에만 보장한다'라는 식으로 가입한다. 보장기간이 정해져 있고, 대부분 짧아서 생애 전 기간을 보장하는 종신보험에 비해 보험료가 크게 저렴하다.

그렇다면 경제적 가장의 나이를 기준으로 사망보험금을 몇 살까지 준비하면 좋을까? 생각해보자. 가장이 80세, 100세에 죽어서 그때 가족이 받게 될 사망보험금이 배우자와 자녀에게 절대 없으면 안 되는 그런 큰 위험 요소일까? 그렇지 않다. 일단 화폐가치 하락 때문에 큰돈이 되지도 않으며, 그 나이에는 그 돈이 없어도 남은 가족이 재정적인 치명타를 받지 않는다. 자녀 입장에서 생각해도 마찬가지다. 자녀 대부분은 사회생활을 시작한 이후라면 부모로부터 재정적인 도움을 받지 않으려고 노력한다. 직장을 다니거나 사회생활을 시작했다면 부모의 재정적 도움이 절대적인 것은 아니다. 이미 모두 다 성인이고 자기 앞가림은 할 나이와 환경이 되기 때문이다. 따라서 가장의 사망보험금이 남은 가족에게 가장 필요한 시기는 자녀들이 사회생활을 시작하고 자립하는 그 시점까지라고 보면 된다. 물론 80세, 100

세에 사망하고 사망보험금이 나와서 나쁠 건 없다. 다만 큰 비용을 치러야 한다는 게 문제다. 재정적으로 큰 위험에 노출되지 않는 선에서 꼭 필요한 만큼만 준비하는 것이 현명하다. 소액의 비용으로 큰 위험에 대비하는 것, 그것이 보험의 핵심이라는 걸 잊지 말자.

현재 가장의 나이가 마흔이고 5세 자녀가 있다면, 자녀가 독립하거나 사회생활을 할 나이는 가장 나이로 60~65세 정도일 것이다. 그러면 지금부터 20~25년 동안만 사망보험금을 보장하는 정기보험에 가입하면 된다. 정기보험 자체도 종신보험보다 매우 저렴하지만, 온라인으로 가입하면 더욱 저렴해진다. 오직 사망했는지 안 했는지에 따라 보험금 지급이 결정되다 보니 가입할 때 병력 고지의무만 잘 지키면 분쟁 소지도 많지 않은 편이다. 걱정 없이 온라인으로 쉽게 가입하고, 보험료도 크게 낮춰보자.

정기보험 가입이 종신보험보다 훨씬 저렴하다는 건 비교해보면 쉽게 체감할 수 있다. 40세 남성이 1억 원의 사망보험금을 보장하는 종신보험에 가입 시 월 보험료는 최소 25만 원이 넘는다. 어느 보험설계사에게 문의해도 25만 원 밑으로는 가입하기 어렵다. 그러나 65세까지 25년간만 같은 금액인 1억 원을 보장하는 정기보험에 가입하면 건강한 사람을 기준으로 대략 월 15,000~20,000원에도 된다. 10분의 1 이상 저렴하다. 종신보험을 정기보험으로 바꾸는 이 방법만 실천해도 그 가정에 월 20만 원 이상의 추가 수입이 생기게 된다는 뜻이다. 20만 원씩 10년 모으면 대략 2,400만 원. 20년을 모으면 원금만 4,800만 원이라는 큰돈이 된다.

준비해야 할 사망보험금이 정확히 얼마라고 단정 짓기는 어렵다. 여러 책과 설계사가 말하는 것처럼 경제적 가장이 벌어오는 소득의 2~3년 치

정도를 준비해보면 어떨까? 가장 사망 후 2~3년 정도가 지나면 남은 배우자가 마음을 다잡고 새로운 소득을 만들기 위해 노력하고, 어렵지만 남은 삶을 잘 극복해 나갈 충분한 시간이 될 수 있으리라 믿는다. 예를 들어 연봉이 3천만 원이라면 대략 5천~1억, 5천만 원이라면 1억~1억 5천만 원, 7~8천만 원이라면 1억 5천~2억 원 정도를 준비하면 될 듯하다.

외벌이의 경우 경제적 가장을 피보험자(보험의 대상이 되는 사람)로 가입하는 것이 일반적이다. 그러나 부부가 맞벌이한다면 절반으로 나눠서 각각 가입하는 것도 좋은 방법이다. 부부가 각각 5천만 원씩, 또는 각각 1억 원씩 가입하는 것도 좋다. 때에 따라 자녀가 없더라도 남은 배우자를 위해 사망보험금을 준비하고 싶을 수 있다. 이럴 때는, 국민연금이나 기타 개인연금, 퇴직연금이 개시되는 시점까지를 보장기간으로 정하면 된다. 적절한 연금소득이 생기는 시점이면 배우자 사망으로 인한 재정적 리스크가 많이 낮아지기 때문이다.

정리해보자. 가입자의 환경에 따라 다를 순 있지만 대체로 종신보험은 서민이나 일반인에게 적합한 상품이 아니다. 종신보험은 부자들이 자녀에게 자산을 상속하거나 상속세 마련 리스크에 대비하기 위한 목적으로 가입할 때 효과적인 상품이다. 소득이 보통인 일반인이 가입하면 가정 재정에 큰 악영향을 끼칠 수 있으니 리스크가 가장 큰, 꼭 필요한 기간을 정해 온라인 정기보험으로 사망보험금을 준비하는 지혜가 필요하다.

핵심보험 2+1(투플러스원) 정리

핵심1 실손의료보험(실비보험)

핵심2 암/뇌/심 3대 질병 진단비 보험

핵심3 정기보험(사망보험)

실비보험 가입하기
– 온라인/보험설계사/보험대리점

지금부터는 핵심보험 2+1에 가입하는 구체적인 방법을 따라하기로 알아보자. 먼저 실비보험이다. 5년 내 병력 고지의무에 특별히 해당하는 것이 없는 건강한 사람이라면 온라인에서 직접 가입할 수 있다. 약관이 표준화되어서 실비는 어느 회사에서 가입하든 보장이 같다. 현재 가입할 수 있는 건 4세대 실비보험이고 5년마다 재가입되어 100세까지 보장되며, 1년마다 보험료가 갱신되는 갱신형이다. 선택할 수 없는 조건이니 이대로 따라가면 된다.

[4세대 실손의료보험]

☐ 기본형 실손의료보험 (급여 실손의료비 보장)

종목	보장내용	가입금액(만원)
상해급여	피보험자가 상해로 의료기관에 입원 또는 통원하여 급여치료 또는 처방조제를 받은 때	입·통원 합산 연간 5천만원 한도(단, 통원은 회당 20만원 한도)
질병급여	피보험자가 질병으로 의료기관에 입원 또는 통원하여 급여치료 또는 처방조제를 받은 때	입·통원 합산 연간 5천만원 한도(단, 통원은 회당 20만원 한도)

☐ 특별약관 (비급여 실손의료비 보장)

종목		보장내용	가입금액(만원)
상해비급여		피보험자가 상해로 의료기관에 입원 또는 통원하여 비급여치료 또는 처방조제를 받은 때	입·통원 합산 연간 5천만원 한도(단, 통원은 회당 20만원, 연간 100회 한도)
질병비급여		피보험자가 질병으로 의료기관에 입원 또는 통원하여 비급여치료 또는 처방조제를 받은 때	입·통원 합산 연간 5천만원 한도(단, 통원은 회당 20만원, 연간 100회 한도)
3대 비급여	도수·체외충격파·증식 치료	피보험자가 상해 또는 질병으로 의료기관에 입원 또는 통원하여 비급여 치료를 받은 때	연간 350만원(50회 한도 / 단, 각 치료횟수를 합산하여 최초 10회 보장하고, 이후 객관적이고 일반적으로 인정되는 검사 결과 등을 토대로 증상의 개선, 병변호전 등이 확인된 경우에 한하여 10회 단위로 연간 50회까지 보상)
	주사료		연간 250만원(50회 한도)
	자기공명영상진단		연간 300만원 한도

4세대 실비보험 보장 내용 및 범위(출처: 손해보험협회 공시실)

실비보험은 한 번 가입하면 100세까지 나와 함께할 보험이므로 보험료만 보고 가입할 회사를 결정하기보다는 회사의 안정성, 투명성, 이미지, 부지급률 등을 잘 고려해 신중히 결정하는 것이 좋다. 만약 온라인으로 직접 가입하는 것이 어렵거나 병력이 있다면 보험설계사 도움을 받아 가입하자. GA 보험대리점을 이용하면, 설계사를 직접 만나지 않고 전화로 보험에 가입할 수도 있다. 이런 경우 음성녹음을 통해 자필서명을 대신한다.

온라인이 좀 싸긴 하겠지만 뭔가 미덥지 않다고 느낄 수 있는데, 온라인으로 보험에 가입한다고 보장이 작거나 나쁜 건 없다. 일반 보험상품과 담보 내용만 같다면 보장은 모두 같다. 같은 상품을 온라인으로도 오프라인으로도 판매하는 거라고 보면 된다. 상품 내부 구성이야 조금 다를 순 있지만 판매 채널을 다양하게 열어두기 위한 것일 뿐이다. 더구나 실비보험의 경우 어디서 가입하든 어느 채널을 통해 가입하든 약관이 표준화되었기 때문에 보장이 모두 같다. 처음엔 보험설계사 없이 혼자 상품을 고르고 가입하는 것이 다소 어려울 수도 있다. 그러나 이 책을 통해 보험을 바라보는 관점을 정확하게 정립하고, 꼭 필요한 보험에 가입하는 요령을 숙지하면 누구든지 쉽게 온라인으로도 보험에 가입할 수 있다.

온라인으로 보험에 가입할 때 몇 가지 알아야 할 것이 있다.

첫째, 비대면으로 하는 온라인 보험의 특성상 가입기준이 까다롭다. 5년 내 고지의무에 해당하는 병력, 치료력이 있다면 가입이 제한되는 경우가 많다. 그때는 고객센터에 전화해서 가입할 수 있는 다른 방법에 대해 재차 문의해보고 해결 방법을 찾는 수고가 필요하다. 포기하지 말고 전화해보자. 정 안되면 설계사나 보험대리점의 도움을 받자.

둘째, 보험금 청구를 스스로 해야 한다. 전담 설계사가 있다면 서류를 떼다가 설계사에게 맡기면 되지만, 이제는 스스로 필요 서류를 떼고 보험회사에 직접 청구해야 하는 번거로움이 있다. 하지만 보험금 청구할 일이 인생 살면서 그리 많은 것도 아니고, 요즘엔 핸드폰 앱을 통해 실비보험금을 쉽게 청구할 수 있으니 온라인 보험의 장점에 비하면 이 정도 번거로움은 환영할 정도다.

이제 보험다모아를 통해 함께 가입해보자. 지금 가입할 수 있는 4세대 실비보험에 가입하는 방법이다. 실손의료보험뿐만 아니라 앞으로 다룰 암보험, 정기보험 등도 이런 식으로 쉽게 비교해서 가입할 수 있다.

1. '보험다모아' 홈페이지에 들어간 후 '실손의료보험 - 실손의료보험(4세대)비교'를 클릭한다.

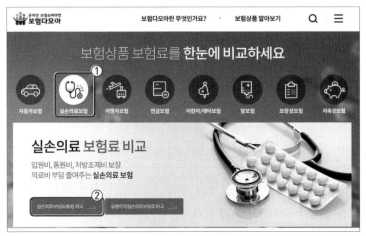

보험다모아 e-insmarket.or.kr

2. 가입기준을 선택하는 화면이 나타난다. 가입기준은 모두 '전체'를 선택한 후 생년월일을 입력하고 '상품비교하기'를 클릭한다.

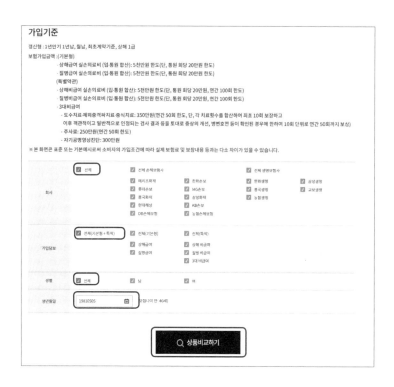

3. 여러 회사의 실손의료비 상품이 낮은 보험료 순으로 검색되어 나타
난다. 더 자세히 보고 싶거나 가입하고자 하면 오른쪽에 있는 '인터
넷 바로 가입'을 클릭한다.

4. 그 상품이 소개된 보험회사 홈페이지가 나타난다. 생년월일과 성별을 입력한 후 '보험료 확인하기'를 클릭한다. 화면의 지시에 따라 진행하면 바로 보험에 가입할 수 있다. 끝까지 진행하지 않으면 실제로 가입되는 게 아니니 필요한 내용을 다 알아본 후에는 일단 창을 닫아 취소하고 다시 보험다모아에서 다른 상품을 찾아보며 비교해보자. 이렇게 몇 개의 회사를 직접 비교해본 후 튼튼해 보이고 맘에 드는 저렴한 회사 상품을 골라서 가입하면 된다. 참 쉽다.

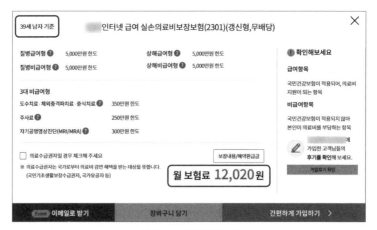

(출처: ○○보험 다이렉트)

실비보험 가입하기 – 온라인/보험설계사/보험대리점

3대 질병 진단비 보험 가입하기 – 보험설계사/GA 보험대리점

일반적으로 3대 질병 진단비 보험은 보험대리점 설계사의 도움을 받는 게 가입자에게 유리하다. 보험대리점이란 한 보험회사의 상품이 아니라 여러 보험회사의 상품을 관리하고 판매하는 곳이다. 주로 법인 대리점이 많아서 'GA 보험대리점'이라고도 부른다. 여러 회사 상품을 다루다 보니 보험업계 변화에 대한 대응이 빠르며, 저렴하고 보장 좋은 상품을 비교해서 고른다는 장점이 있다. 반면, 한 보험회사에 전속으로 속해 있는 전속 설계사에 비하면 해당 회사 상품에 대한 전문성이 부족할 수도 있으니 잘 살펴봐야 한다. 각각의 장단점이 있으나 필자는 보험대리점 설계사에게 여러 회사 상품을 비교 견적 받아본 후 가장 보장이 좋고 저렴한 회사 상품을 골라서 가입하는 방식을 추천한다. 같은 보장이라도 훨씬 저렴하다.

아는 설계사가 없을 때 찾는 방법

보험대리점 소속 설계사를 찾는 방법은 어렵지 않다. 인터넷으로 검색해보면 지식인이나 블로그, 유튜브 등에서 온라인으로 활동하는 수많은 설계사를 쉽게 찾을 수 있다. 전화나 메일로 직접 연락해서 견적을 받으면 된다. 또는 생명보험협회, 손해보험협회에서 공시하는 보험대리점 비교 공시를 통해 보험대리점의 위치나 전화번호를 찾아 연락할 수도 있다.

법인 보험대리점 비교 공시 조회(출처: 생명보험협회)

위 비교공시 내용을 참고하여 원하는 회사를 클릭하여 본사 연락처를 확인한다. 전화해서 거주지역 근처 대리점의 연락처를 받으면 된다.

보험 견적서 요청하는 방법

이런 방법으로 보험대리점이나 설계사를 찾고, 내가 원하는 보장에 대한 보험 상품 설계를 구체적으로 부탁한다.

예를 들면 이렇게 하면 된다.

- 나이/성별/직업/병력을 알리고
- 암, 뇌졸중, 급성심근경색 진단비 각 3천만 원과 유사암(한도 내에서
  가능한 대로)
- 상해 후유장해 1억, 질병 후유장해 3천만 원을 추가해
- 비갱신형, 30년 납, 80세 만기, 무해지환급형으로
- 저렴한 2~3개 회사 상품을 설계해서 보내 달라고 요청한다.

가입 제안서를 메일이나 핸드폰으로 받는다. 그중 보장이 좋고 가격
이 저렴하며 회사 지명도도 있는 곳을 비교한 후 선택해 직접 만나거나 유
선 청약 방식으로 가입한다. 한 곳에서 바로 하지 말고, 다른 대리점에 있는
두세 명의 설계사에게도 연락해보는 방식을 추천한다. 경험상 같은 회사 상
품을 같은 보장으로 설계해도 설계사에 따라 보험료가 달랐다. 또 좋지 않은
설계사를 피하려는 목적도 있다. 이왕 가입하는 거, 친절하고 정직하며 고객
을 배려하는 좋은 설계사를 찾아 선택하는 것도 가입자의 권리니까 말이다.
보험대리점이나 보험설계사마다 주력하는 상품이 달라서 여러 회사의 상품
을 소개받을 수 있다는 장점도 있다. 큰 틀은 비슷해도 회사별로 조금씩 보장
과 보험료에 차이가 있다. 보험은 설계사가 정해주는 대로가 아니라, 내가 원
하는 대로 선택해서 가입하는 것이라는 걸 기억하자.

온라인 암보험 가입으로
진단비 보완하기

손해보험사에서 3대 질병 진단비 보험을 위와 같은 방식으로 가입한 후, 부족한 암 진단비는 온라인 생명보험사를 통해 저렴하게 보완할 수 있다. 온라인 보험 가입의 시작과 끝은 '보험다모아' 사이트다. 이번에도 '보험다모아' 사이트를 통해 온라인 암보험에 함께 가입해보자.

암의 종류가 달라?

암이라고 다 같은 암이 아니다. 우리 상식과 달리 보험회사에서는 각각 기준을 정해 암을 분류하고 보장하는 보험금도 다르다. 처음에는 뭐가 뭔지 헷갈릴 테지만 여러 번 보다 보면 익숙해진다. 가입할 때 이 분류에 따라 보장금액이 다르니 모르면 제대로 가입할 수 없다. 따지고 보면 4가지 정도다. 제대로 알고 넘어가자.

고액암: 고액 치료비 관련암이라고도 한다. 이름 그대로 치료가 어렵고 많은 치료비가 드는 암종을 일컫는다. 주로 뇌, 골, 혈액, 척수, 림프 부위 암 등에 해당한다.

일반암: 위암, 폐암, 간암 등 소액암/유사암/기타암을 제외한 일반적인 모든 암이다.

소액암/유사암: 주로 생명보험사에서는 '소액암'이라고 부르고, 손해보험사에서는 '유사암'이라고 부른다. 조기암이나 치료비용이 작은 암종을 말한다. 손해보험사에서는 주로 '기타피부암, 갑상선암, 제자리암, 경계성종양' 4가지를 유사암으로 보고, 생명보험사에서는 이 4가지에 '대장점막내암'이나 '비침습 방광암' 등이 추가되는 곳이 많다. 소액암과 유사암을 서로 비슷한 용어로 생각하면 된다.

기타암: 정확한 보험용어는 아니지만 일부 암종을 이해하기 쉽게 기타암으로 분류한다. 주로 생명보험사에서 손해율이 큰 일부 암종을 기타암으로 분리해 소액의 보험금만 지급한다. 유방암, 생식기암(전립선, 자궁, 난소 등) 등이다.

1. '보험다모아' 사이트 첫 화면에서 '암보험 - 암보험료 비교'를 클릭한다.

보험다모아 e-insmarket.or.kr

2. '암보험 상품비교' 화면이 나타난다. 성별과 비갱신형을 선택한 후 가입자 생년월일을 입력한다. 다 되었으면 맨 아래 '상품비교하기'를 클릭한다. 여기서는 보험 나이 30세 여성 기준으로 선택했다.

암보험 상품비교

암보험이란

가입 기준

상해1급(사무직 종사자 등) / 월납 / 최초계약기준

※ 아래 '표준가입조건' 또는 '기타가입조건' 항목에서 검색조건을 선택하신 후 [상품비교하기]버튼을 클릭하시면 해당조건에 맞는 보험상품을 확인하실 수 있습니다.
※ 본 화면은 표준 또는 기본예시로써 소비자의 가입조건에 따라 실제 보험료 및 보장내용 등과는 다소 차이가 있을 수 있습니다.
※ 보장범위지수는 암진단(일반암 1천만원 기준), 암입원(5만원 기준) 담보 각각에 대해서만 보여지며, 남자 40세, 10년만기, 전기납 기준으로 작성되었습니다.

표준가입조건	기타가입조건

성별	☐ 남 ☑ 여	생년월일	19930505 📅 (보험나이 만 30세)
갱신구분	☑ 비갱신형 (80세만기, 20년납 기준) ☐ 갱신형 (10년갱신, 전기납 기준)	보장구분	☑ 암진단 (일반암기준 1,000만원)

🔍 상품비교하기

3. 내가 선택한 기준에 맞는 여러 회사의 보험상품이 낮은 보험료 순서로 검색되어 나타난다. 이 중 자세히 보고 싶거나 가입하고 싶은 상품을 골라 오른쪽에 있는 '인터넷바로가입'을 클릭한다. 여기서는 앞에서 예로 들었던 A생명 상품을 클릭해보자.

4. 해당 보험회사에 연결되어 암보험 가입 화면이 나타난다. 오른쪽에 가입자 생년월일과 성별, 최근 1년 이내 흡연 여부를 설정한 후 '보험료 확인/가입'을 클릭한다.

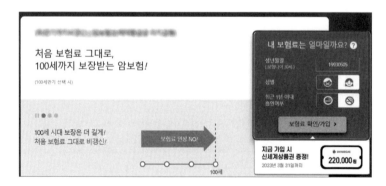

온라인 암보험 가입으로 진단비 보완하기

5. '보험료 직접 설계' 화면이 나타난다. 진단보험금과 보험기간, 납입 기간을 설정하면 바로 예상 보험료를 확인할 수 있다. 여기서는 일 반암 3천만 원, 80세 만기, 전기납인 80세로 선택했고, 아래쪽에 바 로 보험료가 계산되어 나타난다.

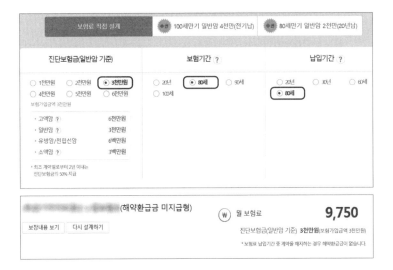

6. 월 보험료는 9,750원이고, 비흡연자 할인이 들어간 금액이다. 이 상품이 마음에 들면 화면 맨 아래 '바로 가입하기'를 클릭한 후 화면 에 나오는 지시대로 가입 절차에 들어가면 된다. 본인 인증을 하고 5년 내 병력 등 의무 고지사항 유무를 확인한 후 보험료를 내면 심 사 후 가입이 완료된다.

7. 한 번 보고 바로 가입하지 말고 다른 여러 회사 사이트에 들어가서 가격과 보장을 비교한 후 나에게 가장 잘 맞는 상품을 찾아야 한다. 이번에는 검색결과에 있던 B생명 다이렉트 암보험 상품에 들어가 보자. 같은 방법으로 회사 홈페이지로 들어가 오른쪽에 생년월일, 성별을 넣고 '보험료 확인'을 클릭한다.

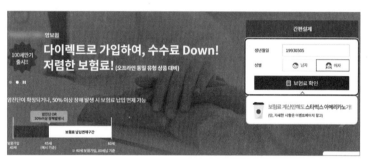

(출처: B생명 다이렉트 인터넷 암보험)

8. 보험 가입금액 1,250만 원, 순수보장형(해지환급금 미지급형), 80세 만기, 80세 전기납으로 선택한 후 '결과 확인하기'를 클릭한다. 이 회사의 경우 가입금액 1,250만 원이 일반암 진단비 기준으로 2,500만 원에 해당한다.

온라인 암보험 가입으로 진단비 보완하기

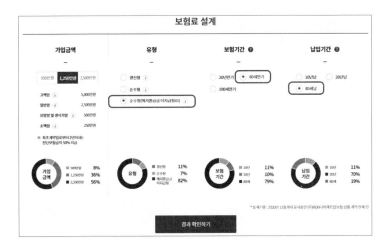

9. 내 선택에 따라 계산된 결과 월 보험료는 8,250원이었다. 조건을
바꿔서 다시 계산하고 싶다면 '다시계산'을, 여기저기 비교 결과 이
상태가 가장 좋다고 판단되면 '바로가입'을 클릭해 진행하면 된다.

10. 생보사 암 진단비 상품 비교하기 - 일반암, 기타암, 소액암

A생명과 B생명 두 회사의 상품을 자세히 보았으니 결정 전에 비교해보
자. 암이라고 다 같은 암이 아니라서 보통은 일반암, 소액암, 기타암의 범위와
보장금액을 확인하는 것이 좋다. 보험사마다 소액암과 기타암을 다르게 분류
하는데, 소액암이나 기타암에 해당하면 보장금액이 적기 때문이다.

일반암 A생명은 일반암 3천만 원에 보험료 9,750원이고, B생명은 일반암 2,500만 원에 보험료 8,250원이다. 일반암 기준으로 봤을 때 A가 조금 저렴하다.

기타암 A생명은 유방암과 전립선암으로만 분리했으나, B생명은 유방암과 생식기암으로 분리했고 이 생식기암에 자궁경부암, 난소암, 전립선암까지 포함시켰다. A보다 범위가 넓으니 가입자에게 불리하다.

소액암 두 보험사 모두 대장점막내암, 제자리암, 경계성종양, 기타피부암, 갑상선암 총 5가지를 소액암으로 분류했으며, 보장금액도 일반암 진단비의 10%로 비슷하다. 소액암에서는 서로 큰 차이가 없다.

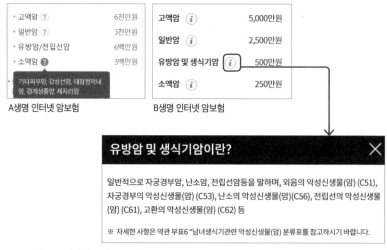

A생명 인터넷 암보험　　　　　B생명 인터넷 암보험

유방암 및 생식기암이란?

일반적으로 자궁경부암, 난소암, 전립선암등을 말하며, 외음의 악성신생물(암) (C51), 자궁경부의 악성신생물(암) (C53), 난소의 악성신생물(암)(C56), 전립선의 악성신생물(암) (C61), 고환의 악성신생물(암) (C62) 등

※ 자세한 사항은 약관 부표6 "남녀생식기관련 악성신생물(암) 분류표를 참고하시기 바랍니다.

각 보장 옆의 이모티콘을 클릭하면 보장범위나 내용 등에 대한 자세한 설명을 볼 수 있다.

두 회사를 비교한 결과 보험료와 보장에 차이가 있다는 걸 알 수 있다. 얼마 전까지만 해도 B생명의 보험료가 더 저렴했으나 지금은 A생명의 보험료가 더 저렴하고, 일반암 보장범위도 더 넓다. 온라인의 특성상 보험료와 보장은 언제든 쉽게 바뀌니 보험 가입 시점에서 여러 회사의 상품을 비교하고 가장 좋은 조건을 찾아내는 게 중요하다. 이런 식으로 한다는 것만 알아두면 일반적인 물건을 쇼핑하듯이 여러 회사의 상품을 비교하며 재미있게 가입할 수 있는 것이 온라인 보험 가입의 장점이자 묘미다.

정기보험 가입하기

정기보험은 피보험자가 사망했을 때 사망보험금을 지급한다. 가입자가 살았는지 죽었는지만 확인하면 되기 때문에, 보험회사와 계약자 간 분쟁이 발생할 일이 많지 않아서 온라인으로 가입해도 별다른 문제가 없다. 설계사를 거치지 않고 가입하는 온라인 보험은 오프라인 대비 가격이 크게 저렴하다. 종신보험에서 정기보험으로 넘어오면서 한 번 보험료가 크게 내려가고, 온라인으로 가입하면 더 내려간다. 거기에 전기납을 선택하고, 건강한 가입자라면 건강체 할인까지 받을 수 있어 보험료는 극도로 작아진다.

모르면 못 챙기는 건강체, 슈퍼건강체 할인

온라인으로 정기보험에 가입하면 보험료를 내리는 방법이 하나 더 있다. 바로 건강체 할인이다. 간단한 무료 건강검진 후 할인 여부를 결정한다. 근육질이나 늘 운동을 끼고 살지 않아도 일단 신청해볼 만하다 싶은 게 얼마 전 지인 2명이 온라인 정기보험에 가입하면서 건강체 신청을 했다. 간단한 건강검진 결과 슈퍼건강체에 해당해 보험료 할인을 많이 받았다.

딱히 아픈 곳은 없지만 그렇다고 엄청 건강하거나 평소 운동을 많이 하는 사람들도 아니어서 슈퍼건강체 조건이 크게 무리한 건 아닌 것 같으니 참고하자. 물론 당시 30대의 나이였고, 젊어서 그랬을 수도 있다. 다른 회사도 비슷한 할인 조건들이 있다. '우량체'나 '건강체'라는 이름으로 할인해주니 꼭 알아보자. 둘을 구분하는 항목들은 흡연과 체질량, 혈압, 콜레스테롤, 혈당 등이다.

- 건강체/슈퍼건강체 가입에 필요한 건강상태 및 검진항목은 아래와 같습니다.
  해당 조건을 만족하는 경우 가입하기 버튼을 눌러 가입을 진행하세요.

구분	건강체	슈퍼건강체
흡연여부	평생 비흡연 또는 청약일 기준으로 적어도 최근 1년간 금연	평생 비흡연
신체질량지수(BMI)	18.5kg/m²이상 26.5kg/m²미만	20.0kg/m² 이상 25.0kg/m² 미만
혈압	140/90mmHg 미만	120/80mmHg 미만
총콜레스테롤	-	190mg/dℓ 미만
HDL콜레스테롤	-	남자 : 50mg/dℓ 이상 여자 : 60mg/dℓ 이상
당뇨 및 혈당	-	당뇨이력이 없으면서 식전혈당 110mg/dℓ 미만

- 가입조건에 해당되지 않으신다면 표준체(흡연체) 또는 비흡연체로 가입 후 가입조건에 맞는 건강상태 일 때 계약변경을 통해 건강할인혜택을 받으실 수 있습니다.

(출처: A생명 인터넷 정기보험)

1. '보험다모아' 사이트 첫 화면에서 '보장성보험 - 정기보험'을 클릭한다.

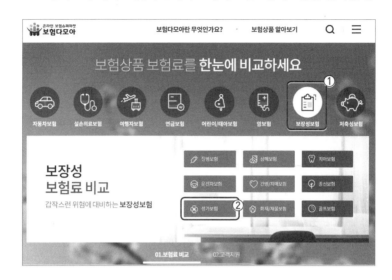

2. '정기보험 상품비교' 화면이 나타난다. 성별과 가입자 생년월일을 입력한다. 다 되었으면 맨 아래 '상품 비교하기'를 클릭한다. 여기서 는 보험 나이 40세 남성 기준으로 선택했다.

정기보험 상품비교

정기보험이란?

가입 기준

가입금액 1억원 / 10년만기(전기납) / 월납 / 최초계약기준

※ 본 화면은 표준 또는 기본예시로써 소비자의 가입조건에 따라 실제 보험료 및 보장내용 등과는 다소 차이가 있을 수 있습니다.
※ 동상품은 사망담보가 포함된 상품으로 15세 미만자는 가입이 불가 합니다.

| 성별 | ☑ 남자 | ☐ 여자 | 생년월일 | 19830505 📅 | (보험나이 만 40세) |

Q 상품 비교하기

3. 내가 선택한 기준에 맞는 여러 회사의 보험상품이 낮은 보험료 순
서로 검색되어 나타난다. 이 중에 자세히 보고 싶은 상품을 골라 오
른쪽에 있는 '인터넷바로가입'을 클릭한다. 화면이 비슷하면 이해하
기 쉬우니 이번에도 A생명 상품을 클릭해보자.

4. 해당 보험회사에 연결되어 정기보험 가입 화면이 나타난다. 오른
쪽에 가입자 생년월일과 성별, 최근 1년 이내 흡연 여부를 설정한
다. 아래쪽에 추가 보험료 할인(건강체/슈퍼건강체) 선택 여부를 묻
는 곳이 있다. 건강에 자신이 있다면 꼭 선택하자. 간단한 건강검진
도 무료로 받고, 보험료 할인도 받으니 일거양득이다. 다 되었으면
'보험료 확인/가입'을 클릭한다.

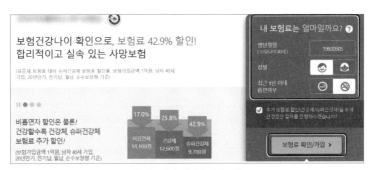

(출처: A생명 인터넷 정기보험)

5. '보험료 직접 설계' 화면이 나타난다. 보험 가입금액 1억, 보험기간 65세, 납입기간은 전기납인 65세, 건강체를 선택한 후 '결과 확인하기'를 클릭한다.

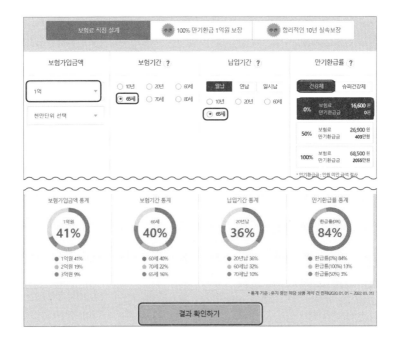

6. 건강체라면 월 보험료가 16,600원, 슈퍼건강체라면 12,700원이라는 결과가 나타났다. 금액과 보장이 마음에 들면 아래 '바로 가입하기'를 클릭해 가입 절차를 진행하면 된다. 여기서는 취소하고 보험다모아 사이트로 돌아간다.

7. 다른 회사 상품을 하나 더 보자. 임의의 C생명보험 상품에 들어가 보자. 위와 같은 방법으로 회사 홈페이지에 들어가 맨 아래에 생년월일, 성별을 입력한 후 '보험료 계산'을 클릭한다.

(출처: C생명 인터넷 정기보험)

정기보험 가입하기

8. 이 회사는 다음과 같은 '사전건강질문지' 화면이 나타난다. 이렇게 회사마다 다른 양식이 나타날 수 있으니 화면의 지시를 따라가면 된다. 본인에게 해당하는 대로 입력한 후 '확인'을 클릭한다.

9. 표준체부터 슈퍼건강체까지 분류되어 월 보험료가 나타난다. 화면 아래쪽에서 납입주기 월납, 보험기간 65세 만기, 납입기간 65세 만기, 가입금액 1억 원을 선택한 후 보험료를 다시 계산해보면 건강체 기준으로 18,800원, 슈퍼건강체 기준으로는 15,200원의 보험료가 나타난다. 위에서 보았던 A생명 상품보다 조금 더 비싸다. 이렇듯 같은 보장이라도 회사마다 얼마든지 보험료 차이가 날 수 있다.

이 상품이 마음에 든다면 맨 위에 있는 '바로 가입하기'를 클릭해 본인 인증을 한 후 병력 고지 절차를 거치고 가입을 진행한다. 잘 이해되지 않거나 궁금한 것이 있을 때는 '상담 신청하기'를 클릭한 후 직접 문의할 수도 있다.

지금까지 실비보험에 가입하는 방법, GA 보험대리점을 통한 3대 질병 진단비 보험에 가입하는 방법, 보험다모아 사이트를 이용해 암보험과 정기보험을 온라인으로 저렴하게 가입하는 방법에 대해 알아보았다. 어렵지 않으니 누구나 쉽게 시도해 볼 수 있으리라 생각한다. 아직 보험 가입 전이고 건강하다면 당장 이런 방법으로 가입하면 되고, 이미 가입된 상태라도 보험료가 비싸 부담이 된다면 리모델링하는 것도 좋다.

운전자보험
가입하기

지금부터는 핵심보험 2+1과 함께 추가로 가입해도 좋은 보험이나 특약들을 알아본다. 먼저 운전자보험이다. 모든 성인이 운전을 하는 것은 아니라서 2+1 핵심보험에 추가하지는 않았다. 운전자보험은 월 3천 원~1만 5천 원 선에서 온라인 다이렉트 보험으로 쉽게 가입할 수 있다. 당연히 중요 보장은 다 포함된 채로 말이다. 2~3만 원씩 보험료 내며 비싸게 가입할 필요가 전혀 없는 보험이다. 지금 운전자보험으로 이 이상을 내고 있다면 이 부분을 자세히 봐야 한다.

자동차보험과 운전자보험의 차이

많이들 헷갈리는데 자동차보험과 운전자보험은 완전히 다르다. 자동차보험은 대인배상/대물배상 등 상대방의 피해를 위한 '민사적' 책임 보장이 핵심이다. 추가로 자기차량 손해, 자기 신체사고, 자동차 상해 등의 담보까지 가입하면 본인과 본인 차량도 보장받을 수 있다. 이에 비해 운전자보험은 운전자 본인의 '형사적' 책임을 중심으로 보장한다.

운전 중 사망사고나 뺑소니사고, 12대 중과실, 중상해 사고 등이 날 경우, 타인의 생명을 위협할 수 있는 치명적이고 불법적인 사고일 확률이 높으니 형사 처벌 대상이 된다. 이렇게 가해자로서 형사적 책임을 져야 할 때 발생하는 벌금, 변호사선임 비용, 형사 합의금을 지원받기 위한 보험이 바로 운전자보험이다. 운전하는 사람이라면 저렴하게 하나 가입하는 게 좋다. 운전자보험의 핵심은 딱 3가지고, 이 3가지만 충분한 금액으로 가입하면 운전자보험의 목적은 충실히 달성하게 된다. 이 외에 다른 여러 특약을 추가할 필요가 없다. 아래에 제시한 금액은 현재 기본적으로 가입하는 정도니 참고하자. 세월이 흘러 법규와 정책이 바뀌면 당연히 필요한 금액도 달라진다.

자동차 보험	• 타인을 위한 보장 • 민사적 책임 보장
운전자 보험	• 운전자 본인을 위한 보장 • 형사적 책임 비용 보장

운전자보험의 핵심 3가지와 적정 가입 금액(신규 가입 조건)
1. 벌금(대인, 대물) - 대인 2,000만 원, 대물 500만 원 이상
2. 변호사선임 비용 - 5,000만 원 이상
3. 교통사고 처리지원금 - 2억 원 이상

*교통사고 처리지원금, 대인 형사합의 실손비, 형사합의금 모두 같은 의미로 보면 된다.

자부상 담보, 넣을까 말까?

요즘 운전자보험 얘기를 하다 보면 '자부상' 또는 '자부치'라고 부르는 '자동차부상치료비' 담보를 꼭 넣어야 하는지 자주 물어본다. 자동차부상치료비특약은 자동차 사고로 다쳤을 때 부상 급수에 따라 정해진 일정 금액을 지급하는 것이다. 사고가 나서 작은 부상을 입거나 병원에서 치료라도 받으면 소액이라도 지급되다 보니 선호하는 사람도 있는 것 같다.

하지만 자동차 사고로 치료받게 되면 치료비는 자동차보험으로 처리하면 된다. 군이 운전자보험에 추가해서 더 받고자 욕심을 부릴 필요가 없다. 이것저것 여러 보험에 더 가입하면 좋을 것 같지만, 실상은 보험회사가 더 유리하도록 계산된 부분이 많다는 걸 잊지 말자. 운전자보험 본연의 목적에 충실하게 핵심 담보 위주로만 저렴하게 가입하는 것이 가입자에게 가장 유리하다.

1. '보험다모아' 사이트 첫 화면에서 '보장성보험 - 운전자보험'을 클릭한다.

보험다모아 e-insmarket.or.kr

2. '운전자보험상품비교' 화면이 나타난다. '보험기간 3년 초과(장기)'
   를 선택한 후 '전체'가 아니라 '온라인가입'을 선택해야 온라인으로
   가입할 수 있는 상품만 검색할 수 있다.

3. 여러 회사의 보험상품이 낮은 보험료 순서로 검색되어 나타난다.
   가장 저렴해서 맨 위에 있는 A손해보험 상품을 자세히 보자. 오른쪽
   에 있는 '인터넷바로가입'을 클릭한다.

운전자보험 가입하기

4. 해당 보험회사에 연결되어 가입 화면이 나타난다. 오른쪽에 생년
월일을 입력하고 성별, 자가용/영업용 중 선택한 후 '보험료 계산하
기'를 클릭한다.

(출처: A손해보험 다이렉트 운전자보험)

5. '보험료 계산' 화면이 나타난다. 보험기간은 20년 전기납, 납입주기
월납으로 설정한 후 '다시계산'을 클릭하면 다음과 같이 세 가지 플
랜 중 하나를 선택할 수 있다. 3200형으로 되어 있는 가장 왼쪽 플

랜을 선택하면, 단돈 월 3,200원으로 운전자 보험의 3가지 중요 담보를 모두 준비할 수 있다. 다시 한번 말하지만, 온라인 상품에서 이런 구성은 언제든 쉽게 변경될 수 있으므로 그대로 따라 하기보다는 가입 기준을 잘 익히는 정도로 생각하자.

6. 3가지 주요 담보 확인하기

- 벌금, 변호사선임 비용, 교통사고 처리지원금(형사합의금)

싸다고 다 좋은 건 아니다. 운전자보험의 핵심 보장 3가지가 다 잘 들어가 있는지 확인해야 한다.

첫 번째는 벌금이다. 대인 벌금 2,000만 원(스쿨존 3,000만 원), 대물 벌금 500만 원이 모두 잘 포함되어 있다. 민식이법이 적용되어 스쿨존에서 3천만 원까지 보장이 확대된 상품이 많다.

두 번째는 변호사선임 비용이다. 요즘 트렌드는 경찰 조사 단계에서까지 변호사 선임 비용을 지급하고, 변호사 선임 비용도 7천만 원 한도까지 보장하는 곳이 많다. 새로 가입한다면 이런 조건에 부합하는 담보와 회사를 고르는 게 유리하다.

세 번째는 가장 중요한 교통사고 처리지원금이다. 이 상품에서는 '대인 형사합의 실손비(운전자용)'라는 이름으로 되어 있는데, 같은 것이다. 요즘은 주로 2억 원으로 가입한다. 2년 전 이 책 초판을 발행할 때만 해도 1억 원이면 충분했는데 그새 보장이 많이 늘었다. 비슷한 보험료에 보장은 늘어난 상황이므로 이왕이면 2억 원에 가입하는 게 좋다.

플랜		○ 3200형(4개)
☑자동차사고변호사선임비용II(경찰조사포함) (실손,운전자용) * (23.4월) 신규 담보	상세	7,000만원
☑자동차사고대인벌금II(스쿨존사고외2천만 원한도,실손,운전자용)	상세	3,000만원
☑자동차사고대물벌금(실손,운전자용)	상세	500만원
☑대인형사합의실손비(운전자용) * 공탁금 50% 선지급 가능	상세	2억원

7. 여러 회사 상품 비교 후 가입하기

온라인으로 가입할 수 있는 많은 회사가 있다. 임의의 회사 상품을 하나 더 살펴보자. 보험다모아 검색결과 화면에서 임의의 상품 오른쪽에 있는 '인터넷 바로 가입'을 클릭한다.

8. ○○손해보험 다이렉트 가입 화면이 나타난다. 생년월일과 성별, 운행 용도를 선택한 후 '보험료 확인하기'를 클릭한다.

9. 실속형, 표준형, 고급형, 프리미엄형 중 하나를 선택할 수 있다. 고급형부터 가족일배책을 추가할 수 있다. 가족일배책이 필요한 경우 고급형을 선택하고, 불필요한 특약을 OFF로 변경해 꼭 필요한 담보만 구성하자.

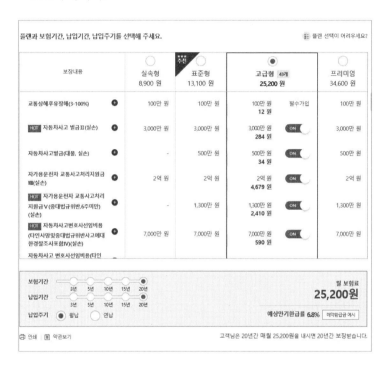

10. 담보 선택하기

아래쪽에서 보험기간과 납입기간, 납입주기를 선택한다. 일반적으로 20년, 전기납, 월납으로 선택하면 된다. 그다음 담보를 선택하는데, 처음에는 모든 담보가 '가입' 상태지만 한 번 클릭하면 '미가입'으로 바뀌며 담보가 빠진다.

'자동차사고 벌금Ⅱ(실손), 자동차사고 벌금(대물, 실손), 자가용운전자 교통사고처리지원금(실손), 자동차사고 변호사선임비용(실손)만 있으면 3대 중요 보장은 모두 준비된다. 순서대로 대인 벌금 3,000만 원, 대물 벌금 500만 원, 교통사고처리지원금 2억 원, 변호사선임비 7,000만 원이다. 보장도 튼튼하다.

11. 추가하면 좋은 담보와 보험료 확인하기

그 외에는 필요에 따라 추가하면 된다. 예를 들면 다른 보험에서 가입하지 못했던 '상해 후유장해'나 '가족 일상생활 배상책임' 같은 담보를 여기에서 추가할 수 있다. 이 상품의 경우 교통사고에 한해서만 고도상해 후유장해를 보장하는 '교통상해 80% 이상 후유장해(최초 1회 한)'와 '교통상해 80% 이상 후유장해연금(매월 10년간 지급), 그리고 가족 일상생활 배상책임 특약을 추가할 수 있다.

이렇게만 가입하면 딱 좋은데, 가족일배책을 넣으려면 최소 1만 원 이상이 되어야 한다는 최저보험료 기준이 생겼다. 어쩔 수 없이 꼭 필요하지 않은 다른 특약을 채워 넣어야 하는 상황이다. 결국 자부상 특약을 넣었고, 자가용운전자 교통사고처리지원금(중대법규위반, 6주 미만) 특약까지 포함해서 최소 보험료 1만 원을 맞췄다. 그렇게 나오게 된 금액이 13,290원이다. 2년 전만 해도 중요 담보만 넣고 6,780원에 가입했었는데 그새 많이 오른 느낌이다. 이 외에 다른 특약은 가능한 한 빼고 가입한다.

아래쪽에 '예상만기환급률 12.8%'라는 게 있는데, 보험회사가 정한 것이라 마음대로 바꿀 수 없다. 만기환급률 0%인 순수보장형이 유리하지만, 보험회사도 최소한의 적립보험료는 쌓아야 수익을 내고 상품을 운용할 수 있으니 이 정도는 감내하자.

보장내용	실속형 8,900 원	★★★ 추천 표준형 13,100 원	고급형 10개 25,200 원 13,290 원	프리미엄 34,600 원
골절수술비(동일사고당1회지급) ➕	-	10만 원	10만 원 OFF	10만 원
깁스치료비 ➕	-	10만 원	10만 원 OFF	10만 원
신깁스치료비(상해및질병) ➕	-	-	10만 원 OFF	10만 원
가족일상생활배상책임Ⅱ(실손) ➕	-	-	1억 원 598 원 ON	1억 원

~~~~~~

용(연간1회한)(자가용)(실손)			OFF	
교통상해사망 ➕	1,000만 원	1,000만 원	1억 원 OFF	1억 원
교통상해80%이상후유장해(최초1회한) ➕	-	1,000만 원	1,000만 원 35 원 ON	1,000만 원
교통상해80%이상후유장해연금(매월10년간지급) ➕	-	월50만 원(10년)	월100만 원(10년) 370 원 ON	월100만 원(10년)
교통상해입원일당(1일이상180일한도) ➕	-	-	2만 원 OFF	1만 원
HOT 자동차부상치료비Ⅱ ➕	400만 원	800만 원	800만 원 2,496 원 ON	800만 원
자동차사고 입원일당(1-14급, 1일이상180일한도) ➕	-	7만 원	7만 원 OFF	7만 원

보험기간 ──3년──5년──10년──15년──●20년
납입기간 ──3년──5년──10년──15년──●20년
납입주기 ●월납 ○연납

필 보험료 13,290원

예상만기환급률 12.8% 해약환급금 예시

3가지 운전자보험의 핵심 담보가 다 포함된 첫 회사 상품은 보험료가 3,200원 정도인데, 여기에 상해 후유장해와 일배책 등 다른 보험에서 부족했던 것까지 넣으려면 1만 원이 조금 넘는 걸 확인할 수 있었다. 단, 독자들이 가입할 때는 이 상품이 없어졌거나 가입조건이 바뀌었을 수 있다. 물론 더 저렴하고 좋은 상품이 출시될 수도 있다. 앞에서 설명한 가입방식에 따라 여러 회사 상품을 잘 비교해본 후 본인에게 가장 적절한 상품을 선택하면 되겠다.

후유장해 특약 가입하기
– 치매보험의 대안

후유장해 특약은 피보험자에게 신체적, 정신적인 영구 장해가 남았을 때 보험금을 지급하는 담보다. '설마 나한테 영구적인 장해가 생길 확률이 얼마나 되겠어?' 싶겠지만, 만약의 상황에 대비하는 것이 보험인 만큼 저렴한 비용으로 큰 위험에 대비하는 것은 바람직하다. 후유장해 특약은 크게 상해와 질병 후유장해 2가지가 있다. 말 그대로 다치거나 질병으로 장해 상태가 된 것을 따로 구분한다.

상해 후유장해 특약은 가격이 아주 저렴하다. 그만큼 사고 확률이 적기 때문이다. 하지만, 교통사고나 일상생활 중 다쳐서 장해를 입을 확률은 늘 있으니 아주 저렴한 비용으로 5천만 원에서 1억 원 정도를 가입해 놓는 것이 좋다.

질병 후유장해 특약은 보험회사의 손해율이 큰 대표적 상품이라서, 이미 많은 보험회사가 이 특약의 판매를 중단했고 가입금액 한도도 줄이는 추세다. 한때 질병 후유장해 특약 붐이 일어났을 정도로 많은 사람의 입에 오르내리기도 했고, 실제로 많은 사람이 가입했다. 암이나 기타 질병으로 장기를 절단하거나 혈관 질환으로 인한 마비 및 치매 등의 질병 발생 시 보험금을 받을 수 있다. 아는 사람은 알겠지만 상해 후유장해 특약보다 보험료가 다소 비싸고, 보험사와의 분쟁도 잦아 보험금 타기가 쉽지 않다는 우려가 있는 건 사실이다. 그러나 여러 장점이 있으니 여유가 된다면 2~3천만 원 정도로 가입하자. 자세한 특징을 보면 다음과 같다.

첫째, 각 신체 부위에 중복 보상이 된다.

예를 들어 3천만 원의 상해/질병 후유장해 특약에 가입했는데, 눈 장해분류표 2)에 해당하는 '한 눈이 멀었을 때'와 같은 진단결과를 받는다면 가입금액의 50%를 받을 수 있다. 즉 가입자는 가입금액 3천만 원의 50%에 해당하는 1천 5백만 원을 받는다. 얼마 후 다른 원인으로 한 귀의 청력까지 완전히 잃었다. 귀 장해분류표의 3)에 해당하므로 가입금액 3천만 원의 25%인 750만 원을 또 받는다.

이렇게 신체의 여러 부위 즉 눈, 코, 귀, 씹거나 말하는 기능, 외모, 척추, 팔, 다리, 흉부복장기 및 비뇨생식기, 손가락, 발가락, 신경계, 정신행동, 체간골 부위 등 거의 모든 신체 부위를 중복으로 보상하는 넓은 보장범위를 자랑한다.

1. 눈의 장해

가. 장해의 분류

장해의 분류	지급률
1) 두 눈이 멀었을 때	100
2) 한 눈이 멀었을 때	50
3) 한 눈의 교정시력이 0.02 이하로 된 때	35
4) 한 눈의 교정시력이 0.06 이하로 된 때	25
5) 한 눈의 교정시력이 0.1 이하로 된 때	15
6) 한 눈의 교정시력이 0.2 이하로 된 때	5
7) 한 눈의 안구(눈동자)에 뚜렷한 운동장해나 뚜렷한 조절기능장해를 남긴 때	10
8) 한 눈에 뚜렷한 시야장해를 남긴 때	5
9) 한 눈의 눈꺼풀에 뚜렷한 결손을 남긴 때	10
10) 한 눈의 눈꺼풀에 뚜렷한 운동장해를 남긴 때	5

2. 귀의 장해

가. 장해의 분류

장해의 분류	지급률
1) 두 귀의 청력을 완전히 잃었을 때	80
2) 한 귀의 청력을 완전히 잃고, 다른 귀의 청력에 심한 장해를 남긴 때	45
3) 한 귀의 청력을 완전히 잃었을 때	25
4) 한 귀의 청력에 심한 장해를 남긴 때	15
5) 한 귀의 청력에 약간의 장해를 남긴 때	5
6) 한 귀의 귓바퀴의 대부분이 결손된 때	10
7) 평형기능에 장해를 남긴 때	10

장해분류표(출처: ○○손해보험 약관)

⑤ 같은 상해로 두 가지 이상의 후유장해가 생긴 경우에는 후유장해지급률을 합산하여 지급합니다. 다만, 장해분류표의 각 신체부위별 판정기준에서 별도로 정한 경우에는 그 기준에 따릅니다.
⑥ 다른 상해로 인하여 후유장해가 2회 이상 발생하였을 경우에는 그 때마다 이에 해당하는 후유장해 지급률을 결정합니다. 그러나 그 후유장해가 이미 후유장해를 입은 동일 부위에 가중된 때에는 최종 장해상태에 해당하는 후유장해보험금에서 이미 발생한 후유장해보험금을 차감하여 적용합니다. 다만, 장해분류표의 각 신체부위별 판정기준에서 별도로 정한 경우에는 그 기준에 따릅니다.

후유장해 보험금 지급에 관한 세부 규정(출처: ○○손해보험 약관)

둘째, 질병 후유장해 특약으로 치매 보장이 가능하다.

비싼 치매보험에 따로 가입할 필요 없이, 질병 후유장해 특약으로 저렴하고 효과적으로 치매 비용을 준비할 수 있다. 예를 들어, 신경계 장해분류표의 10)에 해당하는 '약간의 치매: CDR 척도 2점'에 해당하면 가입금액의 40%를 받을 수 있다.

13. 신경계·정신행동 장해
가. 장해의 분류

장해의 분류	지급률
1) 신경계에 장해가 남아 일상생활 기본동작에 제한을 남긴 때	10~100
2) 정신행동에 극심한 장해를 남긴 때	100
3) 정신행동에 심한 장해를 남긴 때	75
4) 정신행동에 뚜렷한 장해를 남긴 때	50
5) 정신행동에 약간의 장해를 남긴 때	25
6) 정신행동에 경미한 장해를 남긴 때	10
7) 극심한 치매: CDR 척도 5점	100
8) 심한 치매: CDR 척도 4점	80
9) 뚜렷한 치매: CDR 척도 3점	60
10) 약간의 치매: CDR 척도 2점	40
11) 심한 간질발작이 남았을 때	70
12) 뚜렷한 간질발작이 남았을 때	40
13) 약간의 간질발작이 남았을 때	10

5~10만 원 이상씩 따로 보험료를 내면서 비싸게 가입하는 치매보험에 비해 보장이 크게 나쁘지 않다. 각 회사의 질병 후유장해 특약 보험료를 참고해보면 얼마나 가성비가 좋은지 바로 알 수 있을 것이다. 다음은 35세 여성의 30년 납, 80세 보장, 후유장해 3천만 원 가입기준 보험료다.

5. 질병후유장해담보			
질병으로 장해지급률이 3% 이상에 해당하는 장해상태가 된 경우 <가입금액×후유장해지급률> 지급	30년납80세만기	3천만원	9,276

A손해보험 9,276원

선택	장해	질병후유장애(3~100%)(감액없음)	30년납 80세만기	30,000,000	8,280	보험기간 중 진단확정된 질병으로 장애분류표에서 정한 장애지급률이 3~100%에 해당하는 후유장애 상태가 된 경우 보험가입금액에 장애지급률을 곱하여 산출한 금액 지급

B손해보험 8,280원

10 질병후유장해(3~100%)			
보험기간 중에 진단확정된 질병으로 장해분류표(약관참조)에서 정한 3~100% 장해지급률에 해당하는 장해상태가 되었을 때에는 장해분류표(약관참조)에서 정한 장해지급률을 보험가입금액에 곱하여 산출한 금액을 지급 ※ 같은 질병으로 두 가지 이상의 후유장해가 생긴 경우에는 후유장해 지급률을 합산하여 지급합니다.	3천만원	8,490	30년/80세

C손해보험 8,490원

질병후유장해 (3~100%)	30,000,000	보험기간 중 진단확정된 질병으로 장해분류표에서 정한 3~100% 장해 지급률에 해당하는 장해상태가 되었을 경우 장해분류표에서 정한 지급률을 보험가입금액에 곱하여 지급	30년/80세	6,810

D손해보험 6,810원

치매보험 대부분은 CDR 척도 3점 이상의 위중한 중증치매에 보장을 집중한다. 경증치매에 많은 보험금을 주는 상품도 있지만 보험료가 훨씬 비싸다. 따지고 보면 중증치매에 걸릴 확률은 그리 높지도 않다. 다음 자료는 중앙치매센터에서 발행한 2019 대한민국 치매 현황 보고서 내용 일부인데, 65세 이상 노인 인구 중 추정 치매환자는 약 75만 명으로 10.16% 정도 수준이다. CDR 척도 3점 이상인 중증 환자는 75만 명 중 11만 6천 명으로 약 15.5% 수준이다. 따라서 65세 이상 노인 인구 중 중증치매에 걸릴 환자의 비율은 10.16%의 15.5%, 즉 1.6%에 불과하다. 100명 중 1~2명 정도라는 말이다. 굳이 비싼 치매보험 대신 저렴한 질병 후유장해 특약으로 충분히 가성비 좋게 대체할 수 있다고 보는 이유가 이것이다.

2. 추정 치매 현황

2.1. 지역별 치매 현황

2.1.1. 전국

- 전국 65세 이상 노인인구 중 추정치매환자수는 2018년 약 75만명. 추정치매유병률은 10.16%임

표 2. 유형별·중증도별 치매환자수

(단위: 명)

구분	65세 이상 치매환자수	유형별			중증도별[1, 2]			
		알츠하이머형	혈관성	기타	최경도	경도	중등도	중증
전국	750,488	559,214	66,132	125,142	130,585	310,702	192,875	116,326

대한민국 치매현황 2019 보고서(출처: 중앙치매센터)

물론 질병 후유장해 특약으로 치매를 대비할 때 장점만 있는 것은 아니다. 질병 후유장해 특약을 90세 만기로 가입하면 비용이 상당히 올라간다. 그래서 80세 만기 가입을 추천하는데, 80세 이상 치매 환자가 전체 치매 환자의 약 60%인

중증도
최경도(CDR=0.5)
경도(CDR=1)
중등도(CDR=2)
중증(CDR≥3)

것을 고려하면 전체를 커버하지는 못한다는 단점이 있다. 그러나 대한민국 국민 65세 이상 노인 중 약 10%가 치매에 걸리고, 치매 환자 중 80세 이상이 치매에 걸릴 확률은 약 60%라는 걸 반영해 계산하면 80세 만기 질병 후유장해 특약이 놓치는 부분은 65세 이상 전체 노인의 약 6% 정도에만 해당한다. 앞에서도 여러 차례 언급했듯이 80세 이상은 보험으로 대비하기엔 보험료가 비싸고 화폐가치가 떨어져 큰 효용이 없다. 노후자금을 따로 모아 준비하거나 실비보험으로 병원 치료비만 대비하는 것이 현명하다.

마지막으로 주의할 것이 있다. 상해/질병 후유장해에 가입할 때 보험증권을 꼭 확인하자. '후유장해 3% 이상'이나 '후유장해 3~100%' 또는 '후

후유장해 특약 가입하기 – 치매보험의 대안

유장해 80% 미만, 80% 이상'을 함께 선택해야 장해분류표 전체를 보장받을 수 있다. 80% 이상만을 보장하는 고도 후유장해만을 선택하면 안 되니 꼭 명심하자.

치매보험은 치매에 걸리지 않으면 기본적으로 사라지는 돈이다. 이에 반해 질병 후유장해 특약은 치매뿐만 아니라 다른 여러 신체 부위까지 적용 범위가 넓고, 상대적으로 저렴하다. 여유가 된다면 이런 후유장해 특약의 특장점을 잘 활용하는 것도 보험을 잘 활용하는 좋은 방법이다.

어린이보험, 태아보험 가입하기

이번에는 성인이 아닌 어린 자녀를 위한 보험을 살펴보자. 어린이보험이나 태아보험이 필요할 텐데 사실 이 둘은 같은 상품이다. 아이가 어머니 배 속에 있을 때 보험에 가입하면 태아보험이고, 출생한 후 15세 이전에 가입하면 어린이보험이다. 배 속에 있을 때 태아보험에 가입했어도 태어난 후 보험회사에 출생 등록을 하면 그때부터는 어린이보험이 된다. 많은 부모가 소중한 아이를 생각해 보험에 가입해주고 싶어 한다. 그러나 이 마음을 이용해 가입자 형편을 고려하지 않은 채 10만 원 이상의 고가 보험에 가입하게 하는 일부 설계사들의 행동은 지탄받아 마땅하다. 어린이/태아보험도 저렴하게 가입할 수 있다. 필요한 것만 선택하면 된다.

자녀를 위해 보험에 가입한다면 태아 때부터 가입하는 것이 좋은데, 아이와 산모 모두가 가장 큰 위험에 노출되는 순간이 바로 출산 시기라서 그렇다. 출산 후 뒤늦게 어린이보험에 가입하지 말고 임신했을 때 태아보험에 가입해 출산 순간에도 보험의 공백이 생기지 않도록 준비하는 것이 현명하다. 가능하면 임신 사실을 알았을 때 바로 가입하자. 임신 후 여러 검사를 받다 보면 보험 가입에 제한이 생기는 경우가 상당히 많다.

이제 태아보험 가입 방법을 알아볼 텐데, 사실 여기에는 부모의 성향과 형편에 따라 워낙 많은 견해가 존재한다. 무슨 말인지 자세히 살펴보자.

> **태아보험 가입 방법 3가지**
> 1) 태아 단독 실비보험에만 가입
> 2) 태아 단독 실비보험 + 설계사를 통한 태아보험 가입
> 3) 태아 단독 실비보험 + 온라인 태아보험 가입

첫 번째, 태아 단독 실비보험에만 가입하는 방식이다.

성인과 마찬가지로 병원 치료비만을 준비하는 방식인 만큼 효율적이고 가성비가 좋다. 자녀의 병원 치료비가 실비보험으로 상당 부분 해결된다는 것은 자녀의 병원 치료비 때문에 가정 경제가 심각한 위험에 빠질 일이 매우 적어졌다는 것을 의미한다. 사실 그것만으로도 보험의 역할은 충분하다고 볼 수 있다. 태아 단독 실비보험의 보험료를 보면, 태아일 때는 월 1만 원 선이면 되고, 출산 시기에 2만 원 전후로 올라갔다가 차츰 낮아져 3세 이후에는 1만 원 밑으로, 5세 이후에는 4~6천 원 수준까지 내려간다(4세대 실비보험료 기준). '보

험 다모아' 사이트를 통해 부모가 직접 가입할 수도 있고, 설계사를 통해서 가입해도 된다.

4세대 태아 실비보험 가입 예시(출처: A손해보험 다이렉트 실손의료비 보장보험)

4세대 태아 실비보험 가입 예시(출처: B화재보험 다이렉트 실손의료비보험)

어린이보험, 태아보험 가입하기

두 번째, 태아 단독 실비보험과 설계사를 통한 태아보험 총 2개에 가입하는 방식이다.

이 태아보험은 사실상 종합보험이다. 태아를 위한 수많은 특약이 있고, 보장범위도 방대하며 혜택도 많다. 일부 특약은 임신 22주 이전에만 가입할 수 있으니 임신을 알았다면 바로 태아보험 가입을 서두르자. 22주 이후 확인할 수 있는 아이의 선천성 질병이나 특이사항을 보고 보험에 가입하려는 부모들을 최대한 막으려는 보험회사의 대처다. 이 태아보험의 경우, 보장이 큰 만큼 금액이 상당히 비싸다. 5~10만 원 또는 그 이상의 보험료를 내는 경우도 많다.

만기가 30세, 100세냐에 대해서도 의견이 분분하다. 100세 만기로 가입하면 보험료는 비싸지고, 화폐가치 하락 때문에 나중에 받을 보험금의 효용 가치가 크게 떨어진다는 단점이 있다. 30세 만기로 가입하면 어린 시절 큰 질병이나 상해 이력이 생기는 경우 성인이 되었을 때 추가적인 보험 가입이 거절될 우려가 있다. 보험설계사 간에도 서로 의견이 다른 사항이라 뭐가 좋다고 단언할 수는 없다.

이렇게 생각하면 조금은 여유가 생길까? 30세 만기 가입 후 어린 시절 큰 질병이나 상해를 겪는 바람에 성인이 되었을 때 추가적인 보험 가입이 거절되더라도 실비보험은 여전히 남아있다. 태아 실비보험만 잘 가입해두면 100세까지 병원 치료비는 대부분 보장된다. 다른 보험에 가입할 수 없을지도 모른다는 극히 낮은 확률에 겁을 먹고, 값비싼 보험을 100세 보장으로 유지할 필요는 없다고 생각한다. 그만큼 더 열심히 저축하고 모아서 치료자금을 미리 준비하면 된다. 보험 가입이 안 된다고 큰 문제가 생기는 건 아니다. 여유자금만 넉넉하면 어떤 상황이라도 잘 헤쳐나갈 수 있다. 게다가 암에 걸려도 일정 기간이 지나면 보험에 가입되는 세상이다. 병력이 있더라도 가입할 수 있는 유병자 보험도 많다.

너무 극단적인 공포 마케팅에 겁을 먹고 너무 어려서부터 80세 만기, 100세 만기 상품에 가입할 필요는 없다고 본다. 지금부터 80년 전, 100년 전이 어떤 세상이었는지 생각해보면 안심이 될 것이다. 먹고 살기도 힘든 어려운 시절이었다고 하는데, 영화 속 얘기인 것마냥 아득하다. 지금은 너무 많은 것이 바뀌었다. 우리 미래도 그럴 것이다. 80년 후, 100년 후를 지금 가입한 보험으로 잘 대비하겠다는 생각은 현명하지 못하다. 이 두 번째 방법을 선택한다면 설계사와 상의해 최대한 저렴하게 30세 만기로 핵심 특약만 준비하도록 하자. 보험으로 이득 볼 생각은 애초에 하지 말고, 큰 위험에 대비하는 특약만 선택하면 된다.

세 번째, 태아 단독 실비보험과 온라인 태아보험을 함께 가입하는 방식이다.

개인적으로 이 방법이 가장 좋은 전략이라고 생각한다. 태아 단독 실비보험을 온라인으로 먼저 가입하고, '보험다모아'에서 진단비, 후유장해, 수술비, 입원비를 보장하는 30세 만기 온라인 태아보험을 찾아 저렴하게 가입하는 것이다. 물론 아이가 성인이 되고 20대 중반 사회생활을 시작할 나이가 되면 앞에서 설명한 대로 핵심보험 2+1 전략에 맞게 새로 준비하면 된다.

1. '보험다모아' 사이트 첫 화면에서 '어린이/태아보험 - 어린이/태아 보험료 비교'를 클릭한다.

보험다모아 e-insmarket.or.kr

2. 여러 회사의 보험상품이 낮은 보험료 순서로 검색되어 나타난다. 이 중에 자세히 보고 싶은 상품을 골라 오른쪽에 있는 '인터넷바로 가입'을 클릭한다. 여기서는 앞에서 예로 들었던 A생명 상품을 클릭해보자.

3. 해당 보험회사에 연결되어 가입 화면이 나타난다. 오른쪽에 부모 생년월일, 부모 성별, 어린이/태아, 출생 예정일을 입력한 후 '보험료 확인/가입'을 클릭한다.

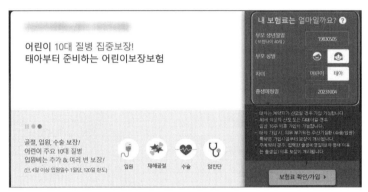

(출처: A생명 인터넷 어린이보험)

4. '보험료 직접 설계' 화면이 나타난다. 진단보험금 최대 가입금액인 5천만 원을 선택하자. 이 5천만 원은 일반암 진단보험금과 같다. 보험기간 30세, 납입기간은 전기납인 30세, 만기환급률 0%인 순수보장형으로 선택한 후 '결과 확인'을 클릭한다.

5. 보험료가 나타난다. 출생 전인 태아 시기에는 가입할 때 딱 한 번만 21,478원을 납부하고, 출생 이후 남아는 5,650원, 여아는 4,340원만 매달 내면 되는 전혀 부담스럽지 않은 금액이다.

(₩) 출생일 이전 납입보험료 **21,478**원

주계약 예약가입 제1회 보험료 5,588원 + 특약 일시납 보험료 15,890 원

(₩) 출생일 이후 예상 납입보험료 남아 **5,650**원
여아 **4,340**원

주계약 예약가입 제1회 보험료 납입 시, 등록한 출생예정일 이후 주요 보장이 개시됩니다.
또한, 태아 의무부가특약 보험료의 경우, 일시납 보험료 15,890원으로 납입 후
가입시점부터 출생예정일 + 1년까지 보장합니다.

보험기간 **30년 (30세까지)**

---

6. 보장과 총보험료 확인하기

그럼 보장을 살펴보자. 재해장해금 5천만 원이 장해 비율에 따라 지급된다. '재해장해금'이란 상해 후유장해와 비슷하다고 생각하면 된다. 암 진단비 5천만 원, 백혈병 및 골수암 1억 원, 재해 골절자금, 입원비, 수술비 등이 보장된다. 완벽하진 않지만 실비보험을 따로 들어놨으니 이 정도면 충분해 보인다.

태아 단독 실비보험의 월 보험료는 출생 전후 1~2만 원을 유지하다가 3세 이후가 되면 1만 원 밑으로 내려간다. 이것까지 고려하면 이 온라인 태아보험과 태아 단독 실비보험을 합한 월 보험

항목	보장금액
· 재해장해 **?**	최대 5,000만원
· 백혈병 및 골수암	1억원
· 일반암 **?**	5,000만원
· 소액암 **?**	500만원
· 재해골절 **?**	1회당 30만원
· 입원비 **?**	최대 4만원
· 수술비 **?**	최대 300만원

료는, 태아 시기에는 1~2만 원, 출산 후 계속 낮아지다가 3세 이후는 1만 원 정도가 된다. 이렇게 저렴한 금액으로도 크게 부족하지 않은 보장을 준비할 수 있다.

이 방식은 설계사를 통해 가입할 수 있는 수많은 태아 보장 담보와 산모 특약 등에는 가입할 수 없다는 단점이 있다. 그런 아쉬움이 있다면 그 특약들을 꼼꼼히 살펴보자. 그 보장이 없다고 가정 재정에 치명적인 문제가 될 만한 것들이 과연 몇 개인지, 그 보험금을 받았을 때 정말 충분히 많은 금액을 받게 되는지를 말이다. 왜 태아보험에 가입하면 설계사가 이런저런 선물을 주는지 그 이유를 잘 생각해보면 답을 찾을 수 있을 것이다. 출산 전에 미처 태아보험에 가입하지 못한 부모라면 출산 후에라도 실비보험과 온라인 어린이보험에 가입하면 된다. 지금까지 어린이보험과 태아보험에 가입하는 3가지 방법에 대해 알아보았다. 결국 최종 결정은 부모의 몫이다. 충분한 정보를 전했으니 부디 현명한 판단을 내릴 수 있길 바란다.

가능한 한 피해야 할 보험 5가지와 대안

1. 종신보험 - 온라인 정기보험으로 갈아타기

다들 알다시피 피보험자 즉, 보험의 대상이 되는 경제적 가장이 사망했을 때 유가족에게 사망보험금을 지급하는 보험이 종신보험이다. 피보험자의 사망 나이에 상관없이 사망보험금을 지급하는 상품이다. 이때 보험회사는 피보험자의 사망 나이를 예측할 수 없으니, 손실을 방지하기 위해 피보험자가 아주 오래 사는 경우와 아주 일찍 사망하는 경우까지 모두 고려해 충분한 자금을 확보해야 한다. 결국, 보험료가 비싸질 수밖에 없다. 40세 남성 가장이 1억 원을 받게 되는 종신보험에 가입하면 월 보험료 25만 원은 훌쩍 넘어간다. 대부분 사망보험금 하나만 가입하는 것이 아니라 다른 보장성 특약을 함께 넣고 설계하기 때문에 이보다 더 비싸질 수는 있어도 저렴하긴 어렵다.

사망보험금의 필요 시기에 대해 생각해보자. 자녀가 사회생활을 시작할 때까지만 사망보험금을 준비해 놓으면, 설령 가장이 조금 일찍 사망하더라도 가정에 미치는 재정적인 충격은 덜하기 마련이다. 자녀들이 직장에 다니고 사회생활을 하게 되면 스스로 자기 앞가림은 할 터다. 그래서 종신토록 사망보험금을 보장하는 종신보험이 아니라 약속한 기간까지만 보장하는 정기보험에 가입하는 것이 훨씬 유리하다. 지인들의 보험을 리모델링하면서 가장 먼저 하는 것이 종신보험의 주계약을 감액하거나 해지하는 일이다. 이미 납입기간을 거의 다 채운 경우라면 어쩔 수 없지만 10년 이상 납입기간이 남아있으면 정기보험으로 넘어가는 게 낫다.

종신보험은 설계사에게 가장 큰 수당이 돌아가는 상품 중 하나다. 월보험료의 1,000% 이상(10배)의 수당을 받는 경우도 허다하다. 종신보험의 초기 사업비는 보험료의 20~30%에 육박한다고 한다. 그만큼 회사도 설계사도 가장 적극적으로 판매를 장려하고, 많이 팔기 위해 애를 쓴다. 가입자에게는 그만큼 불리하다는 말이다. 종신보험 대신 온라인 정기보험에 가입하면 같은 사망보험금을 꼭 필요한 기간만큼 준비하면서도 보험료는 십 분의 일 이상으로 내려간다. 남은 돈으로 인생의 다른 여러 목적자금을 효과적으로 준비할 수 있다.

단, 실비 특약이 포함된 종신보험은 절대 함부로 해지하면 안 된다. 가장 중요한 실비 보장까지 함께 해지되기 때문이다. 5부의 'Q8. 보험리모델링 전 반드시 확인해야 할 것은?'을 참고해서 신중히 처리해야 한다.

종신보험의 최대 장점은 상속세 절감 및 상속세 자금 확보에 있다. 자녀에게 상속할 자산이 많은 경우 상속세 없이 종신보험을 통해 자녀에게 유산 일부를 물려줄 수 있기 때문이다. 또 갑작스러운 가장의 사망으로 유가족이 사업체나 건물을 물려받을 때 미처 마련하지 못한 상속 세금을 종신보험으로 준비할 수도 있다. 하지만 우리 대부분은 이 정도로 부자가 아니다. 혹여나 노후에 상속할 만한 충분한 자산이 쌓이게 된다면 그때 상속 및 상속 세금용으로 사업비가 가장 적은 일시납 종신보험을 알아보는 것. 종신보험 활용은 그 정도면 충분하다.

2. CI 보험 - 온라인 정기보험으로 갈아타기

종신보험만큼이나 보험회사에서 설계사에게 가장 많은 수당을 지급하는 상품이 CI 보험이다. 이게 뭘 의미하는지 이제는 짐작하리라 믿는다. 회사에서 많이 남아야 수당도 많이 지급할 수 있는 것이라서, 그만큼 CI 보험은 가입자보다는 회사에 유리한 상품일 경우가 많다. 보험회사에서 한때 많이 밀던 상품이라 현재도 CI 보험가입자가 제법 있을 것이다.

CI(Critical Illness) 보험은 태생이 종신보험과 같다. 사망보험금 지급이 기본 계약이고, 사망보험금에 초점이 맞춰져 있다. 종신보험이 사망하거나 고도장해에 해당할 경우 사망보험금을 지급한다면, CI 보험은 중대한 질병에 걸리거나 중대한 수술을 한 경우 특별히 그 사망보험금 일부를 미리 당겨 받을 수 있는 상품이다.

이론상으로만 보면 나쁜 건 아니다. 중대한 질병 진단이나 수술로 큰 비용이 발생했는데 당장 치료비가 없다면 사망보험금이 아무리 많이 쌓여 있어도 가입자에게 전혀 도움이 되지 않는다. 죽은 후에 받게 될 사망보험금을 이런 위급 상황에 당겨서 쓸 수 있는 게 뭐가 나쁜가? 다만 국민건강보험과 실비보험이 잘 자리 잡은 우리나라에서는 병원 치료비가 거의 해결되기 때문에, CI 보험이 우리의 현실과 어울리지 않을 뿐이다.

CI 보험은 종신보험처럼 언제 사망하더라도 사망보험금을 지급하는 방식인 만큼 보험료가 비싸다. 사실은 종신보험과 달리 사망보험금을 당겨서 인출할 확률이 높으니 그것까지 반영해 더 비싼 편이다. 보험료가 비싸다 보니 가입자는 가입금액을 줄일 수밖에 없고, 결국 충분한 사망보험금을 넣지 못하는 일도 생긴다. 암 진단비 같은 보장성 특약도 CI 보험에 추가하는 경우가 많은데, 워낙 보험료 수준이 높다 보니 이런 보장성 특약은 당장 저렴해 보이는 갱신형으로 넣는 꼼수가 발생하는 일도 허다하다. 이래저래 하다가 결국 사망보험금이 핵심인 CI 보험의 기본 목적과는 다른 아주 이상한 보험이 탄생해버린다. 사망보험금은 작고, 보장성 특약은 갱신형이고, 보험료는 이상하게 비싼 애매한 상품이 되는 것이다.

CI 보험 이야기를 하다 보면 꼭 나오는 소재도 있다. CI 보험에서 말하는 '중대한'에 대한 해석 차이다. 이 해석 차이로 가입자와 보험회사 간 분쟁이 많다는 것을 한 번쯤 들어봤을 수 있다. 가입자는 중대한 질병이나 수술이라 판단하고 보험금 지급을 요청했는데, 보험회사에서 생각하는 중대한 질병이나 수술은 아니라는 게 문제다. 이것만 믿고, 다른 진단비 특약을 별도로 가입하지 않은 가입자라면 큰 낭패를 볼 수 있다.

다른 문제도 있다. 중대한 질병에 걸려서 사망보험금을 한 번 당겨쓰면 남은 사망보험금이 그만큼 줄어들기 때문에, 또 다른 중대한 상황이 생겼을 때 더 이상 당겨쓸 사망보험금이 없을 수 있다. 즉 기본적으로 중복 보상이 안 된다. 그것을 보완하기 위해 또 다른 여러 특약을 끼워 넣다 보면 보험료는 더 비싸지는 악순환이 생긴다.

결론은 역시 하나다. 사망보험금은 꼭 필요한 기간에만 보장받을 수 있는 온라인 정기보험으로 저렴하게 준비하자. 비싼 종신보험과 CI 보험에 꼭 가입할 이유가 없다. 이 돈을 아껴서 잘 투자하고 운용해 넉넉한 자산을 쌓아 나가고, 나중에 그 돈으로 상속이나 증여를 준비하면 된다. 이런 이유로 종신보험과 함께 가장 많이 해지를 권하는 상품이 바로 이 CI 보험이다. 물론 보험은 쉽게 해지하면 안 된다. 해지할 때 반드시 조심해야 할 부분이 많다. CI 보험에 실비 특약이 포함된 경우도 마찬가지다. 보험을 조정하기 전에 5부를 참고하자.

3. 저축보험 - 손절하기

보험상품 이름에 '저축'이 들어가면? 그냥 가입하지 말자. 이미 가입했고 납입기간이 아직 많이 남았다면 원금에 손해가 있더라도 해지하고, 다른 상품으로 갈아탄 후 더 효과적인 저축과 투자를 병행하자. 큰 사업비, 장기 유지의 어려움, 낮은 수익률, 중도 해약 시 원금 손해, 화폐가치 하락에 대한 노출 등 보험을 통한 저축 상품은 장점보다 단점이 훨씬 많다. 마이너스로 시작하는 저축은 시작도 하지 말자. 그냥 은행에 가서 예·적금을 하거나, 공부 열심히 해서 주식이나 펀드에 투자하는 것이 낫다.

4. 치아보험 - 차라리 올바른 양치질 방법을 공부하기

아픈 치아 때문에 치과에 갈 일이야 많지만, 굳이 치아보험에 가입해서 혜택을 보려고 할 필요는 없다. 그 보험료 아껴서 모은 돈으로 치료받으면 된다. 대한민국 국민 중에 치과 안 다니는 사람 있나? 보험회사가 바보가 아닌 다음에야 손해가 막심할 게 뻔한 사업을 가입자 좋으라고 만들지는 않는다.

치아보험을 상세히 살펴보면 여러 가지 제한 조건이 많이 걸려있다. 보험상품마다 조금씩 다르지만 대부분 면책기간과 감액기간이 있어서 치아보험 가입한 후 당장 치료받을 생각이라면 도움이 안 될 것이다. 1~2년 후에 보장받을 생각으로 가입해야 한다. 또 치아 개수나 금액에도 제한이 걸려있다. 보험금을 지급하더라도 회사에서 크게 손해 볼 정도로는 지급하지 않겠다는 의도다. 당연히 가입자가 크게 이득을 볼 확률은 높지 않다.

게다가 기존에 치료받은 치아라면 치아보험에서 보장해주지 않을 수도 있다. 상품설명서를 보면 다음과 같은 내용이 있는데, 이때 '새로운'이라는 말은 같은 치아라면 전에 치료받지 않은 새로운 부위나 새로운 원인으로 인한 치료 시에만 보험금을 지급하겠다는 뜻이다.

"보험 가입 전 이미 충전치료, 크라운치료, 치수치료(신경치료)를 받은 치아에 대하여, 새로운 치아우식증(충치), 치주질환(잇몸질환), 또는 재해를 직접적인 원인으로 충전치료, 크라운치료, 치수치료를 한 경우에 해당 보험금을 지급합니다."

다른 보험사도 마찬가지로, 앞의 내용과 비슷하다. 보험 가입 전에 치료받은 치아가 많다면 같은 치아라도 기존에 치료받은 부위 외에 다른 부위에서 새로운 치료를 받을 때만 보장한다는 뜻이다. 가입 전에 이런 내용을 제대로 알고 판단해야 한다.

"이 상품이 보장하는 충전치료, 크라운치료, 신경치료(치수치료), 보철치료는 보험기간 중 '치과치료보장개시일'(91일 이후)에 치아우식증(충치), 치주질환(잇몸질환)의 진단 또는 보험기간 중 발생한 재해를 직접적인 원인으로 치료 시 보장해 드리며, 이미 치료받은 치아에 대하여 수리, 복구, 대체 및 치료를 받은 경우에는 보장하지 않습니다. 다만, 충전치료, 크라운치료, 신경치료(치수치료)의 경우, 이미 치료받은 치아에 대하여 새로운 치아우식증(충치), 치주질환(잇몸질환) 또는 새롭게 발생한 재해원인의 치료 시에는 보장이 가능합니다."

하나만 더 살펴보자. 어떤 치아보험 약관에는 다음과 같은 문구가 있다. 치과치료 보장개시일 전일 이전에 진단 확정받은 치아가 있다면 보장하지 않는다는 내용이다. 여기서 말하는 '치과치료 보장개시일 전일 이전'은 과연 언제인가? 보험 가입 후를 말하는지 아니면 보험 가입 전이라도 과거에 이미 진단 확정받은 기록이 있다면 그 치아는 보장을 안 한다는 건지 불명확하다. 해당 치료를 받고 보험금을 청구하면, 보험회사에서 조사가 나와 보험 가입 이전에 진료받았던 과거 진료기록 등을 찾아본 후 보험금을 지급하지 않을 가능성이 있다. 실제로 이와 관련된 뉴스 기사도 있지만, 더 길게 설명하지는 않겠다. 각자 판단하자.

"'치과치료 보장개시일' 전일 이전에 치아우식증(충치) 또는 치주질환(잇몸질환)을 진단확정 받은 치아에 대하여 충전치료, 크라운 치료 또는 신경치료(치수치료)를 받은 경우 해당 치료보험금을 지급하지 않는다."

단언컨대 치아보험으로 엄청난 혜택을 보기는 어렵다. 치아보험 대부분에 꼼꼼하게 제한사항이 걸려있고, 혹한 마음에 가입했다가는 혜택도 못 보고 보험료만 날릴 수도 있으니 주의하자. 치아보험을 준비해야겠다는 생각 말고, 역발상으로 올바른 양치질 습관을 익혀 치과 갈 일을 줄여보겠다는 마음가짐이 갖는 게 훨씬 유리하다. 차라리 올바른 치아 관리법이나 양치법을 공부하자. 양치질만 올바르게 잘하고, 때에 따라 치실이나 치간칫솔 사용만 잘해도 치과 가는 횟수를 크게 줄이고 건강한 치아를 유지할 수 있을 것이다. 핵심보험 2+1에 비하면 위중도가 크게 떨어지는 이 상품을 그와 비슷한 금액을 내며 유지할 이유가 전혀 없다.

5. 치매/간병보험 - 차라리 질병 후유장해 특약을!

치매보험에 대한 설명은 앞의 '후유장해 특약 가입하기 - 치매보험의 대안'에서 자세히 다뤘으니 참고하자. 치매보험 가입을 고려한다면, 치매를 판정하는 CDR 척도별로 얼마나 많은 보험금을 지급하는지를 잘 알아보는 것이 필수다. 웬만한 치매보험보다 질병 후유장해 특약에 가입하는 게 타 부위와의 중복 보상이나 가성비 면에서 낫다. 간병보험도 마찬가지다. 노인 장기요양 등급에 따라 보험금을 지급하는 보험인데, 간병보험 대부분이 판정받기 어려운 1, 2등급에 보험금을 집중적으로 할당하고, 낮은 등급에 보험금을 많이 지급하는 상품은 보험료가 비싸다.

조금만 알아보면 중증치매에 걸리거나 노인 장기요양 등급을 받게 되었을 때 정부의 많은 지원 혜택이 있다는 걸 알 수 있을 것이다. 가사 활동을 지원받거나 노인요양시설 입원비용을 지원받고, 입원하지 않으면 가족요양비가 나오기도 한다. 게다가 중증치매는 이제 산정특례 혜택까지 적용돼 환자의 부담이 크게 작아졌다. 이 혜택들을 잘 활용하면 굳이 치매보험, 간병보험에 가입하지 않아도 큰 비용절감 효과를 볼 수 있다. 치매보험 10년 유지율이 10~15% 수준에 불과하다는 기사도 있다. 10개 중 1~2개만 남고 해지된다는 이야기다. 걱정돼서 치매 보험에 가입했지만, 노후에 부담스러운 보험료 때문에 손해 보며 해지하는 상황이 안타깝다.

무리한 비용의 치매보험이나 간병보험에 가입하기보다는 앞에서 이야기한 대로 비갱신형 질병 후유장해 특약에 가입하는 게 낫다. 질병 후유장해는 꽤 괜찮은 특약이다. 현재는 원하는 만큼 보장금액을 넣을 수도 없고, 연령 제한도 있으며, 이 특약에 가입할 수 있는 상품도 드물다. 다들 우려하는 것처럼 보험회사와의 분쟁이나 보험금 지급에 어려움을 겪을 수도 있지만, 이를 전문적으로 해결하는 변호사나 손해사정사도 많으니 그들의 도움을 받아 대처할 수도 있을 것이다. 개인이 해결하기 어려울 땐 비용이 좀 들더라도 전문가를 활용하는 것이 현명하다고 생각한다.

요즘은 간병인을 직접 보내주거나 간병인 이용 비용을 주는 보험이 유행이다. 간병인 지원보험, 간병인 사용보험 등이다. 간병인 지원보험은 보험회사가 간병인을 직접 보내준다. 가장 걱정되는 요양병원에서의 장기 간병 상황에 도움이 될 수 있다. 상품 취지는 좋으나 비갱신형이 없고 모두 갱신형뿐이다. 이 보험을 유지하려다 노후에 큰 비용을 치러야 할 수도 있다. 간병인을 가장 많이 쓰는 시기는 70세 이후인데, 젊어서 일찍 가입하면 사용도 못 하고 보험료만 수십 년 내야 할 수도 있다. 실비 보험료도 점차 올라가 부담되는 노후 시기에 추가적인 보험 가입은 지양하는 게 좋다. 70세 이후에 10만 원이 넘어가는 보험을 끝까지 유지하고 혜택을 볼 사람이 많지 않다는 점도 꼭 기억하면 좋겠다.

간병인 사용보험은 간병인을 사용한 일수만큼 보험금을 지급하는 보험이다. 금액 차이는 있을 수 있으나 대략 일반 병원 하루당 12~15만 원, 요양병원 하루당 2~3만 원, 간호/간병 통합서비스 이용 하루당 1~3만 원 등으로 지급하는 보험이다. 이 보험은 비갱신형으로 준비할 수 있다는 장점이 있으나, 요양병원 지급 금액이 적다는 큰 단점이 있다. 건강보험심사평가원 의료기관별 재원일수를 보면 병원, 상급병원, 종합병원에서 입원하는 기간이 점차 줄고 있다. 2019년 평균이 10일 이내이다. 이 정도의 간병

가능한 한 피해야 할 보험 5가지와 대안

기간은 굳이 보험 없어도 보험료 낼 돈으로 직접 간병인을 쓰면 된다. 반면 요양병원은 평균 재원 기간이 160일이 넘는다. 5~6개월이라는 소리다. 이런 요양병원에서의 장기 요양 간병비를 하루당 2~3만 원밖에 지급하지 않는 건 치명적인 단점이다. 물론 요즘은 보험회사 간 경쟁으로 요양병원 입원 일당, 간호간병 통합서비스 이용 일당 금액이 늘어나고 있다. 그러나 그만큼 보험료도 올라가는 점을 간과하지 말자.

장단점이 두루 있지만 앞서 말한 대로 2+1에만 집중하는 것이 훨씬 더 나아 보인다. 노후엔 실비보험 하나 유지하기도 버겁다. 그래서 치매보험 10년 유지율이 10~15%밖에 안 나오는 것이다. 이런 관점에서는 간병인 보험도 다를 게 없다. 혹시 형편이 넉넉한 자녀들이라면 부모를 위해 간병인 지원보험 정도는 한 번 고려해 볼 만하다.

part
4

나이와 형편에 딱 맞는 맞춤형 보험 리모델링

이제 실전편입니다. 10대, 20대, 30대, 40대, 50대 등 각 나이대에 따라 필요한 보험의 종류와 비용이 다릅니다. 4부에서는 뭐가 어떻게 다른지, 그래서 어떻게 가입하는 게 좋은지, 왜 그렇게 해야 하는지 이유부터 자세한 특약과 비용까지 실제로 가입하는 과정을 따라하면서 알아봅시다. 4부의 내용은 리모델링 할 때도 유용합니다. 헷갈리는 부분이 있다면 유튜브 동영상을 참고하세요. 책으로만 보는 것보다 훨씬 이해하기 편할 겁니다.

보험 가입
실제 예시

이제 나이와 형편에 따라 보험에 가입하는 실제 예를 볼 차례다. 지금까지 설명한 내용을 어떻게 적용해 나한테 딱 맞는 보험을 찾을 것인지를 중심으로 보자. 앞에서 설명한 핵심보험 2+1 위주로 가입하는 방법이고, 구체적인 가입 절차는 3부에 따로 모아 설명했으니 참고하자. 앞의 내용을 다 잊었다고 해도 이 부분만 보면 바로 기억을 떠올릴 수 있도록 정리했으니 도움이 되길 바란다. 여기서 문제! 핵심보험 2+1은? 실비보험 + 암/뇌/심 3대 질병 진단비 보험 + 정기보험이다. 항상 잊지 말자.

항목	구분	실비 보험 (1)	3대 질병 진단비 보험 (1)		최종합계
항목	보험회사	실손의료비보험	3대질병 진단보험	온라인 암보험	최종합계
	보험이름	실손의료비보험	3대질병 진단보험	온라인 암보험	
	피보험자		-	-	
	설계사/담당자	온라인	GA설계사	온라인	
	가입일	2022. 11. 3.	2022. 11. 3.	2023. 4. 8.	
	납입기간	1년갱신 년납(5년 후 재가입)	30년납	전기납 80세	
	보장기간	100세	80세	80세	
	특징 / 진단	4세대 실비	무해지, 손보사	온라인 생명사	
	총납입보험료		8,496,360	5,366,160	합계
월보험료	일보험료	7,000	23,601	7,710	38,311
사망보장	상해 / 재해 사망보험금				
	질병 / 일반 사망보험금				
진단	상해 입원 의료비	5,000만(1년 갱신, 100세)			5,000만(1년 갱신, 100세)
	질병 입원 의료비	5,000만(1년 갱신, 100세)			5,000만(1년 갱신, 100세)
	(특약) 상해 통원 의료비	5,000만(1년 갱신, 100세)			5,000만(1년 갱신, 100세)
	(특약) 질병 통원 의료비	5,000만(1년 갱신, 100세)			5,000만(1년 갱신, 100세)
	(특약) 3대 비급여	350만/300만/250만(1년 갱신, 100세)			350만/300만/250만(1년 갱신, 100세)
암진단비	고액암 진단		+3,000만		+3,000만
	일반암 진단		3,000만(유사암 제외암 모두)	3,000만	6,000만
	유사암/소액암 진단		600만	유방/전립선암 600만 소액암 300만	900만
2대 진단비	뇌졸중(뇌출혈/뇌경색포함)		3,000만		3,000만
	급성심근경색증		3,000만		3,000만
후유장해	질병후유장해(80%이상)		3,000만 × 장해율		3,000만 × 장해율
	질병후유장해(80%미만)		1억		1억
	상해후유장해(80%이상)		1억 × 장해율		1억 × 장해율
	상해후유장해(80%미만)				

23세 대학생 여성 보험 가입 예시

보험 가입 실제 예시

핵심보험 2+1(투플러스원) 정리

핵심1 실손의료보험(실비보험)

핵심2 암/뇌/심 3대 질병 진단비 보험

핵심3 정기보험(사망보험)

왼쪽 페이지의 표는 2022년 하반기에 설계해본 보험 가입 내역이고, 건강한 23세 대학생 여성 기준이다. 보험 나이로는 22세고, 월 보험료 총 38,311원에 저렴하게 가입할 수 있었다. 보험가입자가 아직 미혼이라 핵심보험 2+1 중 정기보험은 뺐고, 핵심보험 2를 3개의 보험상품으로 나눠 가입한 결과다. 맨 왼쪽이 단독 실비보험이고, 나머지 2가지가 3대 질병 진단비 보험이다. 설계사를 통해 진단비 보험에 든 후 부족한 암 진단비를 온라인 상품으로 보완했다.

실비보험 (1)	3대 질병 진단비 보험 (1)		
-	-	-	
①실손의료비보험	②3대질병 진단보험	③온라인 암보험	
-	-	-	
온라인	GA 설계사	온라인	최종합계
2022. 11. 3.	2022. 11. 3.	2023. 4. 8.	
1년갱신1년납 (5년 후 재가입)	30년납	전기납 80세	
100세	80세	80세	
4세대 실비	무해지, 손보사	온라인 생명사	
	8,496,360	5,366,160	합계
7,000	23,601	7,710	38,311

① 실비보험

왼쪽 실비보험부터 살펴보자. 현재 4세대 실비보험밖에 가입할 수 없기 때문에 온라인으로 4세대 상품에 가입한 경우다. 4세대 실비는 병원 치료비 중 급여 80%, 비급여 70%가 보장되고 주계약은 급여로만, 특약은 비급여로만 구성된 상품이다. 이렇게 4세대 실비에만 단독 가입했을 때 월 보험료는 7,000원 정도에 불과하다.

② 3대 질병 진단비 보험

가운데는 설계사를 통해 가입한 3대 질병 진단비 보험이다. 암, 뇌졸중, 급성심근경색 진단비 등을 보장하고, 보험료는 모두 비갱신형이다.

납입기간 납입기간은 30년 납이다. 보장기간이 80세이므로 80세 전기납으로 가입해도 좋으나, 모든 보험회사가 전기납으로 3대 질병 진단비 보험을 판매하는 것은 아니다. 따라서 더 저렴한 회사 상품을 놓치지 않기 위해, 그리고 초기 보험료 부담 수준을 낮추기 위해 전기납을 선택하는 대신, 20년 납보다 조금이나마 납입기간이 긴 30년 납으로 설계했다.

보장기간 보장기간은 80세다. 이미 설명했듯이 100세 만기로 해봐야 큰 의미가 없다. 물가상승에 따른 화폐가치 하락과 비싼 보험료 때문에 가입자가 젊은 나이일수록 90세나 100세는 보험으로 준비할 영역이 아니다. 그 돈을 다른 곳에 투자하거나 따로 모으는 게 낫다. 100세 보장은 실비보험만으로 대비하자.

순수보장형, 무해지환급형 이 표에 나타나진 않았지만, 당연히 만기환급형이 아닌 순수보장형 상품이고 그중에서도 앞에서 설명한 무해지환급형 상품을 선택했다. 보험 만기 시 환급받는 금액은 0원이고, 납입기간 도중에 해지하면 한 푼도 돌려받지 못한다. 굳이 더 비싼 보험료를 내고 만기에 환급받을 필요가 없고, 먼 미래에 받아봤자 화폐가치 하락 때문에 큰 의미도 없으니 월 보험료를 낮추는 게 훨씬 중요하다. 보험료 부담이 작아야 해지 없이 만기까지 유지할 수 있다는 걸 기억하자.

진단비 일반암 진단비는 3천만 원, 유사암은 6백만 원, 뇌졸중과 급성심근경색 진단비 역시 각 3천만 원씩 준비했다. 해당 질병에 걸리면 그 즉시 보험료가 납입면제되는 상품이다. 과거에는 유사암이 1~2천만 원씩 쉽게 가입되었지만, 요즘은 가입 금액에 제한이 생겼다. 일반암 가입 금액의 20%만 가입되는 추세

3,000만 (유사암 제외한 모든)
600만
3,000만
3,000만
3,000만
3,000만 X 장해율
1억
1억 X 장해율

다. 따라서 일반암 진단비 3천만 원의 최대 20%인 6백만 원을 준비한다.

3대 질병 진단비 보험은 손해보험사에서 준비하는 것이 좋다. 여성이 가장 많이 걸리는 유방암, 남성이 많이 걸리는 전립선암, 대장점막내암도 손해보험사에서는 대부분 일반암에 포함되어 있어 보장금액이 많다. 또, 생명보험사에서는 뇌졸중보다 보장범위가 훨씬 작은 뇌출혈 위주로 보장하는 경우가 많다.

후유장해 보험료가 크게 비싸지 않고 충분히 감당 가능한 수준이어서 3대 질병 진단비에 후유장해 특약을 추가했다. 상해 후유장해 1억, 질병 후유장해 3천만 원이다. 후유장해 특약은 상해나 질병으로 영구적 장해가 발생하면 장해율에 따라 보험금을 지급하는 보험이다.

사망보험금　아직 미혼이라 자녀도 없고 가장도 아니라서 사망보험금은 넣지 않았다. 나중에 결혼해서 자녀가 생기고, 배우자와 상의 후 필요하다고 판단되면 그때 사망보험금은 온라인 정기보험으로 간단히 가입하면 된다. 이렇게 해서 가운데에 있는 3대 질병 진단비 보험의 월 보험료는 23,601원이다.

가입담보	보험가입금액	보험료	보험기간 / 납입기간 / 갱신형 / 기타
보통약관I(상해후유장해(3-100%)(1804)	10,000만원	2,300원	80세만기 / 30년납
보험료납입면제대상보장(7대사유)	10만원	73원	80세만기 / 30년납
질병후유장해(3-100%)(1804)	3,000만원	4,920원	80세만기 / 30년납
암(4대유사암제외)진단비	3,000만원	9,510원	80세만기 / 30년납
4대유사암진단비	600만원	1,788원	80세만기 / 30년납
뇌졸중진단비	3,000만원	4,170원	80세만기 / 30년납
급성심근경색증진단비	3,000만원	840원	80세만기 / 30년납
			자녀분님 보장보험료 합계 :　23,601 원

자녀분님 보장보험료 합계 :　23,601 원

3대 질병 진단비 보험 가입 예시 (출처: ○○손해보험)

③ 온라인 암보험 - 암 진단비 추가용

세 번째 보험은 온라인 암보험이다. 설계사 통해 3대 진단비 보험에서 일반암을 적당히 가입하고, 온라인으로 저렴하게 보완한다. 납입기간은 전기납이고, 보험기간 역시 80세 만기다. 80세까지 내는 도중 암에 걸리면 그 후 보험료는 납입면제가 된다. 온라인 암보험으로 일반암 진단비 3천만 원을 추가로 가입해 일반 암 진단비 합계를 총 6천만 원으로 맞췄다. 일반적으로 가입하는 5천만 원이 아니라 6천만 원으로 가입하는 이유는 20대 초반의 어린 나이이고, 암에 많이 걸리는 60대까지 많은 시간이 남았기 때문이다. 화폐가치 하락이 커질 것을 대비해 1천만 원 더 가입하는 방법으로 보완했다고 생각하자.

　일반암에 자동으로 고액암이 추가되는 상품이라 고액암 진단비 3천 만 원이 함께 포함되어 있다. 고액암에 해당하는 암에 걸리면 두 보험 모두 합해 9천만 원을 받게 된다.

　온라인 암보험은 주로 생명보험사 상품이 많다. 손해보험에서 '유사 암'이라고 부르는 소액암 진단비 가입금액은 다소 적으니 참고하자. 이렇 게 진단비를 나눠서 가입하면 한 보험회사에 몰아넣지 않으니 회사 리스크 까지도 분산하며 가입할 수 있어 효율적이다. 이 온라인 암보험의 월 보험 료는 7,710원이다. 참 저렴하다.

(출처: A생명 인터넷 암보험)

　정리하면 단독 실비보험이 있고, 일반 암 진단비 6천만 원, 뇌졸중, 급 성심근경색 진단비 각각 3천만 원, 질병 후유장해 3천만 원, 상해 후유장해

1억 원이다. 그런데도 총보험료는 단돈 월 38,311원이다. 충분한 보장에 가격도 저렴하지 않은가? 보험은 이렇게 꼭 필요한 것에만 저렴하게 가입하면 된다. 수술비, 입원비는 꼭 필요한 담보가 아니다. 골절, 화상을 비롯한 잘 알지도 못하는 여러 진단비는 걸릴 확률도 낮고 받아봐야 큰 금액도 아니다.

병원 치료비는 국민건강보험과 실비보험만으로도 거의 준비된다는 사실을 잊으면 안 된다. 100세 만기? 실비보험을 빼고는 80세 만기면 충분하다. 20년 납? 가능한 한 길게 30년 납이나 전기납으로 하자. 계속 반복하지만 월 보험료가 비싸면 가정 형편이 어려워졌을 때 결국 보험을 해지할 수밖에 없다. 보험을 끝까지 유지할 수 있는 가장 중요한 비결은 적절한 보장과 저렴한 월 보험료임을 잊으면 안 된다.

보험 가입 실제 예시

30대

구분		실비 보험 (1)	3대 질병 진단비 보험 (1)	온라인 암보험	온라인 정기보험 (+1)	최종합계
항목	보험회사	-	-	-	-	
	보험이름	실손의료비보험	3대질병 진단보험	온라인 암보험	온라인 정기보험	
	피보험자	-	-	-	-	최종합계
	설계사/담당자	온라인	GA설계사	온라인	온라인	
	가입일	2023. 4. 8.	2023. 4. 8.	2023. 4. 8.	2023. 4. 8.	
	납입기간	1년갱신1년납(5년 후 재가입)	30년납	전기납 80세	전기납 60세	
	보장기간	100세	80세	80세	60세	
	특징 / 진단	4세대 실비	무해지, 손보사	온라인 생명사	온라인 생명사	
총납입보험료	총납입보험료		18,291,600	5,626,800	3,000,000	합계
월보험료	월보험료	9,800	50,810	10,420	10,000	81,030
사망보험금	상해 / 재해 사망보험금				1억	1억
	질병 / 일반 사망보험금					
실비	상해 급여 의료비	5,000만(1년 갱신, 100세)				5,000만(1년 갱신, 100세)
	질병 급여 의료비	5,000만(1년 갱신, 100세)				5,000만(1년 갱신, 100세)
	(특약) 상해 비급여 의료비	5,000만(1년 갱신, 100세)				5,000만(1년 갱신, 100세)
	(특약) 질병 비급여 의료비	5,000만(1년 갱신, 100세)				5,000만(1년 갱신, 100세)
	(특약) 3대 비급여	350만/300만/250만(1년 갱신, 100세)				350만/300만/250만(1년 갱신, 100세)
암진단비	고액암 진단			+2,000만		+2,000만
	일반암 진단		3,000만(유사암 제외한 모든)	2,000만(유사암 제외한 모든)		5,000만
	유사암/소액암 진단		600만	유방/전립선암 400만 소액암 200만		800만
2대 진단비	뇌졸중(뇌출혈/뇌경색보함)		3,000만			3,000만
	급성심근경색증		3,000만			3,000만
후유장해	질병후유장해 (80%이상)		3,000만			3,000만
	질병후유장해 (80%미만)		3,000만 × 장해율			3,000만 × 장해율
	상해후유장해 (80%이상)		1억			1억
	상해후유장해 (80%미만)		1억 × 장해율			1억 × 장해율

35세 사무직 기혼 남성 보험 가입 예시

203

이번에는 35세 사무직이고, 한 집안의 가장인 남성의 보험이다. 이 남성에게는 어린 자녀가 한 명 있어서 핵심보험 2+1을 모두 반영해 실비보험+3대 질병 진단비 보험+온라인 정기보험으로 설계했다.

실비보험 (1)	3대 질병 진단비 보험 (1)		온라인 정기보험 (+1)	
- ① 실손의료비보험	- ② 3대질병 진단보험	- ③ 온라인 암보험	- ④ 온라인 정기보험	
-	-	-	-	
온라인	GA 설계사	온라인	온라인	최종합계
2023. 4. 8.	2023. 4. 8.	2023. 4. 8.	2023. 4. 8.	
1년갱신1년납 (5년 후 재가입)	30년납	전기납 80세	전기납 60세	
100세	80세	80세	60세	
4세대 실비	무해지, 손보사	온라인 생명사	온라인 생명사	
	18,291,600	5,626,800	3,000,000	합계
9,800	50,810	10,420	10,000	81,030

① 실비보험

앞에서와 마찬가지로 현재 가입 가능한 4세대 실비이며 보장은 모두 같다. 10,000원 아래에서 가입할 수 있다.

② 3대 질병 진단비 보험

일반 암 3천만 원, 뇌졸중, 급성심근경색 각 3천만 원씩 가입하고, 질병 후유장해 3천만 원, 상해 후유장해 1억 원을 추가했다. 이렇게 해서 보험료는 50,810원이고 당연히 비갱신형이다. 나머지 가입조건은 앞에서 소개한 내용과 같다. 여러 회사 견적을 받아보고 가장 저렴하고 보장이 괜찮은 회

가입담보		가입금액	보험료(원)	납기/만기
보장보험료 합계			50,814 원	
기본계약	일반상해사망[기본계약]	1백만원	46	30년/80세
사망후유	일반상해80%이상후유장해	1백만원	6	30년/80세
	일반상해후유장해(3~100%)	1억원	3,800	30년/80세
	질병후유장해(3~100%)	3천만원	11,070	30년/80세
3대진단	암진단비(유사암제외)	3천만원	19,170	30년/80세
	유사암진단비	6백만원	552	30년/80세
	뇌졸중진단비	3천만원	12,090	30년/80세
	급성심근경색증진단비	3천만원	4,080	30년/80세

3대 질병 진단비 보험 가입 예시(출처: ○○손해보험)

사로 선정하면 된다. 설계한 시기별로, 또 보험사 정책에 따라 가장 저렴한 회사는 늘 바뀐다.

③ 온라인 암보험 - 암 진단비 추가용

3대 질병 진단비 보험에서 부족한 암 진단비를 온라인 보험으로 저렴하게 보완했다. 일반 암 진단비 2천만 원으로 가입하니 고액암 진단비 2천만 원이 자동으로 추가된다. 이렇게 3대 질병 진단비 보험을 2개로 나눠서 가입해 일반 암 진단비를 총 5천만 원으로 맞췄다. 이 온라인 암보험의 월 보험료는 비갱신형으로 10,420원에 불과하다.

(출처: A생명 인터넷 암보험)

④ 온라인 정기보험 - 사망보험금

여러 온라인 정기보험 회사 중 임의로 A생명 상품을 예시로 들어보았다. 실제 가입 시에는 여러 회사 상품을 비교해서 가장 좋은 조건의 상품에 가입하자. 가장이다 보니 별도의 사망보험금 준비가 필요했다. 가장이 60세가 되었을 때 자녀 나이가 20대 중후반이 된다. 그쯤 되면 사회생활을 시작할 나이라 60세까지만 사망보험금을 준비하면 된다. 온라인 정기보험으로 사망보험금 1억 원을 전기납 60세 만기로 가입했는데, 건강체를 선택했더니 월 보험료가 10,000원에 불과하다. 더 건강한 슈퍼건강체에 해당하면 보험료는 7,700원 수준이다. 1만 원이 채 안 된다. 같은 1억 원을 종신보험으로 준비하려면 월 보험료 20만 원 이상은 족히 나온다.

(출처: A생명 인터넷 정기보험)

　　정리해보자. 실비보험에, 일반암 진단비 5천만 원, 뇌졸중, 급성심근
경색 진단비 각 3천만 원, 질병 후유장해 3천만 원, 상해 후유장해 1억 원,
사망보험금 1억 원이다. 이렇게 4개의 보험으로 나눠 가입한 총보험료는
월 81,030원이다. 중요한 보장을 든든히 넣은 채로도 35세 남성 총보험료
가 월 8만 원이면 충분하다는 걸 알아야 한다. 가입 시기별로 조금씩 보험
료 변동이 있을 순 있지만 큰 틀에서 많이 벗어나진 않는다.

항목	구분	실비 보험 (1)	3대 질병 진단비 보험 (1)	온라인 이프험	온라인 정기보험 (+1)	최종합계
	보험회사	-	-	-	-	
	보험이름	실손의료비보험	3대질병 진단보험	온라인 이프험	온라인 정기보험	
	피보험자	-	-	-	-	
	설계사/담당자	온라인	GA설계사	온라인	온라인	최종합계
	가입일	2023. 1. 11.	2023. 1. 11.	2023. 1. 11.	2023. 1. 11.	
	납입기간	1년경신(5년후 재가입)	20년납	전기납 80세	전기납 65세	
	보장기간	100세	80세	80세	65세	
	특징 / 진단	4세대 실비	무해지, 손보사	온라인 생명사	온라인 생명사, 건강체, 비흡연체	
월보험료	총보험료		13,468,800	6,333,600	4,914,000	합계
	월보험료	12,500	56,120	15,080	19,500	103,200
사망보장	상해 / 재해 사망보험금				1억	1억(60세)
	질병 / 일반 사망보험금					
실비	상해 급여 의료비	5,000만(1년 갱신, 100세)				5,000만(1년 갱신, 100세)
	질병 급여 의료비	5,000만(1년 갱신, 100세)				5,000만(1년 갱신, 100세)
	(특약) 상해 질병 비급여 의료비	5,000만(1년 갱신, 100세)				5,000만(1년 갱신, 100세)
	(특약) 질병 질병 비급여 의료비	5,000만(1년 갱신, 100세)				5,000만(1년 갱신, 100세)
	(특약) 3대 비급여	350만/300만/250만 (1년 갱신, 100세)				350만/300만/250만 (1년 갱신, 100세)
암진단비	고액암 진단			+2,000만		+2,000만
	일반암 진단		2,000만 (유사암 제외한 모든)	2,000만		4,000만
	유사암/소액암 진단		400만	유방/전립선암 400만 소액암 200만		600만
2대 진단비	뇌졸중(뇌출혈/뇌경색포함)		2,000만			2,000만
	급성심근경색증		2,000만			2,000만
후유장해	질병후유장해(80%이상)		2,000만			2,000만
	질병후유장해(80%미만)		2,000만 × 장해율			2,000만 × 장해율
	상해후유장해(80%이상)		1억			1억
	상해후유장해(80%미만)		1억 × 장해율			1억 × 장해율

45세 사무직 남성 가장 보험 가입 예시

보험 가입 실제 예시

실비보험 (1)	3대 질병 진단비 보험 (1)		온라인 정기보험 (+1)	
-	-	-	-	
실손의료비보험	3대질병 진단보험	온라인 암보험	온라인 정기보험	
-	-	-	-	
온라인	GA 설계사	온라인	온라인	
2023. 1. 11.	2023. 1. 11.	2023. 1. 11.	2023. 1. 11.	최종합계
1년갱신 1년납 (5년 후 재가입)	20년납	전기납 80세	전기납 65세	
100세	80세	80세	65세	
4세대 실비	무해지, 손보사	온라인 생명사	온라인 생명사, 건강체,비흡연자	
	13,468,800	6,333,600	4,914,000	합계
12,500	56,120	15,080	19,500	103,200

 이번엔 45세 사무직 남성으로, 두 아이의 아빠인 가장이다. 앞에서 가입 예시를 상세히 설명했으니 중요 내용 위주로 간단히 살펴보자. 40대 중반이 넘어서면 남성의 3대 질병 진단비 보험료가 많이 비싸진다. 따라서 보장을 조금 줄여 일반 암 4천만 원, 뇌졸중, 급성심근경색 각 2천만 원씩 가입하고, 질병 후유장해 2천만 원, 상해 후유장해 1억 원을 추가했다. 일반 암 4천만 원은 두 회사에 나눠서 가입한다. 암, 뇌혈관질환, 심장질환에 가장 많이 걸리는 60대가 되기까지 15년밖에 남지 않았기 때문에 20, 30대 대비 화폐가치 하락도 덜하다. 따라서 진단금을 조금 줄여서 가입해도 된다.

 3대 질병 진단비 보험은 20년납 80세 만기로 준비했다. 30년납으로 해도 문제없다. 그러나 이 나이 때는 초기 보험료 수준이 높아서 해당 보험료로 30년간 납입하는 것이 부담될 수도 있다. 그래서 30년납보다 월보험료는 조금 더 높지만 20년만 내는 식으로 설계해보았다. 당연히 온라인 암보험은 초기 보험료도 적기 때문에 80세 전기납으로 한다. 3대 질병 진단 비 보험은 당연히 여러 곳을 비교해 찾았다. 한 GA대리점에서는 다음과 같이 여러 보험회사를 직접 비교해서 보내주었고, 가장 저렴한 두 회사 상품을 쉽게 알아볼 수 있도록 다른 색으로 표시해 주기도 했다. 실제로 가입할 때는 납입면제 혜택이나 의무담보 등을 상세히 비교해 봐야겠지만, 이 정도만 해도 선택하는 데 충분히 도움이 된다.

남편분 (44세,남성,상령일 : 1979.04.05)고객님의 종합(무해지형) – 20년/80세 보험료 비교입니다.

상해후유장해(3~100%)	10,000	4,800	3,400	6,500	3,300	3,380	5,300	4,720
질병후유장해(3~100%)(80세만기)	2,000	9,820	10,560	11,200	7,400	9,564	10,400	12,900
암진단비(유사암제외)	2,000	27,200	21,520	23,260	24,280	26,802	24,000	25,620
유사암진단비	400	480	580	560	520	548	504	580
뇌출혈진단비	2,000	16,280	14,280	17,120	15,540	14,780	15,580	16,320
급성심근경색증진단비	2,000	5,040	6,080	5,560	5,080	5,240	4,820	5,280
합계		63,620	56,420	64,200	56,120	60,314	60,604	65,420

보험 가입 실제 예시

두 아이의 아빠인 만큼 정기보험을 준비한다. 가장 나이 65세면 둘째 자녀도 20대 중반이 되는 나이다. 정기보험을 65세 만기로 1억 원에 가입했을 때 건강체 보험료는 19,500원이면 된다. 만약 슈퍼건강체에 해당한다면 14,800원 수준이다. 이렇게 2+1에 충분히 가입한 총보험료가 103,200원이었다. 만약 이 보험료가 부담된다면 후유장해 보장을 빼고 실비와 3대 진단비, 정기보험까지만 가져가도 좋다. 그러면 보험료를 1만~1만 5천 원 정도 더 줄일 수 있다. 그리고 같은 나이대의 여성이라면 1~2만 원 더 저렴한 8만 원 수준에서 2+1 모든 보장을 준비할 수 있다.

50대

53세 가정주부 기혼 여성 보험 가입 예시

항목	구분	실비 보험 (1)	3대 질병 진단비 보험 (1)	온라인 암보험	온라인 정기보험 (+1)	최종합계
	보험회사					
	보험이름	실손의료비보험	3대질병 진단보험	온라인 암보험	온라인 정기보험	
	피보험자					
	설계사/담당자	온라인	GA설계사	온라인	온라인	
	가입	2023. 2. 1.	2023. 2. 1.	2023. 2. 1.	2023. 2. 1.	
	납입기간	1년갱신1년납(5년 후 재가입)	20년납	전기납 80세	전기납 65세	
	보장기간	100세	80세	80세	65세	
	특징 / 진단	4세대 실비	무해지, 손보사	온라인 생명사	온라인 생명사, 건강체, 비흡연체	합계
	총납입보험료		10,233,120	1,875,960	885,600	
월보험료	월보험료	27,000	42,638	5,790	6,150	81,578
사망보장	상해 / 재해 사망보험금				5천	5천(65세)
	질병 / 일반 사망보험금				5천	5천(65세)
실비	상해 급여 의료비	5,000만(1년 갱신, 100세)				5,000만(1년 갱신, 100세)
	질병 급여 의료비	5,000만(1년 갱신, 100세)				5,000만(1년 갱신, 100세)
	(특약) 상해 비급여 의료비	5,000만(1년 갱신, 100세)				5,000만(1년 갱신, 100세)
	(특약) 질병 비급여 의료비	5,000만(1년 갱신, 100세)				5,000만(1년 갱신, 100세)
	(특약) 3대 비급여	350만/300만/250만(1년 갱신, 100세)				350만/300만/250만(1년 갱신, 100세)
암진단비	고액암 진단		+1,000만			+1,000만
	일반암 진단		1,000만	2,000만(유사암 제외한 모두)		3,000만
	유사암/소액암 진단		유방/전립선암 400만 소액암 200만	400만		500만
2대 진단비	뇌졸중(뇌출혈/뇌경색포함)		2,000만			2,000만
	급성심근경색증		2,000만			2,000만
후유장해	질병후유장해 (80%이상)		2,000만			2,000만
	질병후유장해 (80%미만)		2,000만 × 장해율			2,000만 × 장해율
	상해후유장해 (80%이상)				1억	1억
	상해후유장해 (80%미만)				1억 × 장해율	1억 × 장해율

보험 가입 실제 예시

실비보험 (1)	3대 질병 진단비 보험 (1)		온라인 정기보험 (+1)	
-	-	-	-	최종합계
실손의료비보험	3대질병 진단보험	온라인 암보험	온라인 정기보험	
-	-	-	-	
온라인	GA 설계사	온라인	온라인	
2023. 2. 1.	2023. 2. 1.	2023. 2. 1.	2023. 2. 1.	
1년갱신1년납 (5년 후 재가입)	20년납	전기납 80세	전기납 65세	
100세	80세	80세	65세	
4세대 실비	무해지, 손보사	온라인 생명사	온라인 생명사,건강체 비흡연체	
	10,233,120	1,875,960	885,600	합계
27,000	42,638	5,790	6,150	81,578

    53세 건강한 기혼 여성으로 상해 급수(직업) 1급인 가정주부다. 앞과 같은 내용이니 최대한 간단히 살펴보자. 핵심보험 2+1로 설계한 결과 총 보험료는 81,578원이다. 50세가 넘었다면 20~30대처럼 진단비를 많이 넣을 필요가 없다. 보험료도 비싸고, 질병에 가장 많이 노출되는 시기인 60대 이후가 임박해 화폐가치 하락도 덜하니 최소한의 금액만 준비하면 된다. 일반암 진단비의 경우 온라인과 오프라인 두 회사의 상품을 조합해 총 3천 만 원을 준비했고, 뇌졸중, 급성심근경색 진단비는 각각 2천만 원씩 준비했다. 여기에 상해 후유장해 1억 원, 질병 후유장해 2천만 원을 추가했다. 그리고 온라인 정기보험으로 사망보험금 5천만 원을 추가했다.

    3대 질병 진단비 보험의 경우 30년 납을 하면 납입만기가 83세가 되어버린다. 따라서 이 경우 30년 납 대신 20년 납 80세 만기로 설계했다. 물론 상황에 따라 30년 갱신형 상품에 가입해도 된다. 30년 갱신형이면 83세까지 같은 보험료로 비갱신형보다 조금 더 저렴하지만 83세까지 납입해야 하는 게 부담스러울 수도 있다. 각자 상황에 맞게 결정하자.

온라인 정기보험의 경우 자녀의 나이를 고려해 보장기간을 65세로 맞추었다. 그 나이면 자녀들이 충분히 사회생활을 할 나이가 된다. 남편이 외벌이로 경제적 가장이라면 아내의 정기보험은 생략해도 된다. 선택적으로 결정하자. 온라인 정기보험을 빼면 총보험료는 75,428원에 불과하다.

항목	구분	실비 보험 (1)	유병력자 실비 보험 (1)	3대 질병 진단비 보험 (1)	최종합계
월보험료	보험회사	실손의료비보험	유병력자 실손의료비보험	3대 질병 진단보험	
	보험이름	실손의료비보험	유병력자 실손의료비보험	3대 질병 진단보험	최종합계
	피보험자	-	-	-	
	설계사/담당자	온라인/설계사	온라인/설계사	GA 설계사	
	가입일	2023. 4. 17.	2023. 4. 17.	2023. 4. 17.	
	납입기간	1년갱신/년납(5년 후 재가입)	1년갱신/년납(3년 후 재가입)	20년 갱신형(갱신종료 100세)	
	보장기간	100세	100세	85세 갱신 시점에 해지	
	특징/진단	4세대 실비	유병자 실손의료비보험 3대 비급여와 의제 보장 없음	유병자(간편 심사)	
	총납입보험료	39,000		8,912,160	합계
	월보험료	39,000		37,134	76,134
	월보험료		67,000	37,134	104,134
사망보장	상해/재해 사망보험금				
	질병/일반 사망보험금			2,000만	2,000만(85세)
실비	질병 입원 의료비	-	5,000만(3년 갱신, 100세)		5,000만 (3년 갱신, 100세)
	질병 통원 의료비/약제비	-	20만/X (3년 갱신, 100세)		20만/X (3년 갱신, 100세)
	상해 입원 의료비/약제비	-	5,000만(3년 갱신, 100세)		5,000만(3년 갱신, 100세)
	상해 통원 의료비/약제비	-	20만/X (3년 갱신, 100세)		20만/X (3년 갱신, 100세)
실비	상해 급여 의료비	5,000만	-		5,000만(1년 갱신, 100세)
	질병 급여 의료비	5,000만	-		5,000만(1년 갱신, 100세)
	(특약) 상해 비급여 의료비	5,000만	-		5,000만(1년 갱신, 100세)
	(특약) 질병 비급여 의료비	5,000만	-		5,000만(1년 갱신, 100세)
	(특약) 3대 비급여	250/300/350만	-		250/300/350만 (1년 갱신, 100세)
입원진단비	고액암 진단				
	일반암 진단			2,000만 (유암 제외한 모든)	2,000만(85세)
	유사암/소액암 진단			400만	400만(85세)
	뇌졸중(뇌출혈/뇌경색보장)			1,000만	1,000만(85세)
2대 진단비	급성심근경색증			1,000만	1,000만(85세)

일반 실비 또는 유병력자 실비 가입

65세 가정주부 여성 유병자 보험 가입 예시

215

60세가 넘으면 이미 여러 병력과 질환을 겪은 사람이 많다. 고혈압약, 당뇨약 복용 정도는 흔하다. 보험회사는 영리회사라서 손실을 막기 위해 아프거나 만성질환이 있는 사람의 보험 가입은 제한하는 게 사실이다. 하지만 병력을 가진 사람이 점차 많아지고, 기존 보험시장이 포화하자 일부 보장을 제한하더라도 이들이 보험에 가입할 수 있도록 유병자(유병력자) 상품을 출시하기 시작했다.

당연히 유병자 보험 보험료는 일반 보험보다 비싸다. 그러나 심사 항목을 줄여 병력이나 약 복용이 있더라도 가입할 수 있게 만들었고, 심사 항목을 간소화했다고 해서 '간편심사 보험'이라고도 부른다. 유병자 보험과 간편심사 보험은 같은 것으로 생각하면 된다. 따라서 병력과 치료력 때문에 기존 보험에 가입할 수 없었다면 유병자 상품을 적극적으로 알아보자.

65세 가정주부 여성이면서, 경중 만성질환자인 사람의 보험 가입 예시를 보자. 쉽게 예를 들어서 고혈압약과 당뇨약을 복용하고 있는 분의 가입 예시다. 핵심보험 2+1 중 자녀들이 다 성장했으니 온라인 정기보험은 필요 없다. 실비보험과 3대 질병 진단비 보험에만 가입하면 된다. 현실적으로 현재 병력이 있고, 나이도 많아서 온라인 암보험 가입은 어렵다. 이럴 때는 가입조건이 조금 더 유리한 설계사를 통해서 3대 질병 진단비 보험에 가입하는 게 낫다.

실비보험 (1)	유병력자 실비보험 (1)	3대 질병 진단비 보험 (1)	
-	-	-	최종합계
실손의료비보험	유병력자 실손의료비보험	3대질병 진단보험	
-	-	-	
온라인/설계사	온라인/설계사	GA 설계사	
2023. 4. 17.	2023. 4. 17.	2023. 4. 17.	
1년갱신1년납 (5년 후 재가입)	1년갱신1년납 (3년 후 재가입)	20년 갱신형 (갱신종료 100세)	
100세	100세	85세 갱신 시점에 해지	
4세대 실비	유병자 실손의료보험 3대 비급여와 약제 보장 없음	유병자(간편 심사)	
		8,912,160	합계
39,000		37,134	76,134
	67,000	37,134	104,134

① 일반 실비보험 vs 유병력자 실비보험

앞에 2가지는 모두 실비보험이다. 왼쪽은 일반 4세대 실비보험이고, 오른쪽은 유병력자 실비보험이다. 유병력자 실비보험은 세대별 구분이 없고, 보장이 모두 같다. 일반 실비보험과 유병력자 실비보험 둘 중 하나만 가입할 수 있으니 참고하자. 일반 실비에 가입할 수 있는지를 먼저 알아보아야 한다. 보험료 할증이 되거나 일부 신체에 부담보가 잡힐 수도 있으나, 그래도 유병력자 실비보험보다는 일반 실비보험의 보장이 좋고 저렴하다.

유병력자 실비보험의 경우 약 처방 비용은 보장되지 않고, 3대 비급여 특약에 해당하는 담보도 보장되지 않는다. 자기부담금은 30%로 높고, 입원 시 최소 자기부담금도 10만 원으로 높아 일반 실비보다 보장 측면에서 불리하다. 다 안 좋은 것 같지만 유병력자 실비보험도 입원 시 연간 200만 원 자기부담금 한도 규정이 적용되기 때문에, 연간 200만 원 이상의 비용을 지출할 확률은 극히 낮다. 큰 사고나 질병으로 인한 재정적 위험을 대비할 수 있는 좋은 대안이 되기에 충분하다. 따라서 위 2가지 실비보험 중 하나는 꼭 가입하자. 일반 실비보험 가입이 제한되면 유병력자 실비보험에라도 가입해야 한다. 일반 실비보험료는 4세대 실비보험 기준으로 39,000원이고, 유병력자 실비보험 예상 보험료는 보험다모아 사이트를 통해 온라인으로 가입할 경우 67,000원 정도다. 보험다모아를 통한 유병력자 실비 온라인 가입 방법은 다음을 참고하면 된다.

보험 가입 실제 예시

유병력자실손의료보험 상품비교

유병력자실손의료보험이란?

가입기준

갱신형 : 1년만기 1년납, 월납, 최초계약기준, 상해 1급

보험가입금액 : 상해입원의료비 5천만원 한도, 상해통원의료비(외래) 20만원 한도

질병입원의료비 5천만원 한도, 질병통원의료비(외래) 20만원 한도

※ 본 화면은 표준 또는 기본예시로써 소비자의 가입조건에 따라 실제 보험료 및 보장내용 등과는 다소 차이가 있을 수 있습니다.

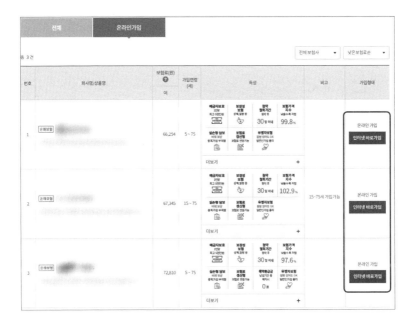

② 3대 질병 진단비 보험 - 간편심사(유병자) 보험

실비보험이 준비되었다면 나머지 3대 질병 진단비 보험을 유병자 상품으로 가입한다. 앞에서 언급했듯이, 유병자 보험은 상품 심사가 간편하다고 해서 '간편심사 보험'이라고도 부른다. 일반 보험 가입기준으로는 유병자가 가입하기 어려운 만큼 병력 고지의무 조건을 축소해 놓은 상품이다. 대신 보험료는 비싸다.

보험료가 부담되는 나이고 실비 보험료도 많이 올라가는 연령대이다 보니 일반암 진단비 2천만 원, 유사암 400만 원, 뇌졸중 1천만 원, 급성심근경색 1천만 원만 준비한다. 그리고 이 연령대에서는 20년 갱신형 상품으로 준비하는 것도 좋다. 65세에서 85세까지 20년간 같은 보험료로 비갱신형보다 저렴하게 보장을 유지할 수 있다. 85세에 갱신될 때 보험료는 크게 오를 텐데, 그때는 이 보험을 해지하고 실비보험만 유지한다고 계획을 세우자.

3대 질병 진단비 보험을 간편심사 상품으로 가장 저렴하게 견적받은 결과 37,134원이 나왔다. 가입 시기별로, 회사별로, 직업 급수별로, 나이별로 보험료는 늘 바뀐다는 것을 고려해서 계획을 세우자.

[인보험 피보험자 :   ]

가입담보	보험가입금액	보험료	보험기간 / 납입기간 / 갱신형 / 기타
보통약관(상해80%이상후유장해(1804)(3N5간편,갱신형))	1,000만원	30원	20년만기 / 전기납 / 20년갱신형
보험료납입면제대상보장(4대사유)(3N5간편,갱신형)	10만원	246원	20년만기 / 전기납 / 20년갱신형
상해사망(3N5간편,갱신형)	2,000만원	580원	20년만기 / 전기납 / 20년갱신형
암(4대유사암제외)진단비(3N5간편,갱신형)	2,000만원	23,600원	20년만기 / 전기납 / 20년갱신형
4대유사암진단비(기타피부암)(3N5간편,갱신형)	400만원	308원	20년만기 / 전기납 / 20년갱신형
4대유사암진단비(갑상선암)(3N5간편,갱신형)	400만원	476원	20년만기 / 전기납 / 20년갱신형
4대유사암진단비(제자리암)(3N5간편,갱신형)	400만원	532원	20년만기 / 전기납 / 20년갱신형
4대유사암진단비(경계성종양)(3N5간편,갱신형)	400만원	212원	20년만기 / 전기납 / 20년갱신형
뇌졸중진단비(3N5간편,갱신형)	1,000만원	8,910원	20년만기 / 전기납 / 20년갱신형
급성심근경색증진단비(3N5간편,갱신형)	1,000만원	2,240원	20년만기 / 전기납 / 20년갱신형
			보장보험료 합계 : 37,134 원

보험 가입 실제 예시

정리하면 유병력자 실비보험과 간편심사 3대 질병 진단비 보험에 가입했을 때 총보험료는 104,134원 정도다. 건강할 때 보험에 가입했다면 훨씬 저렴하게 준비할 수 있었던지라 다소 아쉽지만, 최소한의 필수 담보를 그래도 저렴하게 잘 준비한 사례로 볼 수 있다.

연령별 적정 월 보험료 가이드
– 내 보험료, 얼마가 적당할까?

보험 가입에 정해진 답은 없다. 보험가입자의 가치관과 살아온 환경, 보험료 납부 수준, 건강 정도 등에 따라 방법은 달라진다. 하지만 대부분은 보험에 대해 잘 모르는 게 당연하니 각 나이대에 따라 어느 정도로 어떻게 가입하면 좋은지 적절한 보험료 수준을 알아보자. 지금까지 배운 것들을 잘 적용하면 여기에서 제시하는 금액으로도 중요 보장 위주로 잘 준비할 수 있다는 확신이 들 것이다. 이것을 기반으로 각자의 상황에 맞게 조금씩 조정하면서 나한테 딱 맞는 보장을 준비해보자.

0~20세 자녀: 1~2만 원

0~20세는 태아에서부터 성인이 되기 전까지의 기간이다. 기본적으로 실비보험 하나와 온라인 어린이/태아보험 하나로만 구성한다면 1~2만 원이면 된다. 다음 그림은 예전 3세대 착한 실비보험 직업급수 1급 기준의 보험료 예시인데, 출생 직후 보험료가 가장 비싸고 그 이후로 점차 내려가는 것을 볼 수 있다. 20세가 될 때까지도 채 1만 원이 되지 않고, 4세대 실비보험도 이와 비슷하다. 이 실비보험 하나에 앞에서 설명한 온라인 태아보험이나 어린이보험 저렴한 것 하나를 추가해 보완해도 총보험료가 2만 원을 넘지 않는다.

물론 온라인 태아보험 하나로는 부족하다고 생각한다면 보험설계사를 통해 조금 더 비싼 태아보험에 가입해도 괜찮다. 설계사를 통할 때는 여

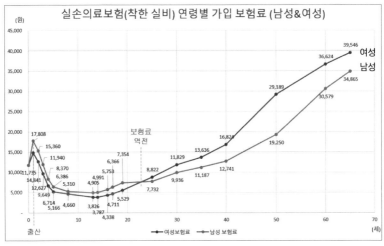

3세대 착한 실비보험 연령별 보험료 예시(온라인 신규 가입, 직업 급수 1급 기준)

러 산모 특약이나 태아 담보를 꼼꼼히 살펴보고 해당 담보의 사고나 질병에 노출될 확률이 얼마나 되는지, 그 담보가 없을 때 가정 재정에 큰 위기가 발생하는지 등을 잘 판단한 후 신중히 결정하자.

20대: 4~6만 원

20대는 대학을 다니거나 사회생활을 시작하는 연령대다. 성인이니 핵심보험 2+1 중심으로 해야 하는데, 대부분 미혼일 테니 실비보험과 3대 질병 진단비 보험 하나만 가입해도 된다. 실비보험은 보험료 1만 원 아래로 준비할 수 있고, 3대 질병 진단비 보험에서 일반암 진단비 5~6천, 유사암 진단비 일반암의 20%, 뇌졸중/급성심근경색 진단비 각 3천, 질병 후유장해 3천, 상해 후유장해 1억 원을 준비한다면 3~5만 원이면 가입할 수 있다. 두 보험 모두 합해 총 4~6만 원이면 충분하다. 앞에서 자세히 본 23세 여성 대학생 보험 가입 예시를 참고하자. 총보험료는 38,311원 수준이었다. 오른쪽 페이지에 있는 28세 사무직 여성 보험료 예시도 참고하자. 총보험료는 52,537원이다.

20대

항목	구분	실비 보험 (1)	3대 질병 진단비 보험 (1)		최종합계
	보험회사				
	보험이름	실손의료비보험	3대 질병 진단비 보험	온라인 암보험	
	피보험자				
	설계사/담당자	온라인	GA설계사	온라인	
	가입일	2022. 6. 27.	2022. 6. 27.	2022. 6. 27.	
	납입기간	1년갱신년납(5년 후 재가입)	30년납	전기납 80세	
	보장기간	100세	80세	80세	
	특징 / 진단	4세대 실비	무해지, 손보사	온라인 생명사	
	총납입보험료	8,700	13,441,320	3,276,000	
월보험료	월보험료		37,337	6,500	합계 52,537

28세 사무직 여성 보험 가입 예시

225

30대: 5~9만 원

30대는 보통은 결혼하는 연령대다. 핵심보험 2+1에 모두 가입하면 좋은데, 준비해야 할 보장은 20대와 큰 차이가 없다. 35세 사무직 기혼 남성 기준의 보험 가입 예시는 다음과 같다. 자녀가 사회생활을 시작할 나이까지, 60세 보장 기준으로 온라인 정기보험을 추가한 결과다. 최대한 저렴하게 받아보았을 때 총보험료는 81,030원 수준이다. 여성이라면 같은 보장일 때 5~6만 원이면 된다.

남성의 경우, 30대 후반이 되면 3대 질병 진단비 보험료가 더 비싸진다. GA 설계사를 통해 일반암 진단비 3천, 온라인 암보험 2천으로 가입했던 것을 설계사를 통한 일반암 2천, 온라인 암보험 3천으로 바꾸면 보험료를 줄일 수 있다.

남성이든 여성이든 배우자가 없는 독신이라면 정기보험은 배제해도 된다. 핵심보험 2가지(실비+3대 질병 진단비 보험)에만 집중해서 보험료는 최소로 만들고 주택마련이나 노후자금 준비에 더욱 힘쓰자. 독신일수록 연금자산을 튼튼하게 준비하는 것이 매우 중요하다. 보험은 3대 질병 진단비를 충분하게 준비하고, 실비보험을 최대한 길게 끌고 나가는 데 더 초점을 맞추자.

30대

항목	구분	실비 보험 (1)	3대 질병 진단비 보험 (1)	온라인 암보험	온라인 정기보험 (+1)	최종합계
항목	보험회사					
	보험이름	실손의료비보험	3대질병진단보험	온라인 암보험	온라인 정기보험	
	피보험자					
	설계사/담당자	온라인	GA설계사	온라인	온라인	
	가입일	2023. 4. 8.	2023. 4. 8.	2023. 4. 8.	2023. 4. 8.	
	납입기간	1년갱신1년납(5년 후 재가입)	30년납	전기납 80세	전기납 60세	
	보장기간	100세	80세	80세	60세	
	특징 / 진단	4세대 실비	무해지, 손보사	온라인 생명사	온라인 생명사	
	총납입보험료		18,291,600	5,626,800	3,000,000	
월보험료	월보험료	9,800	50,810	10,420	10,000	합계 81,030

35세 사무직 기혼 남성 보험 가입 예시

227

40대: 7~12만 원

40대부터는 남성 보험료가 여성보다 상대적으로 훨씬 비싸진다. 40대 초반과 40대 후반의 보험료 차이도 커서 보험료 폭이 다른 연령대보다 상대적으로 크다. 40대는 20~30대와 똑같은 보장을 준비할 필요 없다. 보험료도 비싸고, 3대 질병에 가장 많이 노출되는 60대에 좀 더 가까워졌기 때문에 화폐가치 하락을 덜 고려해도 되는 연령대라서 그렇다.

적절하게 보장을 조정해서 3대 질병 진단비 보험으로 일반암 진단비 4천, 유사암 진단비 4~8백, 뇌졸중/급성심근경색 진단비 각 2천, 질병 후유장해 2천, 상해 후유장해 1억 원의 담보를 준비하고, 온라인 정기보험으로 1억 원을 60~65세 정도까지 준비하면 된다. 이렇게 설계한 45세 사무직 기혼 남성의 총보험료는 앞에서의 예시와 같이 103,200원 정도다.

20~30대와는 다르게 설계사를 통해서 가입하는 3대 질병 진단비 보험의 경우 납입기간을 20년 납으로 설계했다. 보험료 자체가 다른 연령대보다 높아서 30년 납으로 77세까지 길게 내는 게 부담스럽기 때문이다. 당연히 온라인 암보험과 온라인 정기보험은 전기납을 활용한다. 만약 이 정도 보험료가 부담스럽다면 후유장해는 빼고 3대 질병 진단비 담보에만 집중하는 것도 좋다. 우선순위를 잘 생각해 형편과 상황에 맞게 보험에 가입하는 것이 중요하다.

40대

	구분	실비 보험 (1)	3대 질병 진단비 보험 (1)		온라인 정기보험 (+1)	최종합계
항목	보험회사	-	3대질병 진단보험	온라인 암보험	온라인 정기보험	
	보험이름	실손의료비보험	-	-	-	
	피보험자	-	-	-	-	
	설계사/담당자	온라인	GA설계사	온라인	온라인	최종합계
	가입일	2023. 1. 11.	2023. 1. 11.	2023. 1. 11.	2023. 1. 11.	
	납입기간	1년갱신년납(5년 후 재가입)	20년납	정기납 80세	정기납 65세	
	보장기간	100세	80세	80세	65세	
	특징 / 진단	4세대 실비	무해지, 손보사	온라인 생명사	온라인 생명사, 건강체, 비흡연체	
월보험료	총납입보험료		13,468,800	6,333,600	4,914,000	합계
	월보험료	12,500	56,120	15,080	19,500	103,200

45세 사무직 기혼 남성 보험 가입 예시

50대: 8~15만 원

사실 50대가 되기 전에 보험 가입을 끝내는 것이 가장 좋다. 50대는 보험료도 비싸고 질병, 치료이력 등이 생길 나이라 새 보험에 가입하기 어려울 수 있기 때문이다. 이런저런 사정으로 미처 보험을 준비하지 못했는데, 다행히 건강한 50대라면 이렇게 방향을 잡을 수 있다.

앞에서 예시로 든 53세 주부 보험 가입 예시다. 일반암 진단비 3천, 뇌졸중/급성심근경색 진단비 각 2천을 비롯해 후유장해와 사망보험금을 추가한 보장으로 총보험료는 81,578원이다. 비슷한 연령대의 남성이라면 같은 보장으로 최소 14만 원 정도는 생각해야 한다.

보험료가 부담스럽다면 후유장해 특약을 삭제해도 좋다. 3대 질병 진단비 보험에 상해사망이 의무담보로 포함된 경우가 있다. 그런 경우 질병 사망에 대한 리스크가 적다고 판단되면 온라인 정기보험은 삭제해도 괜찮다. 상해사망은 누구도 예측할 수 없지만 향후 10년간 질병으로 인한 사망 가능성은 어느 정도 가늠할 수 있을 것이다. 정기보험이 보장하는 65세까지 앞으로 약 10년 동안, 내가 질병으로 사망할 가능성을 현재의 건강상태를 통해 잘 타진해본 후 정기보험 가입 여부를 결정하자. 5천만 원을 넣는다고 가정했을 때 여성의 경우 정기보험 보험료는 6,150원이지만, 같은 연령대 남성은 1억 원은 준비하는 것이 좋고 이 경우 보험료는 28,000원 정도다. 정기보험을 뺀다면 남성도 11~12만 원 수준으로 준비할 수 있다.

50대

항목	구분	실비 보험 (1)	3대 질병 진단비 보험 (1)		온라인 정기보험 (+1)	최종합계
		실손의료비보험	3대질병 진단보험	온라인 암보험	온라인 정기보험	
	보험회사	실손의료비보험	3대질병 진단보험	온라인 암보험	온라인 정기보험	
	보험이름	-	-	-	-	
	피보험자	-	-	-	-	
	설계사/담당자	온라인	GA설계사	온라인	온라인	
	가입일	2023. 2. 1.	2023. 2. 1.	2023. 2. 1.	2023. 2. 1.	
	납입기간	1년경신년납(5년 후 재가입)	20년납	전기납 80세	전기납 65세	
	보장기간	100세	80세	80세	65세	
	특징 / 진단	4세대 실비	무해지, 손보사	온라인 생명사	온라인 생명사, 건강체, 비흡연체	
보험료	총납입보험료		10,233,120	1,875,960	885,600	합계
	월보험료	27,000	42,638	5,790	6,150	81,578

53세 주부 기혼 여성 보험 가입 예시

231

60대: 9~15만 원

60대에 작은 질병 하나 없는 사람은 거의 없다. 그런데도 아직 보험을 준비하지 못했다면 경증 만성질환(유병력자) 조건으로 보험을 설계해야 한다. 60대는 저렴하던 실비보험료도 계속 올라가는 연령대니, 무조건 보장을 늘리지 말고 부담스럽지 않은 보험료 수준에서 적당히 조정하자. 앞에서 예시로 든 일반암 진단비 2천, 뇌졸중/급성심근경색 각 1천만 원을 준비한 경우로, 65세 주부 기준 104,134원 정도에 최저 설계가 가능하다. 같은 보장으로 남성 보험료를 설계하면 최소 14만 원 정도다.

60대

구분	실비 보험 (1)	3대 질병 진단비 보험 (1)	3대 질병 진단비 보험 (1)	최종합계
보험회사				
보험이름	실손의료비보험	유병력자 실손의료비보험	3대질병 진단보험	
피보험자	-	-	-	
설계사/담당자	온라인	온라인 / 설계사	GA 설계사	
가입일	2023. 4. 17.	2023. 4. 17.	2023. 4. 17.	
납입기간	1년갱신년납(5년 후 재가입)	1년갱신년납(3년 후 재가입)	20년 갱신형(갱신종료 100세)	
보장기간	100세	100세	85세 갱신 시점에 해지	
특징 / 진단	4세대 실비	유병자 실손의료보험 3대 비급여와 약제 보장 없음	유병자(간편 심사)	최종합계
총납입보험료	39,000	67,000	8,912,160	합계
월보험료			37,134	76,134
월보험료			37,134	104,134

65세 주부 기혼 여성 유병자(간편심사) 보험 가입 예시

상황별 보험 가입 가이드
– 내 주머니 사정에 맞는 보험은?

이 책을 보고 있는 독자라면 적어도 핵심보험 2+1 정도는 가입했으면 좋겠는데, 사람마다 가정마다 소득 수준과 형편이 다르니 모두 다 그렇게 할 수는 없을 것이다. 그래서 중요도에 따라 보험에 가입하고, 부족한 부분을 대체하는 방법까지를 5단계로 나누었다. 각자 형편에 따라 보험에 가입할 수 있도록 정리했으니 본인에게 가장 적합한 단계를 참조해 방향을 잡아보자. 가장 어려운 형편일 때 보험을 준비하는 방법이 1단계다.

1단계. 단독 실비보험만 가입

주위를 둘러보면 힘들고 어려운 사람도 많다. 누구나 그런 시기를 거칠 수 있는데, 보험을 들어놓고도 보험료 납부를 못 해 실효되는 바람에 막상 중요한 순간에 기본적인 치료비도 감당하기 힘든 안타까운 사연도 드물지 않다. 지금 당장 형편이 어려워도 병원 치료비를 감당할 정도의 보험은 꼭 필요하다. 크게 부담스럽지 않으니 몸 어딘가가 아프기 전에, 가능한 한 젊었을 때 실비보험 하나만큼은 꼭 가입하자.

여기서 말하는 것은 실비만 단독으로 가입하는 '단독 실비보험'이다. 다행히 현재 가입할 수 있는 4세대 실비보험은 실비보험에만 단독으로 가입하게 되어 있다. 실비와 함께 여러 가지 진단비나 입원비, 수술비 등의 특약이 함께 들어 있는 보험은 단독 실비보험이 아니라 '종합보험'이다. 이 2가지를 헷갈리지 말자. 4세대 실비보험의 대략적인 보험료 수준은 다음과 같고, 보다시피 아주 저렴하다.

20세 기준	남성 월 6,000원	여성 월 5,000원
30세 기준	남성 월 8,000원	여성 월 9,000원
40세 기준	남성 월 10,000원	여성 월 12,000원
50세 기준	남성 월 16,000원	여성 월 20,000원
60세 기준	남성 월 27,000원	여성 월 30,000원

형편이 어려워도 자녀를 위한 저축보험, 연금보험, 암보험은 다 가입하면서 정작 가장 중요한 실비보험은 놓치는 사람이 있다. 가장 중요한 것은 누가 뭐래도 실비보험이다. 다른 보험은 다 감액하거나 해지하더라도 저렴한 단독 실비보험은 꼭 최우선으로 가입해야 한다.

알아둘 것이 있다. 단독 실비보험은 보험설계사에게 지급되는 수당이 매우 작다. 보험회사에서도 손해율이 크다 보니 현장에서는 다른 보험상품 하나씩을 끼워파는 분위기다. 실비보험만 따로 가입하기가 쉽지 않으니 지금 건강하고 특별히 과거 병력이 없다면 '보험다모아'를 통해 온라인으로 가입하는 방법을 추천한다.

2단계. 단독 실비보험 + 온라인 암보험

단독 실비보험은 있지만 3대 질병 진단비 보험까지 가입하기 어렵다면, 온라인 암보험 하나만 추가하자. 암·뇌·심 3대 질병 중에서도 암 발병률이 가장 높으니 일단 암 진단비라도 준비하는 게 좋다. '보험다모아' 사이트를 통해 온라인 암보험에 가입할 경우, 일반암 진단비 1천만 원에 가입하는 데 필요한 비용은 다음과 같다.

일반암 진단비 1천만 원 가입 예시금액(80세 만기, 전기납, 비흡연체 기준)		
20세 기준	남성 월 3,000원	여성 월 2,000원
30세 기준	남성 월 4,000원	여성 월 3,000원
40세 기준	남성 월 6,000원	여성 월 4,000원
50세 기준	남성 월 9,000원	여성 월 5,000원
60세 기준	남성 월 13,000원	여성 월 7,000원

30세 남성이 일반암 진단비 3천만 원을 준비하는 데 필요한 월 보험료는 12,000~13,000원 수준에 불과하다. 50세 여성도 3천만 원을 준비하는 데 15,000~16,000원 수준의 보험료면 충분하다. 내 형편에서 꾸준히 낼 수 있는 보험료인지를 따져본 후, 그 금액에 맞는 진단비를 선택해 가입하자.

3단계. 핵심보험 2+1(실비 + 3대 질병 진단비 + 정기보험)

보험료를 못 내서 실효시킬 정도가 아니라면 기준은 핵심보험 2+1 전략이다. 기본적으로 실비보험과 3대 질병 진단비 보험에 가입한다. 여기에 어린 자녀가 있거나 배우자에게 사망보험금이 필요하다면 저렴한 온라인 정기보험에 가입하자.

만약 이미 보험에 가입되어 있다면 앞에서 배운 대로 불필요한 보험이나 특약은 가능한 한 모두 해지한다. 보험의 납입기간이 이미 끝났거나 거의 끝나간다면 굳이 해약할 필요 없다. 하지만 아직 납입기간이 10년 이상 남았다면 미련 없이 해지하고, 병력이나 나이 때문에 새로운 보험 가입이 어려워지기 전에 중요한 핵심보험 위주로 적절히 리모델링하는 것이 좋다. 3단계에서는 상해 후유장해나 질병 후유장해 담보까지도 필요 없다. 3대 질병 진단비에 집중하는 게 낫다. 보험회사마다 최소로 요구하는 상해 후유장해나 상해사망 의무담보는 어쩔 수 없지만, 그 외에는 3대 질병 진단비에 집중하자.

4단계. 핵심보험 + 후유장해

조금 더 여유가 있다면 3대 질병 진단비 보험에 가입할 때 질병 후유장해, 상해 후유장해 특약을 추가한다. 후유장해 담보는 보장범위가 넓은 것이 장점이다. 신체의 거의 모든 부분, 심지어 정신적인 장해까지도 보장하는 폭넓은 보장범위를 자랑한다. 온라인 상품에서는 후유장해를 추가할 수 있는 상품이 많지 않고 원하는 대로 금액을 조정하기도 어렵다. 따라서 설계사를 통해서 가입하는 3대 질병 진단비 보험에, 상해 후유장해와 질병 후유장해를 추가하는 것이 좋다.

상해 후유장해를 추가하면 같은 금액의 상해사망 담보를 함께 가입해야 하는 회사도 있다. 예를 들어 상해 후유장해를 1억 원 가입한다고 할 때, 상해사망 보험금 1억 원을 추가해야 하는 식이다. 이미 별도의 정기보험을 통해 사망보험금을 준비했다면 중복되니 아쉬운 비용일 수 있지만, 상해 쪽 담보는 저렴하므로 그대로 가입해도 괜찮다.

치매 대비를 위해서라도 질병 후유장해를 넣을 수 있으면 좋다. CDR 척도별로 40~100%까지 후유장해 보험금을 받을 수 있다. 인공 관절 삽입 수술을 하면 20%의 후유장해를 받을 수 있고, 양쪽이면 40%를 받을 수 있다. 영구적 장해가 발생한 안타까운 상황에 닥쳤을 때, 조금이라도 재정적 도움을 받을 수 있는 여러모로 효율적이고 가성비 좋은 담보다.

5단계. 핵심보험 + 후유장해 + 진단비 추가

4단계보다 더 여유가 된다면 진단비를 올리면 좋다. 암 진단비 3~5천만 원, 뇌졸중, 급성심근경색 진단비 각각 2~3천만 원, 정기보험 사망보험금 1억 원을 기본으로 두고, 여기에 필요한 만큼의 진단비를 상향하면 되겠다. 단, 여유가 된다고 불필요한 보험이나 특약에 더 가입하거나, 진단비를 무작정 많이 올릴 필요는 없다. 보험에 너무 집중하지 말고 더 중요한 인생의 다른 목적자금 마련에 쓰자.

이 5단계와는 별개로, 핵심보험 2+1은 아니지만 운전을 한다면 저렴하게 온라인 운전자보험에 가입하면 좋다. 그리고 자녀가 있다면 자녀를 위한 실비보험 + 온라인 태아보험/어린이보험 정도까지 준비하면 좋겠다. 마지막으로, 월 보험료 1천 원 정도면 가입이 가능한 가족 일배책 특약도 가족당 2개 정도는 가입하면 좋다. 3대 질병 진단비 보험 가입할 때 추가해도 좋고, 운전자보험 또는 자녀 태아/어린이 보험에 넣어도 된다.

part
5

보험 Q&A
헷갈리면
나만 손해다

보험에 관련된 유튜브 채널을 운영하다 보니 '아, 이런 것도 헷갈리는구나!' 싶을 정도로 다양한 질문을 만나곤 합니다. 5부에는 그중 가장 자주 접하고, 정확히 전달해야 할 내용을 따로 뽑아 Q&A 형식으로 담았습니다.
애매하게 알고 있던 걸 정리하는 기회로 삼아보세요.

Q.
순수보장형 상품은
보험 약관대출이
어렵다는데?

　살다 보면 누구나 재정적으로 어려운 상황이 생긴다. 급전이 필요할 때 이곳저곳 헤매다가 결국 가입한 보험에서 약관대출을 받기도 한다. 내가 가입한 보험에 적립금이 충분히 쌓여 있으면 보험사별로 해지환급금의 50~80% 선에서 대출해주는데, 순수보장형 상품은 이런 약관대출을 받기가 어렵다. 보험료 대부분이 보장에만 쓰여서 적립보험금이 거의 쌓여 있지 않기 때문이다.

　그러나 약관대출이 안 된다고 너무 아쉬워하지는 말자. 순수보장형의 최대 장점이 무엇인가? 보험료가 보장에만 사용되어 매우 저렴하다는 것이다. 이 장점을 누리는 대가로 작은 희생을 치른다고 보면 될 것 같다. 보험은 지출이고 비용이다. 보험을 통해 저축하지 말자고 했다. 효율 낮은 적립보험료를 쌓아가면서 비싼 만기환급형 상품에 가입할 이유가 없다.

약관대출에 의지할 정도의 어려운 상황이 되지 않도록, 필요 없는 특약을 빼거나 보험을 정리해 보험료를 낮추고 다른 저축과 투자를 병행해 평소에 자산을 잘 키워나가자. 절약한 보험료를 그대로 생활비로 쓰지 말고, 미래를 위해 차근차근 잘 모으는 게 중요하다. 모든 여유자금을 다 투자에 쓰지 말고, 급히 써야 할 비용에 대비해 따로 예비비도 준비하자.

그런데 아무리 순수보장형이라고 해도 보험료의 극히 일부는 적립보험료로 들어가고, 그동안 납입해서 쌓여 있던 금액에 어느 정도의 이자도 붙기 때문에 약간의 해지환급금이라도 있지만, 무해지 환급형 보험은 이보다 더하다. 납입 도중에 해지하면 환급금이 아예 없는 상품이라 약관대출 자체가 불가능하다. 장점이 있으면 단점도 있는 법이다.

Q.
보험금 청구는
언제 하는 게
좋을까?

결론부터 말하면 보험금 청구, 함부로 하면 안 된다. 특히 향후 보험 리모델링 계획이 있다면 모든 보험이 잘 가입된 후에 청구하자. 살다 보면 기존에 가입한 보험에 부족한 점이 보이기도 하고 리모델링을 하고 싶을 때도 있다. 그러나 과거에 보험금을 청구한 이력이 있다면 그것 때문에 새로운 보험 가입에 제한이 되는 경우가 많다. 보험사 간에 보험금 청구 이력을 전산으로 공유하는 ICIS(구 ICPS) 시스템 때문이다.

새 보험에 가입할 때 가입자는 병력 고지의무가 있고, 의무 병력 고지 요구 기간은 5년 전까지다. 그러나 과거에 보험금을 청구한 이력이 있으면 새로 가입하려는 회사의 전산 시스템에 나타나고, 새 보험사에는 그와 관련한 추가 고지를 요구하는 경우가 생긴다. 5년 이내 병력 고지의무에도 해당하지 않고, 5년이 훌쩍 지나 아예 고지 조건에 해당하지 않는 사항이라도 추가 고지를 해야 하는 다소 불합리해 보이는 상황이 자주 생기고 있다. ICIS 시스템은 타사의 보험금 청구 이력을 보고, 가입자의 보험 사기 가능성을 막기 위해 개발된 것인데, 본래의 목적과는 다르게 실제로는 가입자의 추가 병력 확인 용도로 사용되고 있는 셈이다.

안타깝지만 현실이 그러니 어쩔 수 없다. 보험가입자가 잘 알고 대응하면 된다. 보험금 청구 소멸 시효는 3년이다. 치료받고 바로바로 보험금을 꼭 청구하지 않아도, 3년 안에만 하면 보험금을 받을 수 있다는 말이다. 보험금 청구 전에 내가 가입한 보험에 문제는 없는지 보강할 것은 없는지 잘 살피고, 부족하거나 잘못된 것이 보이면 이 책의 내용을 참고해 적절하게 리모델링을 하자. 그 후 '이 정도면 모든 보험 가입이 잘 끝났지'라는 확신이 든다면, 그때부터는 보험금 청구를 자유롭게 해도 된다.

ICIS로 전산이 공유되는 보험회사는 케이스 바이 케이스로 모두 다르다. 모든 보험회사가 모두 타사의 데이터를 똑같이 공유하는 것은 아니다. 보험가입자가 보험에 가입할 때 어떤 보험회사에서는 고지 요구를 해도, 또 다른 보험회사에서는 하지 않을 수 있다. 전산에 뜨지 않기 때문일 수도 있고, 심사 기준이 다를 수도 있다. 따라서 보험에 가입할 때, 과거 보험금 청구력 때문에 한 회사에서 보험 가입이 제한되었다고 하더라도 바로 포기하지 말고, 또 다른 회사 몇 군데에도 심사를 더 넣어보는 것이 좋다.

안 받아도 될 작은 보험금을 청구하는 게 알뜰한 것 같겠지만, 나중에 다른 보험에 가입할 때 제한받는 일이 발생하지 않도록 앞으로는 신중했으면 좋겠다.

O. 보험금 청구는 언제 하는 게 좋을까?

작은 보험금 한두 푼 받으려고 보험에 가입하는 것이 아니다. 너무 작은 보험금 청구에 연연하지 말고 먼저 내 보험이 잘 구성되어 있는지 정비하는 데 더 힘써보자.

Q.
내 보험이 어떤 상태인지 복잡할 땐?
보험 한 장으로
정리하기

상황에 따라 이런저런 보험에 가입한 건 좋은데, 내 보험이 어떤 상태인지를 한 번에 검토하기가 굉장히 어렵다는 문제가 생긴다. 이럴 때는 내가 가입한 보험 리스트를 종이 한 장이나 엑셀 한 페이지로 정리해보자.

처음 정리할 때 좀 귀찮고 시간이야 좀 들겠지만 한 번만 해놓으면 크게 복잡하지 않게, 필요한 사항이 잘 보인다. 엑셀을 사용하면 각 항목을 쉽게 넣고 뺄 수 있어 편하다. 대단한 엑셀 실력이 필요한 게 아니니 이 정도는 간단히 배울 수 있다. 한눈에 보장을 살펴보기에도 좋고, 시간이 지난 후 보험 리모델링을 해야 할 때도 유용하다. 지금부터 엑셀을 이용해 한 장으로 정리하는 방법을 알아보자.

항목	구분	실비 보험 (I)	3대 질병 진단비 보험 (I)		온라인 정기보험 (+1)	최종합계
		실손의료비보험	3대질병진단보험	온라인 암보험	온라인 정기보험	
항목	보험회사					
	보험이름	실손의료비보험	3대질병진단보험	온라인 암보험	온라인 정기보험	
	피보험자	-	-	-	-	
	설계사/담당자	온라인	GA설계사	온라인	온라인	
	가입일	2023. 4. 8.	2023. 4. 8.	2023. 4. 8.	2023. 4. 8.	
	납입기간	1년갱신(5년 후 재가입)	30년납	전기납 80세	전기납 60세	
	보장기간	100세	80세	80세	60세	
	특징 / 진단	4세대 실비	무해지, 손보사	온라인 생명사	온라인 생명사	
월보험료	총납입보험료		18,291,600	5,626,800	3,000,000	합계
	월보험료	9,800	50,810	10,420	10,000	81,030
사망보장	상해 / 재해 사망보험금				1억	1억
	질병 / 일반 사망보험금				1억	1억
실비	상해 급여 의료비	5,000만(1년 갱신, 100세)				5,000만(1년 갱신, 100세)
	질병 급여 의료비	5,000만(1년 갱신, 100세)				5,000만(1년 갱신, 100세)
	(특약) 상해 비급여 의료비	5,000만(1년 갱신, 100세)				5,000만(1년 갱신, 100세)
	(특약) 질병 비급여 의료비	5,000만(1년 갱신, 100세)				5,000만(1년 갱신, 100세)
	(특약) 3대 비급여	350만/300만/250만(1년 갱신, 100세)				350만/300만/250만(1년 갱신, 100세)
암진단비	고액암 진단			+2,000만		+2,000만
	일반암 진단		3,000만(유사암 제외한 모든)	2,000만(유사암 제외한 모든)		5,000만
	유사암/소액암 진단		600만	유방/전립선암 400만 소액암 200만		800만
2대 진단비	뇌졸중(뇌출혈/뇌경색포함)		3,000만			3,000만
	급성심근경색증		3,000만			3,000만
후유장해	질병후유장해(80%이상)		3,000만			3,000만
	질병후유장해(80%미만)		3,000만 × 장해율			3,000만 × 장해율
	상해후유장해(80%이상)		1억			1억
	상해후유장해(80%미만)		1억 × 장해율			1억 × 장해율

35세 사무직 기혼 남성 보험 가입 예시

249

구분		
항목	보험회사	
	보험이름	
	피보험자	
	설계사/담당자	
	가입일	
	납입기간	
	보장기간	
	특징/진단	
월보험료	총납입보험료	
	월보험료	
사망보장	상해/재해 사망보험금	
	질병/일반 사망보험금	
실비	상해급여의료비	
	질병급여의료비	
	(특약) 상해비급여의료비	
	(특약) 질병비급여의료비	
	(특약) 3대 비급여의료비	
암 진단비	고액암 진단	
	일반암 진단	
	유사암/소액암 진단	
2대 진단비	뇌졸중(뇌출혈/뇌경색 포함)	
	급성심근경색증	
후유장해	질병후유장해(80% 이상)	
	질병후유장해(80% 미만)	
	상해후유장해(80% 이상)	
	상해후유장해(80% 미만)	

① 먼저 각 항목을 구분해야 한다. 보험회사, 보험이름, 피보험자, 설계사, 가입일, 납입기간, 보장기간, 특징, 총납입보험료, 월 보험료를 나눈다.

② 그 아래는 5가지 핵심 담보를 넣자. 크게 사망보장, 실비, 암 진단비, 2대 진단비, 후유장해로 구분해 놓았다. 가족 일상생활배상책임 특약은 운전자보험이나 화재보험에도 추가하기 때문에 이 목록에는 빼놓았다. 나한테 꼭 필요하다면 한 줄 더 추가하면 된다.

사망보장 상해/재해 사망보험금과 질병/일반 사망보험금으로 구분한 후 가입금액 그대로 입력하면 된다. 정기보험이라면 상해/재해나 질병/일반 사망과 상관없이 사망하면 무조건 받는 보험금이므로 구분 없이 표기한다.

실비보험 주계약인 상해급여, 질병급여와 특약인 상해비급여/질병비급여/3대 비급여를 표기한다. 예시는 4세대 실비보험 기준인데, 각자 가입한 1~4세대별 보장을 여기에 입력하면 된다.

암 진단비 일반암과 고액암, 유사암(소액암) 진단비로 나눈다.

2대 진단비 암을 따로 뽑았으니 여기에는 뇌졸중과 급성심근경색 진단비만 기록한다. 상황에 따라 내 보험이 뇌출혈이나 뇌혈관질환, 허혈성 심장질환 진단비 담보로 구성되어 있다면 그렇게 반영하면 된다.

후유장해 상해와 질병 후유장해로 구분하고, 다시 80% 이상의 고도 후유장해와 80% 미만의 일반 후유장해 금액으로 구분한다.

③ 이렇게 큰 틀을 만든 다음에 보험증권을 꼼꼼히 보면서 내가 가입한 보험 종류와 보장금액을 오른쪽에 하나씩 채워 넣는다. 각 보험의 월 보험료를 입력하면 오른쪽 끝에 월 보험료 총합이 자동으로 계산되도록 엑셀 덧셈 수식을 이용했다. 본인과 배우자, 자녀들의 보험도 같은 방법으로 정리해서 각 Sheet로 분류한 후 엑셀 파일 하나에 저장해 놓으면 간단하다.

주변 사람들의 보험증권을 보면, 이 표에 없는 수많은 특약이 가득하다. 각각의 보험료가 딱히 비싸지 않으니 '일단 가입해 놓으면 나쁠 것 없지, 뭐'라고 생각하겠지만 이런 작은 특약들이 모여 큰 보험료가 된다. 군더더기 없이 꼭 필요한 특약만 집중해서 가입하고 깔끔하게 정리해 놓자. 관리도 편하고 알아보기도 쉽다.

필자를 포함해 필자 주변 사람들은 이렇게 보험 리스트가 간단하다. 유튜브 구독자들도 이미 이 파일을 공유해서 많이들 이런 식으로 관리하고 있다. 핵심보험 2+1에 몇 가지 자신만의 옵션을 추가하면 보험은 그것으로 끝이다. 불필요하게 많은 보험과 여러 특약에 미련을 가질 필요가 없다.

또 가입한 보험상품별로 폴더를 만든 후 상품설명서나 보험증권, 청약서, 약관 등을 보험사 홈페이지에 들어가 내려받거나 스캔, 스마트폰으로 찍은 후 파일로 만들어 컴퓨터에 저장하는 방법도 추천한다. 추후 보험을 검토할 일이 생기거나 보험금 수령을 위해 증권을 확인해야 할 때 편하다.

Q.
내 실비는 몇 세대?
1~4세대 실비보험 비교

　　실비보험은 가입 시기에 따라 세대를 나누고, 현재는 4세대다. 시기별로 보장 및 특징이 모두 다른데, 사실 처음 아무것도 모르고 보험설계사나 지인이 시키는 대로 보험에 들었다면 내 보험이 몇 세대인지 어떤 특징이 있는지도 모를 수 있다.

　　매달 돈이 들어가는데 내가 구입한 상품이 뭔지도 모른다는 건 심각하다. 큰 특징 위주로 간략하게라도 알고 있어야 최대한 길게 실비보험을 유지할 방법을 찾을 수 있다. 실비보험은 가입자에게 가장 핵심적이고 중요한 보험이기 때문이다. 다음은 각 세대의 특징과 차이를 표로 만든 것이다.

구분	표준화 이전	표준화 이후		신실손	
세대 구분	1세대	2세대		3세대	4세대
시점	~2009. 10.	2009. 10.~	2013. 4.~	2017. 4.~	2021. 7.~
자기부담금	0%	10~20%		10~20% (비급여 특약 30%)	급여 : 20% 비급여 : 30%
갱신 및 재가입 주기	1년/3년/5년 갱신	3년갱신	1년갱신/15년재가입		1년갱신/ 5년재가입
보험기간	80세/100세	100세(주계약 보험 기간 한도 내)			
특징 1	-	입원 시 연간 자기 부담금 200만원 한도 적용 (*4세대는 급여에만 해당)			
특징 2	보장 : ● 보험료 : ● 보험료 인상폭 : ● 장기 유지 가능성 :● 일부 80세 만기	보장 : ● 보험료 : ● 보험료 인상폭 : ● 장기 유지 가능성 :●		보장 : ● 보험료 : ● 보험료 인상폭 :● 장기 유지 가능성 :●	보장 : ● 보험료 : ● 보험료 인상폭 : 장기 유지 가능성 :●

● 보험 가입자에게 유리
● 보험 가입자에게 보통
● 보험 가입자에게 불리

세대별 실손의료보험 특징 및 보장 비교

상식적으로 알고 시작할 것이 있다. 실비보험은 모두 갱신형이고, 비갱신형은 없다. 2세대 표준화 이후 실비보험부터 보장 내용은 세대별 차이만 있을 뿐 보험회사에 따라 다르지 않고 모두 같다. 또 2021년 7월부터는 4세대 실비에만 가입할 수 있다.

1세대, 2세대 실비보험의 가장 큰 특징은 '좋은 보장'이라고 생각하면 된다. 자기부담금이 아예 없거나 10~20% 내외라서 전체 병원 치료비 중 내가 내는 금액이 상당히 적다. 예를 들어 내가 낼 병원 치료비가 10만 원이 나왔다면 1세대는 한 푼도 들지 않고, 2세대는 1~2만 원만 내면 된다(소액의 공제금 제외). 그 대신 보험기간이 80세 만기로 짧은 상품도 있고, 좋은 보장만큼 보험료도 비싸다. 게다가 보험회사의 손해율이 극심해서 갱신될 때마다 보험료 인상 폭이 매우 크다. 특히 60세 이후로는 갱신되는 보험료를 감당하기 어려울 정도로 비싸질 수 있으니, 보장보다 긴 유지를 원하는 가입자라면 실손 전환제도를 통해 4세대 실손이나 노후 실손으로 전환하는 것이 좋다. 내가 가입한 보험회사나 설계사에게 전화해 '실손 전환하고 싶다'라고 말하면 된다. 자세한 방법은 뒤에서 확인하자.

3세대 실비보험은 '착한 실비'라고 부를 만큼 보험료가 저렴하고 보험료 인상 폭도 적다. 이게 가능한 것이 비급여 중 보험사 손해율이 큰 3가지 항목을 자기부담금 30%로 높여 특약으로 분리했기 때문이다. 15년마다 재가입되며, 100세 보장을 받을 수 있다. 개인적으로 생각하기에 보장도 나쁘지 않고 보험료 수준도 적당한 가장 메리트 있는 실비보험이다. 안타깝게도 지금은 판매가 종료되어 가입할 수 없다.

4세대 실비보험부터는 자기부담금이 더 높아지며 보장은 줄어든다. 이전과는 다르게 비급여 이용량에 따라 보험료에 할인, 할증이 개인별로 차등 적용된다는 특징이 있다. 비급여 치료의 과잉을 막으려는 조치로 보면 되겠다. 비급여를 급여에서 분리하고, 비급여 이용량을 관리하다 보니 연간 자기부담금 한도 200만 원 규정도 비급여에서는 사라졌다. 나쁜 것만 있는 건 아니다. 보장이 줄어든 대신 보험료도 더 낮아져, 3세대 착한 실비보다도 10% 이상 싸다. 보장은 좀 작아도 실비보험을 길게 유지하고 큰 위험을 대비하고자 하는 가입자에게 적합하다. 지금 가입할 수 있는 건 이 4세대뿐이다.

다시 말하지만 보험가입자에게 가장 중요한 것은 실비보험이다. 언제 어떤 사고와 질병이 발생할지 모르는 일이라 실비보험의 공백은 한순간도 없어야 한다. 1~4세대 실비 중 어떤 것이든 가족 모두가 하나씩은 꼭 가입하고 있어야 한다. 요람에서 무덤까지, 즉 태아 실손부터 노후 실손까지 우리와 평생 함께할 실비보험에 대해 잘 알고 활용할 줄 아는 현명한 보험가입자가 되자.

Q.
4세대 실비보험,
왜 그리들 말이 많은지?

2021년 7월 1일에 4세대 실비보험이 출범했다. 말도 많고 아쉬운 점도 많지만, 새로 개정된 만큼 가입자 관점에서 어떤 부분이 바뀌었는지 잘 알고 현명하게 대응할 필요가 있겠다. 4세대 실비보험이 출시되었으니 앞으로는 1~3세대 실비보험은 판매가 종료되어 더이상 가입할 수 없다. 2021년 7월 이후 모든 신규 실비보험 가입자는 4세대 실비보험에 가입해야 한다. 유병력자나 노후 실손보험은 세대별 구분이 없이 모두 한 상품뿐이라 이번 개정과는 아무 상관이 없다. 1~3세대 실비보험 가입자가 실손 전환을 할 때도 4세대 실비보험으로만 가능하다.

4세대가 이전 세대와 가장 큰 차이는 비급여 이용량에 따라 할인이나 할증이 적용된다는 점이다. 과거에는 누군가 아무리 보험금을 많이 청구해도, 그 가입자만 보험료가 오르진 않았다. 전체적인 손해율을 반영해서 가입자 전체의 보험료가 함께 오르는 구조였다. 그러나 4세대 실비에서는 각자의 비급여 이용량에 따라 보험료가 많게는 4배 수준까지 오를 수 있다. 쉽게 말해 비급여 치료를 많이 받는 사람의 보험료를 많이 받겠다는 뜻이다. 이게 뭔가 싶겠지만, 보험료 할증을 적용받는 사람은 전체 가입자의 1.8% 수준에 불과하다. 나머지 대부분은 그대로 유지되거나 5% 이내에서 할인까지 받을 수 있으니 병원에 자주 가지 않는 사람이라면 오히려 혜택을 볼 수도 있다.

또 급여 부분의 보장이 일부 강화된다. 시대의 흐름에 따라 불임 관련 질환, 선천성 뇌 질환, 치료 필요성이 인정되는 피부질환 등에 대한 보장이 확대된다. 그런데 그 외에는 대부분 보장이 나빠지는 쪽이다. 자기 부담률이 급여 20%, 비급여 30%로 늘어나 가입자의 병원 치료비 부담이 늘어나게 되었고, 비급여 통원 공제금액도 최소 3만 원으로 늘어난다.

그리고 15년이었던 재가입 주기가 5년으로 줄어들어 가입 후 5년이 지나면 그때 당시 시중에 판매되는 실손으로 자동 재가입된다. 쉽게 말해 재가입 시점인 5년 후에 5세대 실비가 판매되고 있다면 보장이 더 작아졌더라도 자동으로 재가입된다는 말이다.

◆ 실손보험의 보장 합리화를 위해 보험금 누수가 큰 비급여에 대해 특약으로 분리

구 분	급여(주계약)	비급여(특약)
기본 방향	필수 치료인 만큼 보장 확대	보험금 누수 방지 및 소비자의 합리적 의료이용 유도 → 가입자간 보험료 부담 형평성 제고
보장 범위	① 불임관련 질환 보장 확대 ② 선천성 뇌질환 보장 확대 ③ 치료 필요성이 인정되는 피부 질환 등 보장 확대	① 도수치료 보장범위 제한 ② 비급여 주사제 보장기준 정비
보험료 할인·할증	2년 무사고 할인 10%	의료이용량에 따른 개별 보험료 할인·할증 + 2년 무사고 할인 10%
자기 부담률	(현행) 10%/20% → (변경후) 20%	(현행) 20%/30% → (변경후) 30%
통원 공제 금액	· (병·의원) 1만원 → 1만원 · (상급·종합) 2만원 → 2만원 · (처방조제) 0.8만원 → 없음	병·의원 구분없이 최소 3만원
재가입 주기	의료환경 변화에 효율적으로 대응하기 위해 재가입주기 단축 (현행) 15년 → (변경후) 5년	

4세대 실손보험 상품의 구조 개편(출처: 금융감독원)

※ 기존 실손보험과의 보험료 비교 예시(40세(남자) 기준, 월보험료(원))

상품종류	현행 보험료 ('21.6월 기준)	4세대 보험료	보험료 차이 (현행대비)
1세대 ['09.9월 이전]	40,749		- 28,767 (70.6% ↓)
2세대 ['09.10월~'17.3월]	24,738	11,982	- 12,756 (50.6% ↓)
3세대 ['17.4월~'21.6월]	13,326		- 1,345 (10.1% ↓)

* 손해보험 10개사 보험료 평균

4세대 실손보험 보험료 비교 예시(출처: 금융감독원)

O. 4세대 실비보험, 왜 그리들 말이 많은지?

전체적으로 보장이 줄어드는 대신 좋은 것도 있는데 보험료 수준이 많이 낮아졌다. 1~2세대 실비보다 훨씬 낮아진 3세대 실비보다도 더 저렴하다. 정확히는 1세대 실비보험의 약 70%, 2세대 실비보험의 50%, 3세대 실비보험보다는 10%가량 더 저렴하다.

따라서 노후에 보험료가 부담스러운 1~2세대 가입자라면 '실손 전환제도'를 통해 4세대 실비보험으로 전환할 수 있다. 실손 전환제도를 통하면 지금까지의 치료이력, 보험금 청구력 등에 상관없이 무심사 조건으로 전환할 수 있다는 장점이 있다. 단, 전환하는 실비 보장이 확대되는 부분에 한해서는 심사한다. 이전의 병력 때문에 실비보험을 해지하고 새로 가입하기 어려운 기존 실비보험 가입자라면 부담보 없이 실비보험을 전환할 수 있는 좋은 제도다.

보장이 많이 줄어들기 때문에, 현재 가입된 보험료가 부담스럽더라도 4세대로 전환하기 전에 실익을 잘 따져봐야 한다. 1~2세대 가입자가 현재의 보험료 수준을 유지할 수 있는 상황이라면, 또는 비급여 치료가 많은 질환을 치료 중이라면 현재의 실비보험을 유지할 수 있을 때까지 계속 유지하는 것이 좋을 수 있다. 그러다가 나중에 도저히 유지가 어려운 수준으로 비싸지면 그때 4세대나 5세대 실비보험, 노후 실비보험으로 전환을 진행하면 된다.

2~3세대 중에서도 1년 갱신 15년 재가입 상품에 가입되어 있다면 15년 후에는 자동으로 당시의 실비로 재가입된다. 그냥 유지해도 좋고, 형편상 현재의 보험료가 크게 부담스럽다면 지금 바로 4세대 실비나 노후 실비보험으로 전환할 수도 있다.

4세대 실비가 출범하면서 보장이 작아지자 많은 보험가입자의 안타깝고 불만 섞인 목소리가 나오고 있다. 그러나 현 상황에서 선택할 수 있는 최선의 길을 찾을 수밖에 없다. 어쨌든 여전히 실비보험은 삶의 여러 큰 위험을 막아줄 가장 중요하고 가성비 높은 보험이라는 건 변함 없으니, 실비보험을 최대한 길게 잘 유지할 수 있는 방법을 찾는 게 중요하다.

< 상품구조 개편안(주요내용) >

구분		현 행('3세대실손)	개 정('4세대실손)
상품구조		급여·비급여 통합 + 비급여 3개 특약	급여(주계약)·비급여(특약) 분리
자기 부담률	급여	10% / 20%	20%
	비급여	20% (특약 : 30%)	30%
공제 금액 (통원)	급여	최소 1~2만원 (처방 0.8만원)	최소 1만원(병·의원급)/최소 2만원(상급·종합병원)
	비급여		최소 3만원
재가입주기		15년	5년
보험료 할인·할증		2년 무사고할인 10%	2년 무사고할인10% + 비급여 개별 할인·할증(3년 후 적용)

4세대 실손보험 상품구조 개편안(출처: 금융감독원)

Q. 4세대 실비보험, 왜 그리들 말이 많은지?

Q.
실비는 자꾸 올라서
길게 유지하지 못한다는데?

국민건강보험을 제외하고, 우리가 가입하는 보장성 보험 중 가장 중요하고 압도적으로 효율적인 보험은 단연 실비보험이다. 자세히 들어가면 들어갈수록 가성비가 좋고, 가입자에게 유리하다. 그러다 보니 보험회사에서는 실비보험 손해율을 들어 보장은 줄이고 보험료는 높이려고 애를 쓴다. 매년 적자라고 외치며 열심히 판매하려고 애쓰지도 않는다. 실제로 관련 업계 사람들도 실비보험의 효용과 가치에 대해 적극적으로 이야기하는 사람이 드물다. 보험회사도 보험설계사도 팔아봤자 크게 도움 될 것이 없다. 겨우 1~2만 원 정도인 4세대 실비보험 하나 판매해봐야 설계사 수당도 거의 나오지 않으니 돈도 안 되고 귀찮기만 한 상품일 수 있겠다.

그러나 예상치 못한 큰 사고나 질병을 당해본 사람은 잘 안다. 이 실비

보험 하나가 있고 없고에 따라 내가 내야 하는 병원비에 얼마나 큰 차이가 있는지 말이다. 가정 재정이 크게 흔들릴 뻔한 위기를 국민건강보험과 실비보험이 막아준 수많은 사례가 있고, 그 사람들은 한결같이 '실비보험 하나 정도는 꼭 가입해야 한다'라고 말한다. 사람들이 실비보험의 힘과 넓은 보장범위를 잘 알아갈수록 일부 설계사들은 위기감을 느끼는 듯하다. 보험 가입자가 자꾸 다른 보험을 축소하거나 해지하기 때문이다.

일부 설계사들은 실비보험 무용론을 펼친다. 예전에는 실비보험에 대해 잘 언급하지도 않고 다른 보험 판매에만 열을 올리더니, 이제는 그렇게까지는 할 수 없고 '실비보험은 길게 유지하지 못하는 보험이다'라는 쪽으로 방향을 바꾼 분위기다. 나중에 실비보험료가 많이 올라 결국 유지하지 못하고 해지하게 될 테니 그때를 위해서라도 다른 보험으로 더 튼튼히 잘 준비해야 한다는 논리다. 얼핏 들으면 상당히 합리적이라 별도의 보험을 꼭 더 가입해야 할 것 같은 생각도 든다. 진짜 문제는 그 말을 듣고 다른 보험을 부담스러운 금액으로 가입하는 사람에게 생긴다. 설계사의 말에 겁을 먹은 만큼 그 의도대로 휘둘릴 수밖에 없다. 결국 다른 보험을 추가로 가입하게 되고, 그 가정의 보험료 수준은 다시 높아진다. 가정 재정에 어려움이 닥치면 결국 유지하지 못하고 손해 보며 해지하는 악순환이 발생하고, 이에 대해 책임지는 설계사는 단 한 명도 없다. 끝까지 유지하지 못한 건 보험 가입자 책임이라며 말이다.

실비보험을 최대한 길게 유지할 수 있는 방법이 있다. 보장이 줄어드는 건 감수해야 하지만, 적어도 실비보험이 없어서 큰 위험에 빠질 걱정은 덜 수 있다. 일단은 현재 실비보험을 유지하다가 갱신된 보험료가 부담되

Q. 실비는 자꾸 올라서 길게 유지하지 못한다는데?

는 시점에 4세대 실비나 노후 실비보험으로 전환하면 된다. 실손 전환제도를 통해 1세대 실비에서 4세대 실비로 전환하면 보험료 수준은 최대 1/3 이하로 낮아진다. 2세대 실비에 비해서도 절반 수준으로 낮아진다.

가 실손보험 상품구조 개선

◆ 상품구조 변경으로 인한 보험료 부담 절감 및 소비자 보호 장치 마련 등
　▶ 소비자의 보험료 부담 절감
　- 3세대실손 대비 약 10%↓, 2세대 대비 약 50%↓, 1세대 대비 약 70%↓

4세대 실손보험 상품구조 개선(출처: 금융감독원)

노후 실비보험으로의 전환도 마찬가지다. 금융위원회 자료에서 보는 것처럼 70세 3세대 착한 실비보험료 46,950원(남), 51,960원(여)이 노후 실비보험으로 전환되면 30,330원(남), 27,110원(여) 수준으로 낮아진다. 보험사마다 조금씩 보험료 차이는 있겠지만 10만 원이 거뜬히 넘어가는 1~2세대 실비보다 훨씬 저렴하다.

또 실비보험은 기본 계약과 특약으로 구성되어 있으니, 보험료가 정 부담스럽다면 특약을 삭제하는 방법으로 보험료를 줄일 수도 있다. 3세대 실비의 경우, 3대 비급여 특약을 삭제하고 질병 입원/통원/약제, 상해 입원/통원/약제 담보만 끌고 갈 수 있다. 4세대 실비도 마찬가지다. 3대 비급여 특약, 상해 비급여 특약, 질병 비급여 특약 순으로 삭제하면 된다.

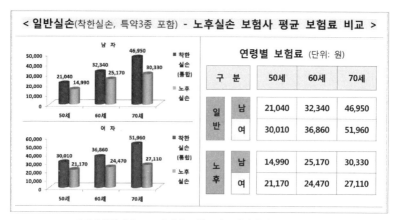

3세대 착한 실손 vs 노후 실손 보험료 비교 예시(출처: 금융위원회)

노후 실비는 다음과 같이 4가지 담보로 구성되어 있다. 위에 있는 상해형과 질병형은 기본 계약이고, 아래 요양 병원 의료비, 상급 병실료 차액 보장은 특약이다. 따라서 이 보험료도 내기가 버거워지면 아래 2가지 특약을 삭제하고, 중요한 기본계약만 길게 유지할 수도 있다.

□기본계약

종목	보장내용	가입금액(만원)
상해	피보험자가 상해로 의료기관(단, 요양병원은 제외)에 입원 또는 통원하여 치료 또는 처방조제를 받은 때	입·통원 합산 연간 1억원(단, 통원은 회당 100만원 한도)
질병	피보험자가 질병으로 의료기관(단, 요양병원은 제외)에 입원 또는 통원하여 치료 또는 처방조제를 받은 때	입·통원 합산 연간 1억원(단, 통원은 회당 100만원 한도)

□선택계약

종목	보장내용	가입금액(만원)
요양병원의료비	피보험자가 상해 또는 질병으로 요양병원에 입원 또는 통원하여 치료 또는 처방조제를 받은 때	입·통원 합산 연간 5천만원(단, 통원은 회당 100만원 한도)
상급병실료차액보장	피보험자가 상해 또는 질병으로 상급병실에 입원하여 치료를 받은 때	연간 2천만원 한도

노후 실손의료비 보험 구조 예시(출처: 손해보험 협회 공시실)

Q. 실비는 자꾸 올라서 길게 유지하지 못한다는데?

물론 3세대, 4세대, 노후 실비보험이라도, 그리고 지금까지 배운 방법을 총동원해 보험료를 최대한 줄인다고 하더라도 나이 먹을수록 보험료는 계속 올라갈 것이고, 수입이 없는 노후가 되면 당연히 부담스러워질 수 있다. 그래도 다른 보험은 몰라도 실비보험 하나만큼은 내 생애 끝까지 함께 가져가려고 애쓰는 것은 정말 중요하다. 실비보험만큼 보장범위가 넓고, 보장혜택이 막강한 민간 보험은 없기 때문이다. 다른 어떤 수술비, 입원비, 진단비 담보보다 이것이 더 값지다.

너무 겁먹지 않았으면 좋겠다. 건강보험 보장도 계속 더 좋아지고 있고, 산정특례 혜택도 좋아지며, 비급여도 점차 급여화되고 있다. 4세대 실비보험의 비급여 보장이 조금 나빠졌더라도 큰 문제 없이 잘 이겨낼 수 있을 거라는 의미다. 사실 보험 하나 없이도 잘 사는 사람도 많다. 내가 돈이 많고 자산이 많으면 보험이 무슨 필요인가? 보험에 너무 의지하지 말고, 그 시간에 내 재산을 잘 키워 더 잘 불려가는 쪽에 힘쓰자. 그리고 애초에 보험금 탈 일도 없도록 최대한 내 몸과 건강을 스스로 잘 관리해 나가는 게 최고다.

보험 리모델링,
어떻게 하는 거지?
실손 전환제도

TV나 유튜브 등을 보면 요즘 보험 리모델링에 관련된 내용을 자주 접한다. 전문가들이 나와 감탄이 나올 정도로 효율적이고 가성비 있게 리모델링을 해준다. 이대로 있으면 나만 호구가 된 것 같아 뭐라도 해보고 싶지만, 실제로 내 보험을 손대려고 하면 막막할 것이다. 이번에는 내가 가입한 보험을 직접 확인하고, 어떻게 리모델링할지를 함께 고민해보자. 지금껏 배운 내용을 적용해서 나에게 맞는 최적의 보험으로 바꿔보는 시간이다.

먼저 내가 가진 모든 보험증권을 한곳에 모아 놓고, 하나씩 꼼꼼히 살펴보자. 가지고 있는 보험증권이 너무 많다면 비효율적으로 가입되어 있을 확률이 높다. 이미 해약한 보험증권이 있다면 정신만 없으니 버려도 좋다. 가족 모두의 보험을 동시에 검토하기엔 복잡하고 혼란스러울 테니 일단 본인의 보험부터 살펴보자. 그다음에 차근차근 배우자나 자녀의 보험을 검토하면 된다.

보험 리모델링 순서

1. 내 보험은 뭐가 있지? 한 장으로 정리하기

엑셀을 다룰 수 있다면 앞의 내용을 참고해 현재 본인의 보험 리스트를 종이 한 장짜리로 정리한다. 엑셀이 낯설다면 한글이나 워드, 또는 노트에 정리해도 된다. 일단 정리하고 나면 내가 어떻게 보험에 가입되어 있는지 한눈에 보이므로 리모델링 방향을 잡는 데 큰 도움이 된다. 그렇게 보험 리스트 작성이 끝났으면 다음 사항들을 점검해보자. 지금까지 배운 내용을 잘 이해했다면 무엇이 잘못되어 있고 무엇을 개선해야 할지 차츰 눈에 보이기 시작할 것이다. 서둘지 말고 내 보험이 완전히 이해될 때까지 꼼꼼히 찾아 정리한다.

- 월 보험료 총합은 얼마인지
- 소득 대비 월 보험료 비중은 얼마인지
- 어떤 상품에 가입되어 있고, 어떤 보장에 보험이 집중되어 있는지
- 핵심보험 2+1에 모두 잘 가입되어 있는지

- 중요 보장이 부족한 건 아닌지
- 수많은 덜 중요한 특약들이 가득 들어있는 건 아닌지
- 보장기간이 80세 만기인지 100세 만기인지
- 3대 질병 진단비나 기타 특약들이 갱신형인지 비갱신형인지
- 만기환급형인지 순수보장형인지, 무해지환급형인지 등

2. 실비보험에 가입되어 있나?

가장 먼저 확인할 것은 실비보험에 가입되어 있는지를 보는 거다. 실비 특약이 빠진 종합보험에 가입되어 있으면서 본인이 실비보험에 가입된 것으로 착각하는 사람이 꽤 많다. 제일 중요한 걸 빠뜨리고 덜 중요한 것만 빵빵하게 가입한 경우라 더 큰 문제다. 상해와 질병 입원/통원/약제비가 있어야 실비가 있는 것이다. 확인해보자.

만약 실비보험에 가입되어 있지 않다면 더 생각할 것도 없다. 아픈 데 없이 건강하다면 지금 당장 실비만 가입할 수 있는 단독 실비보험에 가입한다. 어느 보험사에서 가입해도 보장 내용 및 약관은 이미 표준화되어 다 같다. '보험다모아' 사이트를 통해 원하는 상품을 온라인으로 가입해도 좋고, 보험대리점이나 보험설계사를 통해 가입해도 좋다. 온라인 상품 중에 간혹 가입금액 5천만 원이 아닌 1천만 원으로 판매하는 상품이 있다. 가입금액을 꼭 확인하자. 다만 이미 큰 질병에 걸렸거나, 근래에 병원 치료를 받았거나, 지속적인 약을 복용 중이라면 온라인으로 가입하기 어렵다. 온라인 보험은

비대면 가입으로 진행되는 만큼 가입조건이 까다롭기 때문이다. 이런 경우에는 설계사를 통해 가입하더라도 아프거나 치료받은 부위가 부담보로 가입되거나 보험료가 할증될 수 있으며, 자기부담금이 높고 보험료도 비싼 유병력자 실비보험에 가입해야 할 수도 있다. 병력이 있다면 혼자서 풀어내기엔 어려우니 경험 많은 설계사의 도움을 받아 가장 좋은 방법과 조건으로 단독 실비보험에 가입하려는 노력이 필요하다.

한 번 아프고 나면 보험 가입이 참 힘들다. 다시 한번 강조하자면 아프기 전, 조금이라도 젊었을 때 적절한 금액으로 잘 가입하는 것이 무엇보다 중요하다.

3. 단독 실비보험인가? 종합보험인가? - 실손 전환제도

실비보험에 이미 가입되어 있다면 내 실비보험이 실비보험만 따로 분리된 단독 실비보험인지, 다른 특약들과 함께 종합보험 안에 들어 있는 형태인지를 확인한다. 종합보험은 최저 기본보험료가 정해져 있거나 적립보험료가 포함되어 있어서, 적게는 3만 원에서부터 많게는 10~15만 원, 그 이상까지 비쌀 수 있다. 만약 종신보험이나 CI 보험에 실비가 묶여 있으면 더욱 난감하다. 상황별로 제일 나은 방법을 고민해보자.

3~4세대 단독 실비보험에 가입한 경우　먼저 3세대나 4세대 단독 실비보험에 가입한 상태라면 아무 걱정 없이 그대로 유지하면 된다. 보험료도 저렴하고 100세까지 보장되며 보험료가 크게 오를 확률이 1~2세대 실비보다 상대적으로 적다. 3~4세대 단독 실비보험은 병원 치료비가

100% 보장되지 않으니 '총 병원 치료비의 10~20%는 그동안 저축한 내 돈으로 내야지'라고 생각하자. 3대 질병 진단비 보험과 온라인 정기보험을 추가로 가입하거나 부족한 담보를 보완하면 되겠다.

종합보험에 실비 특약이 포함된 경우 실비가 특약으로 들어 있기는 하지만 다른 불필요한 특약이 많고 보험료도 비싸다면 리모델링을 진행한다. 질병사망, 입원비, 수술비, 갱신형 특약, 적립보험료 등 종합보험 안에 있는 덜 중요한 특약은 최대한 삭제하는 것이 좋다. 보험회사 고객센터나 설계사에게 이런 특약 삭제를 요청하면 된다. 이미 가입한 보험의 경우, 보장을 늘리는 건 어려워도 줄이는 건 대부분 가능해서다. 이렇게만 해도 상당 금액이 절약된다. 물론 납입이 이미 끝났다면 그대로 유지해 혜택을 보고, 납입 완료가 얼마 남지 않은 경우라도 해지하기엔 아쉬우니 끝까지 내는 게 낫다.

종합보험에 실비 특약이 들어 있다면 대부분 1세대나 2세대 실비일 것이다. 보장은 조금 줄어도 저렴한 보험료로 계속 실비를 유지하고 싶은 가입자라면, 4세대 실비보험이나 노후 실손의료보험으로 전환하는 방법이 있다. 바로 '실손 전환제도'를 이용하는 것이다. '실손 전환제도'를 통해 기존 실비 특약을 4세대 실비보험이나 노후 실비보험으로 단독으로 빼낸다. 실비를 빼낸 보험은 그냥 해지할 수도 있고, 남은 특약을 하나의 보험으로 새로 구성해 보험을 2개로 나눌 수도 있다.

실손 전환제도의 장점은 이전에 보험금을 많이 받았거나 현재 질병이 있더라도 부담보나 특별한 심사 없이 4세대 실손이나 노후 실손으로 전환할 수 있다는 것이다. 이미 병력이 발생해 새로운 실비에 가입이 안 되는 사람을 위해 만들어진 좋은 제도니 잘 활용하자.

물론 1~2세대 실비보험을 그대로 가져가고 싶다면 이 종합보험을 절대 해지하지 말고 유지해야 한다. 덜 중요한 특약을 삭제해서 보험료를 낮추고, 1~2세대 실비를 유지하다가 나중에 정 보험료가 부담되어 버티기 어려울 때가 오면 그때 판매 중인 실비나 노후 실비보험으로 전환하면 된다.

종신보험이나 CI 보험에 실비 특약이 포함된 경우 이건 정말 심각하게 고민해야 한다. 비싼 사망보험금 주계약 때문에 이미 10~20만 원 이상 고액의 보험료를 매달 납부하고 있을 것이기 때문이다. 보험료를 줄이고 싶고, 4세대 실비로 넘어와도 괜찮다고 생각한다면 '실손 전환제도'를 통해 실손 전환을 진행하면 좋다. 기존 1~2세대 실비 특약을 유지하고 싶다면 기존 보험을 유지하는 수밖에 없다. 주계약을 감액하거나 덜 중요한 특약 삭제를 통해 보험료를 줄이는 정도가 대안이 되겠다.

4. 3대 질병 진단비가 잘 준비되어 있나? - 후유장해, 가족 일배책

실비보험이 정리되었으면 그다음 할 일은 3대 질병 진단비 담보를 확인하는 일이다. 이미 3대 질병 진단비 담보에 잘 가입되어 있고, 보험료도 크게 비싸지 않다면 그대로 유지한다. 수술비, 입원비, 골절 진단비 등 그 외 여러 가지 복잡한 특약이 많이 있다면 보험회사나 설계사에게 연락해 삭제하고 보험료를 낮춘다.

3대 질병 진단비 자금이 부족하거나 가입되어 있지 않다면 내 형편을 파악한 후 가입하는 것도 좋다. 가장 중요한 3대 질병 즉 암, 뇌졸중, 급성심근경색의 진단비를 지급하는 보험에 가입하자. 뇌출혈보다는 뇌졸중 이상의 범위로 준비해야 한다.

좀 여유가 된다면 질병 후유장해와 상해 후유장해 특약도 같이 추가해서 가입한다. 가족 일상생활배상책임(일배책) 담보도 넣을 형편이 된다면 이곳에 추가한다. 선택한 진단비 보험에 추가할 수 없다면 운전자보험이나 화재보험을 들 때 하면 된다.

5. 현재 내 건강 상태가 좋지 않다면? - 유병력자 상품

고혈압, 당뇨, 고지혈증 등을 앓고 있는 경중 만성질환자의 경우 일반 3대 질병 진단비 보험 가입이 어려울 수 있다. 요즘은 이런 분들을 위한 유병자 상품(간편심사 보험)이 많이 출시되어 있다. 다만 보험료가 일반 상품보다 다소 비싼데, 그래도 포기하지 말고 여러 유병자 상품을 찾아보자. 보험회사별로 일정 기간만 특별히 저렴하게 판매하는 이벤트 상품이 나오기도 하니 가입하려는 시기에 여러 회사 상품을 비교하면서 견적을 받아 가장 좋은 조건으로 가입하는 지혜가 필요하다.

6. 리모델링할 때는 전문설계사? - 온라인과 설계사를 모두 활용

3대 질병 진단비 보험에 가입할 때 꼭 한 보험회사에서 모든 담보를 가입할 필요는 없다. 암보험의 경우 온라인을 이용하면 매우 저렴하게 보완할 수 있다. 먼저 GA 보험대리점 설계사를 통해 3대 질병 진단비 보험의 견적을 받자. 최소 서너 개 회사의 상품을 제안받아 직접 비교하자. 좀 번거

로워도 보험설계사 한 사람과만 접촉하지 말고 최소 두세 분과 접촉해 더 많은 설계안을 받아보고 비교하는 것이 좋다.

그중 가장 보장이 좋고 가격이 저렴하고 튼튼한 손해보험사를 통해 3 대 질병 진단비 보험에 가입한 후, 암 진단비는 온라인 생명보험사를 통해 저렴하게 추가 보완하자. 이 책에서 배운 대로 80세 만기, 전기납, 비흡연체, 건강체 혜택, 순수보장형, 무해지환급형 등의 옵션을 이용하면 더욱 저렴하게 가입할 수 있다. 단, 과거 병력 때문에 온라인 보험 가입이 어렵다면 설계사를 통해서 가입하는 3대 질병 진단비 보험 하나로도 괜찮다.

다만 앞에서도 언급했듯이 온라인 보험은 심사 기준이 까다롭다. 생각하지 못한 병력 때문에 온라인 보험에 가입되지 않을 걸 대비해, 설계사를 만나기 전에 온라인 보험 가입을 먼저 시도하는 게 낫다. 일반암 5천을 준비한다고 했을 때, 온라인 암보험에서 2천만 원이 잘 가입되면 나머지 암 진단비 3천 만원은 설계사를 통해 가입하면 될 것이고, 잘 가입이 안 되면 설계사를 통해 5천 만원을 한 번에 가입하면 되겠다.

7. 자녀가 있다면? - 온라인 정기보험

자녀가 있다면 경제적 가장이 갑자기 사망했을 때 남은 가족에게 지급될 사망보험금을 온라인 정기보험으로 준비한다. 자녀가 사회에 진출할 때의 가입자 나이를 예상하여 대략 60세나 65세 만기로 전기납을 통해 가입하면 된다. '보험다모아' 사이트를 통해 여러 회사의 보험료를 비교한 후 온라인으로 가입하면 되는데, 이때도 역시 비흡연체, 건강체/우량체/슈퍼건강체 보험료 감면 혜택을 추가로 받을 수 있다.

자녀가 없더라도 배우자에게 사망보험금이 필요할 수도 있다. 정기보험의 보험기간을 배우자가 연금을 받는 나이(60~65세)로 지정하여 부부가 각각 하나씩 가입해도 좋다. 종신보험에 가입되어 있고 납입 횟수가 아직 많지 않은 가입자라면 정기보험으로 대체하는 것이 좋다. 이것 하나만 바꿔도 중형차 한 대 가격을 절약할 수 있다.

8. 리모델링은 시간 날 때 천천히? - 건강할 때 바로 지금!

보험 리모델링을 진행하는 가장 좋은 시기는 그 필요성을 느끼는 바로 지금, 이 순간이다. 차일피일 미루다 낭패를 보는 경우가 많다. 최근 지인 중 한 분이 뒤늦게 보험 리모델링을 원해서 함께 검토한 적이 있다. 그러나 이미 나이가 꽤 있고, 그동안 아프면 아픈 대로 병원에 가서 치료하고 보험금도 많이 받아서 그런지 심사를 넣는 보험마다 족족 가입이 거절되었다. 설계사와 상의해 부담보를 넣고 할증이 되더라도 가입하려고 여러 번 시도했지만 결국 실패했다. 뒤늦게 리모델링하려다가 실패한 전형적인 사례다.

보험은 아프기 전에 준비를 마쳐야 한다. 아직 건강하고 특별히 병원 치료받은 것도 없다면 지금 이 기회를 놓치지 말자. 건강하고 아직 젊을 때, 무슨 일이 있어도 끝까지 유지할 수 있을 만한 최소의 금액으로 나에게 맞는 적절한 보험을 반드시 준비해 놓도록 하자.

Q.
보험 리모델링 전
반드시 확인해야 할 것은?

'기존 보험을 함부로 해지하면 절대 안 된다!'

보험 리모델링을 하기 전에 이것을 꼭 기억하자. 새로운 보험 가입에 문제가 없다는 것을 확인한 후 해지해도 늦지 않다. 냉큼 가입되어 있던 보험을 먼저 해지했다가, 새 보험 가입이 거절되기라도 하면 더 이상 갈 곳이 없다. 담보 금액을 조정하거나 삭제할 때도 마찬가지다. 한 번 줄이거나 삭제하면 다시 높이거나 살릴 수 없으니 새로운 보험에 잘 가입되는 것을 확인한 후에 해야 한다.

실비 특약이 포함된 종합보험을 리모델링하면서 이런 일이 많다. 현재의 보험료가 부담스러워 실비 특약을 4세대 실비보험이나 노후 실비보험으로 전환하고 싶다면 가장 먼저 할 일은 설계사나 보험회사에 전화해 실손 전환 여부를 확인하는 것이다. 전환 중에 문제가 생기는 부분이 없는지, 보장범위나 가입금액 등에 불이익은 없는지, 100세 보장이 잘 되는 게 맞는지 먼저 확인한다. 문제없이 잘 전환이 가능할 거라는 확답을 받았다면, 그후 다음 단계로 진행한다.

내 종합보험을 실손 전환제도를 이용해 '단독 실비보험'으로 실비 특약만 빼기로 결정했다면, 나머지 담보들을 유지할지 해지할지도 결정해야 한다. 나머지 모든 특약을 해지할 수도 있고, 나머지 특약을 살려서 보험을 2개로 나눌 수도 있다. 만약 해지하고 새로운 3대 질병 진단비 보험에 가입할 계획이라면, 실손 전환 자체를 먼저 진행할 것이 아니라 새로운 3대 질병 진단비 보험에 잘 가입되는지를 먼저 확인한다. 아니, 아예 가입 자체를 먼저 진행하는 게 좋다. 자칫 실손만 전환되고, 기존 다른 특약은 모두 사라졌는데 새로운 3대 질병 진단비 보험에 가입이 거절되면 진짜 낭패다.

실손 전환 전에 3대 질병 진단비 보험 가입을 먼저 진행하면 나의 현재 보험 가입조건을 확인할 수 있다는 이점도 있다. 과거 병력이나 치료내역으로 특정 신체 부위에 부담보가 잡히거나, 보험료 할증, 유병자 상품 가입 요건, 가입 거절 등에 해당하는지 등을 알 수 있을 것이다. 그런 조건을 감내하고 새로 가입을 진행할지, 아니면 조금 불만족스럽더라도 기존 종합보험의 담보를 계속 유지할지에 대한 올바른 판단을 내릴 수 있게 된다.

새로운 3대 질병 진단비 보험에 무사히 잘 가입되었다면, 그후에는 안심하고 실손 전환을 진행한다. 이런 순서로 진행하면 자칫 기존 담보를 잃어버리는 실수 없이 보험 리모델링을 깔끔하고 안전하게 마무리할 수 있다. 종신보험이나 CI 보험에 실비 특약이 포함되어 있을 때도 같은 방식으로 진행하면 된다.

기존 보험에서 사망보험금 담보를 삭제하고 새로 온라인 정기보험에 가입할 때도 마찬가지다. 먼저 정기보험에 잘 가입되는지를 반드시 확인하고, 그 후 기존 사망보험금을 삭제하거나 실손 전환을 진행하면 되겠다. 이 순서는 정말 중요하다. 급한 마음에 화다닥 일을 저지르고 후회해도 소용없다. 실제로 주변에서 이런 일을 자주 봐서 하는 말이다. 절대 잊지 말고 새로운 보험에 먼저 가입하거나 가입되는 것을 정확히 확인한 후, 기존 보험을 해지하는 습관을 들이자.

> 실비 전환이 가능한지 확인(보험회사, 설계사) → 실비를 뺀 나머지 담보 유지 또는 해지 고민 → (해지한다면) 새로운 3대 진단비 보험, 정기보험 먼저 가입 완료 → 실비 전환 진행 → 기존 보험 해지

Q.
그 말들이 진짜일까?
사실만을 말하는 통계 데이터 활용

    통계를 잘 알면 보험을 보다 효과적으로 가입하고 잘 유지할 수 있다. 다만 쉽게 접하기도 어렵고, 하루하루 바쁘다 보니 힘들게 찾지도 않아서 통계를 활용하는 보험회사보다 늘 불리한 위치에 서게 되는 것이 현실이다. 심한 정보의 비대칭성으로 보험가입자는 늘 약자의 위치에 서고, 결국 필요 이상의 비싼 보험에 가입하여 재정적 어려움을 겪는 경우가 많다.

    복잡하고 어려운 얘기를 하자는 게 아니다. 여기서 소개하는 통계 데이터 정도만 알고 있어도 보험가입자가 크게 손해 보지 않고, 최대한 효율적으로 보험에 가입할 수 있게 된다. 내가 잘 모르면 그만큼 당하고 손해 보는 세상이다. 너무 많이 알 필요도 없다. 이 정도만 알아도 충분하니 시작해 보자.

보험으로 어떤 진단비를 준비해야 할까?

□ 암 발생확률
○ 우리나라 국민들이 기대수명(83.5세)까지 생존할 경우 암에 걸릴 확률은 36.9%였으며, 남자(80.5세)는 5명 중 2명(39.0%), 여자(86.5세)는 3명 중 1명(33.9%)에서 암이 발생할 것으로 추정되었다.

2020 국가 암 등록통계(출처:국립암센터)

위는 2022년에 발표한 국립암센터의 2020년 암 등록통계 자료로, 기대수명까지 생존 시 암 발생 확률을 보여준다. 2020년 기준 남녀 기대수명은 80.5세와 86.5세였고, 남녀 각각 39.0%, 33.9%로 암에 걸릴 확률이 있다는 결과다. 여성은 3명 중 1명, 남성은 그보다 좀 더 많은 5명 중 2명꼴로 암에 걸린다는, 적지 않은 발병률이다. 물론 예상 확률일 뿐 내가 걸린다는 보장은 없지만, 그렇지 않다는 보장도 없으니 암 진단비 보험은 준비해 놓는 게 낫겠다.

다음 장에 있는 표는 2020년에 발생한 암 환자 수와 발생 암종이다. 한 해에 남성 약 13만 1천 명, 여성 11만 7천 명가량이 암에 걸렸고 다 합치면 총 약 25만 명 정도다. 남성은 폐, 위, 전립선, 대장, 간 순으로 암이 많이 발생했고 암종별 비율에 큰 차이가 없지만, 여성은 유방암과 갑상선암의 발병률이 다른 암보다 월등히 높다. 유방암과 갑상선암을 합치면 여성 암 40% 정도에 육박한다.

갑상선암은 다른 암에 비해 발견도 쉽고 그에 따라 환자도 많으며, 치료도 쉬운 편이어서 대부분의 생명보험사에서는 소액암으로 지정해

< 성별 주요 암발생 현황: 2020 >

(단위: 명, %, 명/10만 명)

순위	남자				여자			
	암종('19 순위)	발생자수	분율	조발생률	표준화발생률*	암종('19 순위)	발생자수	분율	조발생률	표준화발생률*
	모든 악성암	130,618	100.0	510.1	563.8	모든 악성암	117,334	100.0	455.8	435.6
	갑상선암 제외	123,160	94.3	481.0	534.9	갑상선암 제외	95,612	81.5	371.4	350.3
1	폐	19,657	15.0	76.8	88.0	유방	24,806	21.1	96.4	95.8
2	위	17,869	13.7	69.8	76.2	갑상선	21,722	18.5	84.4	85.3
3	전립선(4)	16,815	12.9	65.7	74.8	대장	11,392	9.7	44.3	40.6
4	대장(3)	16,485	12.6	64.4	70.6	폐(5)	9,292	7.9	36.1	33.1
5	간	11,150	8.5	43.5	47.4	위(4)	8,793	7.5	34.2	31.6
6	갑상선	7,458	5.7	29.1	28.9	췌장(7)	4,090	3.5	15.9	14.3
7	췌장(8)	4,324	3.3	16.9	19.0	간(6)	4,002	3.4	15.5	14.1
8	신장(7)	4,135	3.2	16.1	16.9	자궁체부(9)	3,492	3.0	13.6	13.5
9	담낭 및 기타담도(10)	4,012	3.1	15.7	18.3	담낭 및 기타담도(8)	3,440	2.9	13.4	11.6
10	방광(9)	3,826	2.9	14.9	17.4	자궁경부	2,998	2.6	11.6	11.4

*연령표준화발생률: 우리나라 2020년 주민등록연앙인구를 표준인구로 사용

성별 주요 암종 발생률(출처: 국립암센터)

일반암 진단비의 10~20% 정도만 지급한다. 손해보험사에서도 갑상선암은 일반암이 아니라 유사암으로 분리했는데, 생명보험사 소액암보다 진단비를 많이 추가해 가입할 수 있어서 좀 더 유리한 편이다. 따라서 3대 질병 진단비 보험에 가입할 때는, 설계사를 통해 손해보험사 상품에 먼저 가입한 후 온라인 생명보험사 상품을 보조적으로 활용하는 것이 현명한 선택이 되겠다.

유방암도 마찬가지다. 상당수의 생명보험사에서는 유방암을 일반암에서 분리해 보험금을 대폭 축소했다. 그러나 손해보험사에서는 유방암이 여전히 일반암에 포함된 경우가 대부분이니 이래저래 3대 질병 진단비는 손해보험사를 기본으로 준비하는 게 좋다. 한편 남성이 가장 많이 걸리는 위암과 폐암은 생명보험사에서도 여전히 일반암 범주에 속한다. 그러니 더 저렴하게 가입할 수 있는 온라인 생명보험을 잘 활용해보자.

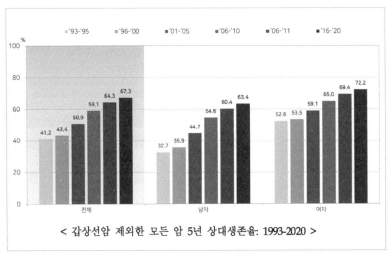

< 갑상선암 제외한 모든 암 5년 상대생존율: 1993-2020 >

성별 5년 생존율 추이(출처: 국립암센터)

앞쪽에 있는 것은 암 발병 후 5년 생존율 추이를 보여주는 자료다. 생존율
이 거의 100%라 평균값을 상승시키는 갑상선암을 제외한 결과라는 걸 참
고하자. 갑상선암을 빼고도 다행스럽게 매년 생존율이 올라가고 있으며,
어느덧 평균 60%를 넘어섰다. 여성의 경우 70%를 넘어간다. 일부 치사율
이 높은 몇몇 암을 제외하면, 더 이상 암에 걸리면 무조건 사망하는 시대는
아니라는 걸 알 수 있다. 적절한 암 진단비를 준비해 암 발병 후 2차 치료,

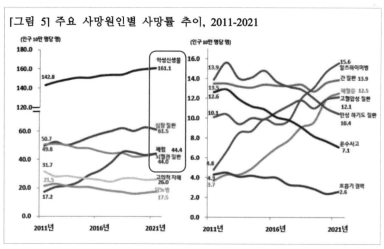

[그림 5] 주요 사망원인별 사망률 추이, 2011-2021

2021년 사망원인 통계(출처: 통계청)

간병, 후속 관리에 중점을 둬야 한다는 의미로 해석하자.

위는 통계청에서 발표한 주요 사망 원인별 사망률 추이 자료이다. 10만 명당 해당 명수로 뽑힌 자료인데, 암으로 인한 사망이 압도적으로 크고 그다음이 심장질환, 폐렴, 뇌혈관질환 순이다. 폐렴과 뇌혈관질환이 엎치락뒤치락하며 서로 비슷하다. 폐렴의 경우 65세 이상 사망률이 65세 미만보다 70배 가까이 높다는 건강보험심사평가원의 데이터가 있다. 결과적으로 폐렴은 고령화로 인한 노인성 사망으로 봐야 한다.

폐렴을 빼면 사망 확률이 가장 높은 것은 암, 뇌혈관질환, 심장질환이라서 이것을 묶어 3대 진단비 보험을 준비하는 것이다. 그래프를 다시 봐도 암으로 인한 사망률은 역시 압도적이다. 다른 질환과는 비교도 되지 않는다. 다른 어떤 진단비보다도 암에 대한 준비가 필요하다는 걸 확인할 수 있다.

내 설계사는 얼마나 오래 내 보험을 봐줄까?

(2022. 1. 1.~2022. 12. 31.)　　　　　　　　　　　　　　　　　　　　　　　(단위: %)

2022. 1. 1.~2022. 12. 31. 보험계약관리목록			
회사명	13월차 설계사등록정착률	13회차 계약유지율	25회차 계약유지율
한화생명	-	84.2	68.6
삼성생명	47.2	90.2	75.2
흥국생명	21.8	84.3	71.8
교보생명	39.3	81.7	66.4
신한라이프생명	34.7	82.0	64.6
DGB생명	-	86.2	67.7
KDB생명	24.4	83.9	66.8
생보사 평균	39.0	87.7	69.2
메리츠화재	45.8	84.6	69.3
한화손보	63.6	84.3	63.6
롯데손보	53.7	89.4	83.3
엠지손보	57.7	86.7	76.0
흥국화재	55.7	88.6	74.5
에이스손보	0.0	63.3	50.2
손보사 평균	52.2	87.3	72.5

생보사/손보사 보험계약 관리 목록(출처: 금융감독원 공시실)

위는 금융감독원의 2022년 보험계약 관리 자료다. 13회차는 13개월, 즉 약 1년 정도의 설계사 등록 정착률에 대한 통계인데, 보험설계사가 회사에 들어온 후 1년 동안 회사를 떠나지 않고 남아있는 비율을 보여준다. 생보사는 39%, 즉 10명 중 4명이 남고 6명은 떠난다는 말이고, 손보사도 52.2%이니 2명 중 1명은 떠난다는 말이다.

1년 데이터가 이 정도인데, 3년, 5년, 10년이 지나면 그때까지 남아있는 설계사는 과연 얼마나 될까? 지금 내 보험을 가입시켜준 설계사가 여전히 설계사 일을 하고 있을까?

이 통계를 보면 꼭 설계사를 통해서만 보험에 가입해야 한다는 고정관념은 버려도 되지 싶다. 더 이상 설계사에게 의지할 게 아니라, 충분한 지식을 쌓고 온라인 가입도 시도해보자. 최소한의 보험 지식을 키우고, 나에게 맞는 보험을 직접 선택해서 잘 가입하는 것이 훨씬 더 현명하다.

계약유지율도 보자. 13회차는 1년, 25회차는 2년 후 유지율이다. 생보사 손보사의 25회차 유지율 평균은 대략 71%다. 보험 가입 후 2년만 지나도 30%는 해지한다는 결과다. 보험가입자가 보험을 해지하는 이유는 부담되는 보험료, 가입한 상품에 대한 실망, 설계사의 상품 설명 부족, 가정 재정 상황 변화 등 여러 가지가 있을 것이다. 보험료가 저렴하고, 나에게 꼭 필요한 상품을 가입자가 정확하게 이해하고 가입한다면 보험 해지율이 이렇게나 높을 일이 없다. 알고 가입해야 시간도 돈도 아낄 수 있다.

생보사 종신보험 10년간 유지율 (단위:건, %)

회사명	2005년 8월 중 신계약건수(A)	2015년 6월 말 유지건수(B)	유지율(B/A)
한화생명	39,499	16,058	40.7
알리안츠생명	1,619	432	26.7
삼성생명	30,443	9,804	32.3
흥국생명	6,485	3,094	47.7
교보생명	7,799	2,078	26.6
신한생명	5,567	1,449	26.0
DGB생명	137	34	24.8
KDB생명	3,544	971	27.4
미래에셋생명	5,031	1,188	23.6
AIA생명	4,158	2,039	49.0
푸르덴셜생명	7,820	3,315	42.4
ING생명	11,066	5,047	45.6
하나생명	18	6	33.3
동부생명	2,874	1,006	35.0
메트라이프생명	12,629	4,669	37.0
동양생명	4,046	999	24.7
PCA생명	1,006	289	28.7
에이스생명	959	222	23.1
현대라이프생명	3,926	397	10.1
NH농협생명	7,101	3,085	43.4
생명보험사 계	155,726	56,182	36.1

자료:금융감독원

종신보험 10년간 유지율(출처: 금융감독원)

왜 자꾸 종신보험 말고 정기보험으로 바꾸라는 거지?

마지막으로 볼 것은 금융감독원이 발표한 '종신보험 10년간 유지율' 자료다. 말 그대로 각 보험사에서 종신보험에 가입한 후 10년간 해지 없이 유지한 비율을 알 수 있다. 평균값이 36.1%면 3명 중 1명만 보험을 유지하고, 2명은 해지했다는 말인데 다소 충격적이다. 10년 이전에 해지했다면 사업비 차감 때문에 가입자가 원금 손실을 봤을 게 불 보듯 뻔하기 때문이다.

　종신보험은 저렴하지 않다. 가입자 나이가 40세라면, 대략 1억 원의 사망보험금을 받기 위해 최소 25만 원이 넘는 비용을 20년간 내야 하는데, 납입기간 중 단 한 번이라도 가정 재정 상황이 악화될 경우 끝까지 유지하기가 힘들다. 왜 종신보험 대신 정기보험을 추천하는지에 대한 설득력 있는 자료라고 생각한다.

Q.
이런 것들이
추가로 궁금해요

초판 책을 읽은 후 여러 가지 궁금한 것들을 유튜브 댓글로 문의하는 경우가 많았다. 여기서는 그중 가장 많은 질문을 받은 것들에 대해 답하고자 한다.

질문: 지금 1세대 실비에 가입되어 있어요. 보험료가 비싸서 전환하고 싶은데, 4세대 실비로 전환할까요? 노후 실비로 전환할까요?

답변: 일단은 4세대 실비로 전환하는 것이 좋다. 4세대로 전환하면 나중에 노후 실비로 재전환할 기회가 남아 있지만, 노후 실비로 전환하면 4세

287

대 실비로 다신 넘어올 수 없다. 노후 실비 장점도 물론 있지만, 입원 30만 원, 통원 3만 원 우선 공제(선 차감)가 들어가므로 개인이 지출할 금액이 큰 편이다. 이런 부분도 고려해서 결정하자.

질문: 100세 만기 상품을 80세 만기로 줄이고 싶어요.

답변: 기본적으로 보험은 만기를 늘릴 순 없고 줄일 순 있다. 따라서 80세로 줄이는 것은 대부분 가능한데, 회사나 상품에 따라 차이가 있을 수 있다. 보험회사 고객센터나 설계사에게 문의해 방법을 찾아보자. 다만 주의할 부분이 있다. 종합보험에 실비가 포함된 경우, 종합보험 주계약을 100세에서 80세로 줄이면 포함된 실비 특약도 80세 만기로 줄어든다. 이런 경우라면 주계약은 그냥 두고 줄이고자 하는 특약의 만기만 80세로 줄이면 된다.

질문: 4세대 실손 보험의 5년 재가입 의미가 뭔가요? 5년만 보장되나요?

답변: 4세대 실손의 경우 1년 갱신 5년 재가입 조건으로 가입된다. 여기서 1년 갱신은 1년마다 보험료가 바뀔 수 있다는 의미이고, 5년 재가입은 5년마다 변경된 약관으로 보장 내용이 바뀔 수 있다는 뜻이다. 즉, 가입 후 5년이 되는 시점에 5세대 실손 보험이 판매되고 있다면 5세대 실손으로 보장이 변경된다고 보면 된다. 그렇게 5년마다 자동으로 재가입되며 100세까지 보장되므로 5년만 보장되는 것이 아니라 100세까지 보장된다고 이해하자.

질문: 3대 질병 진단비 보험 가입할 때 5년 부담보와 전 기간 부담보가 생겼어요. 그래도 가입해야 하나요?

답변: 먼저 부담보가 무엇인지를 알아야 한다. 병력이 있는 가입자의 경우, 해당 부위나 해당 질환의 보장을 제외한 채로 보험에 가입하게 된다. 질병의 중증도와 보험회사 기준에 따라 이런 부담보가 포함된 채로 가입되곤 하는데, 1~5년 기간 부담보에 잡히거나 전 기간 부담보에 잡히기도 한다.

기간 부담보는 해당 기간이 지나면 자동 소멸한다. 예를 들어, 3년 부담보라면 가입 후 3년 동안은 해당 질환으로 보장받지 못하지만, 3년 후부터는 문제없이 보장받을 수 있다. 따라서 3년간 관련 부위 치료로 보험금을 꼭 받아야 하는 상황이 아니라고 판단되면 부담보를 포함해서 가입해도 된다. 그러나 전 기간 부담보는 다르다. 청약일로부터 5년 이내에 관련 내용으로 치료나 재진단이 없을 때만 5년 후 소멸된다. 5년 이내에 치료나 재진단이 있었다면 부담보는 사라지지 않고 해당 부위는 전 기간 보장받을 수 없다.

정리하면, 기간 부담보는 해당 기간만 보장받지 못할 뿐이고, 전 기간 부담보는 5년 내 치료를 받으면 보장도 못 받을 뿐만 아니라 부담보가 아예 소멸되지 않는다는 차이가 있다. 이런 부담보를 피하고 싶다면 유병자/간편심사 보험에 가입하는 방법이 있을 수 있다. 보험료는 비싸지만, 부담보를 피해 가입하는 방법이다.

또 보험회사마다 같은 질병이라도 가입 조건이 다를 수 있다. 같은 질병으로 심사를 넣어도 어떤 회사는 보험료 할증으로, 어떤 회사는 할증 없이 부담보를 잡고 가입해주기도 한다. 부담보보다는 보험료 할증이 낫다고 생각한다면 할증으로 가입해주는 회사를, 할증보다 부담보가 낫다고 생각한다면 부담보로 가입해주는 회사를 선택하면 된다. 결국 많이 알아보고 비교해봐야 나에게 가장 좋은 조건을 찾아낼 수 있게 되는 법이다.

질문: 암보험은 있는데, 2대 질병 진단비만 가입할 방법은 없나요?

답변: 설계사를 통하면 2대 질병 진단비만 가입할 수 있다. 3대 질병 진단비 보험 가입하는 방식과 같으며 암 진단비만 빼고 하는 셈이다. 보험다모아 사이트를 통해 온라인으로도 가능하다. 보험다모아 홈페이지에서 '보장성보험 > 질병보험' 카테고리로 들어가서 잘 비교하고 찾아보면 2대 진단비만 가입할 수 있는 상품이 있다. 온라인으로 찾아보고, 온라인 보장이 부족하거나 잘 가입이 안 되면 설계사 도움을 받자.

질문: 자녀 보험 만기가 30세입니다. 실비가 자녀 종합보험에 포함되어 있고요. 30세 만기가 되면 포함된 실비도 없어지나요?

답변: 종합보험에 포함된 실비 특약의 만기는 종합보험의 주계약 만기를 따라간다. 자녀 보험의 주계약 만기가 30세이므로 실비 특약도 30세면 보장이 끝나게 된다. 결국 언젠간 100세 보장되는 실비로 갈아타야 하는데, 가입된 보험회사에 문의해서 100세 보장이 되는 4세대 실손으로 실손전환을 해주는지를 알아보는 게 좋다. 30세 만기로 가입되어서 100세 실비로 전환이 안 된다고 하면 결국 해지하고 새로 4세대 실비에 가입해야 한다.

새로 가입할 때 병력/치료력 때문에 가입에 문제가 생길 수도 있으니, 자녀가 가장 건강하고 고지할 병력이 없을 때를 정해 시도하자. 온라인 어린이 보험에 먼저 가입한 후 기존 종합보험을 해지하고 새로 4세대 실비에 가입하면 된다. 그전에 4세대 실비를 새로 가입할 회사에 선 심사를 미리 넣어보는 것이 좋다. 현재 자녀의 건강 상태가 새로 실비에 가입하는 데 문제가 없는지 미리 확인하는 것이다. 가장 중요한 실비보험 하나는 할증/부담보/유병자 상품 가입 없이 깨끗하게 가입하는 게 가장 좋으니까 말이다.

　　질문: 병력 때문에 온라인 태아보험 가입이 거절되었습니다. 다른 좋은 방법이 없을까요?

　　답변: 온라인 상품이 비대면이다 보니 심사 기준이 까다로울 수 있다. 먼저 고객센터에 전화해보고, 무슨 이유로 거절되었는지 정확히 알아봐야 한다. 해결할 방법이 없는지도 문의하자. 가벼운 병력이라면 요구하는 서류 몇 개 제출하고 온라인으로 다시 가입될 수도 있기 때문이다. 그래도 안 되면 GA설계사를 여러 명 접촉해봐야 한다. 비싸게 말고 3~5만 원 아래로 가장 중요한 특약만 포함해 30세 만기로 가입하면 된다. 중요 보장 선택이 어렵다면, 온라인으로 가입하는 태아/어린이 보험 보장 수준 정도를 참고하면 될 것이다.

　　질문: 회사에서 단체실비에 가입해 주었습니다. 그럼, 개인실비는 없어도 되나요?

　　답변: 원래 실비보험은 한 사람당 하나밖에 가입이 안 되지만, 단체실

비와 개인실비는 따로 하나씩 가입할 수 있다. 단체실비가 있다고 해도 꼭 개인실비를 따로 가입해야 한다. 회사복지 차원의 상품이라 퇴직하면 단체실비는 사라지기 때문이다. 물론 퇴직 후 단체실비를 개인실비로 전환하는 제도가 생겼지만, 고혈압이나 당뇨 등 병력이 있으면 전환에 제약이 있다. 따라서 건강할 때 꼭 개인실비를 하나 더 가입하자. 보장이 겹치는 부분은 중지해 이중으로 납입하는 보험료를 줄였다가 퇴사 후 1개월 이내에 재개시킬 수도 있다.

질문: 보험다모아로 실비보험을 검색해보니 제가 가입한 것보다 너무 저렴해요. 갈아타도 될까요?

답변: 실비보험을 갈아타는 것은 매우 신중히 진행해야 한다. 자칫 내가 기억하지 못하는 과거병력 때문에 부담보/할증/거절될 수 있기 때문이다. 그런 게 없더라도 지금 실비보험이 저렴해 보이는 이유는 4세대 실비여서 그럴 수 있다. 내가 가입한 실비는 1~3세대라 보장이 더 좋은 것일 수도 있고 말이다. 해지하고 새로 가입하면 무조건 4세대 실비에만 가입이 된다는 점을 잊지 말자. 4세대 실비의 장단점을 잘 파악하고 4세대로도 충분하다고 생각한다면 갈아타는 것은 괜찮다. 그러나 결코 보험료만 보고 결정할 일은 아니다. 신중하자.

질문: 20년 납 중 16년 납입한 수술비, 입원비 특약이 있습니다. 앞으로 4년만 더 납입하면 납입이 끝나는 데 그래도 특약을 해지하는 게 좋을까요?

답변: 이런 경우는 그냥 완납하고 혜택을 보는 것이 낫다. 지금까지 낸 게 아깝기도 하고 말이다. 개인적인 생각이지만. 납입기간이 5년 이하로 남았다면 웬만한 특약은 유지하고 혜택을 보라고 권한다.

part
6

그렇게 아낀
보험료로
노후 준비하기

지금까지의 내용을 한 줄로 요약하면 '꼭 가입해야 할 보험만 제대로 준비하고, 보험료를 줄이는 게 낫다'였지요? 그렇게 아낀 보험료 어떻게 쓰는 게 좋을까요? 보험이 미래를 위한 준비라면 노후 준비보다 신경 써야 할 것도 없습니다. 6부에서는 노후 준비에 필요한 비용과 구체적인 방법까지를 다룹니다. 나와 여러분, 모두에게 중요한 일이니 오늘 당장이라도 시작해봅시다.

노후 준비의
중요성을 누가 모르냐고?
대부분 모른다

대다수가 노후 준비의 중요성을 절실히 체감하지는 못하는 것 같다. 내 주위를 둘러봐도 젊어서부터 계획적으로 미래를 준비하는 사람이 생각보다 적다. 형편이 어려울수록 더 그렇다. 이번 달 카드값 막기에 급급해 수중에 단돈 몇백만 원 모으기도 힘겨운 사람이 많더라. 그런 상황이라면 노후 준비가 중요하다고 아무리 외쳐도 진부하고 공허한 메아리로 사라질 뿐이다. 그러나 힘들다고 포기하고 그냥 외면할 게 따로 있다. 2018년 OECD 조사에 따르면, 우리나라 노인빈곤율은 약 43.4%로 OECD 국가 중 단연 1등이다. 현재는 37.6%로 다소 나아지긴 했으나, 여전히 많은 국민이 노후에 경제적 어려움을 겪고 있다. 남의 얘기가 아니다. 이전 세대와 똑같이 살면 우리 미래도 그들과 다를 게 없고, 나와 내 주변 사람 셋 중 하나는 노후 빈곤에 빠질 수 있다.

노후 준비에 가장 중요한 것은 긴 시간이 주는 복리 혜택을 이용하는 것이다. 다들 아무 준비 없이 이 귀한 시간을 아깝게 흘려보내곤 한다. 노후 준비의 중요성을 깨닫는 시점이 늦어지면 늦어질수록 풍요로운 노후 생활과는 점점 거리가 멀어질 수밖에 없다. 노후 준비의 기초를 다질 가장 좋은 시기는 사회생활을 시작하는 바로 그때부터다. 젊은이들이 이 시기에 노후 준비에 대해 눈을 뜨면 그들의 미래는 바뀔 수밖에 없다. 안타깝게도 그런 이들이 눈에 띄지 않는다. 미래보단 현재를 중시하는 욜로(YOLO, 현재의 행복을 중요하게 여기는 생활 방식)에 빠지기도 하고, 학자금 대출 압박, 취직의 어려움, 생활고 등으로 어쩔 수 없을 수도 있다.

이유야 많겠지만, 계속 핑계만 대면 아무것도 변하지 않는다. 결국은 내가 살아가야 할 인생이다. 준비하지 않는 삶은 아름다운 결실을 맛볼 수 없다. IMF를 거쳐온 필자의 젊은 시기에도 경제는 좋지 않았고, 취업 시장은 어려웠으며, 힘들고 어렵게 사는 사람은 많았다. 그래도 돌아보면 돈이 없어서 밥도 못 사 먹으면서도 열심히 공부한 친구들은 결국 좋은 대학, 좋은 직장 가서 달콤한 결실을 맛보며 살고 있다.

결국, 중요한 것은 매사에 준비하는 삶의 자세라고 생각한다. 정말 물리지만 준비한 자만이 아름다운 열매를 딸 수 있다는 건 진리다. 적어도 아무 준비를 하지 않은 사람보다는 훨씬 낫다. 5년, 10년 전부터 쌓아온 내 과거의 열정과 노력이 현재의 나를 만든다. 지금 내가 어떻게 준비하느냐에 따라 5년, 10년 후 내 미래가 결정된다. 이 책을 읽고도 비싼 보험료를 내느라 정작 중요한 노후 준비를 하지 못하고, 자녀 교육비에 모든 것을 쏟아붓

노후 준비의 중요성을 누가 모르냐고? 대부분 모른다

고 빈털터리가 되어 노후에 자녀에게 짐이 되는 인생을 살아간다면 얼마나 비참할까? 몰라서 그런 미래와 마주쳤다면 그나마 덜 아쉽겠지만, 알면서도 행동하지 않아서 그렇다면 얼마나 안타까울까? 인생은 우리에게 단 한 번 주어진 시간이다. 철저하게 준비하여 넉넉한 미래를 만들어야 한다.

노후 준비는 아주 중요하다. 실제로 노후 준비가 되어 있지 않은 부모에게는 여러 가지 문제가 생긴다. 재정적인 어려움뿐만 아니라 자녀와의 관계까지 멀어질 수 있다. 그토록 애지중지하며 모든 비용을 들여 사랑으로 양육했던 아이들이지만, 마음이 있어도 부모를 부양하기가 어렵다. 본인 자녀와 본인 가정 이끌기도 버겁다. 그러니 정신 차려야 한다. 자녀 양육에 모든 것을 쏟아부은 부모일수록 자녀에게 기대하는 것이 많다. 부모는 부모 대로 자녀양육에 모든 투자를 아끼지 않아 노후 준비가 전혀 되어 있지 않고, 자녀는 자녀대로 살아가기가 버거운 매우 고통스러운 상황이 될 확률이 높다. 그렇게 서로의 기대가 실망으로 바뀌면서, 부모와 자식 간에 갈등의 골이 깊어지기도 한다.

사실 모든 문제는 부모에게 있다. 부모가 본인의 노후 준비를 자녀 양육과 맞바꾼 결과다. 자녀를 탓하기보다 지금이라도 부모의 생각을 바꿔야 한다. 미국과 캐나다에서는 부모 대부분이 자녀가 성인이 되면 재정적인 지원을 끊는다. 자녀의 인생은 자녀 스스로 개척해 나가야 한다고 생각하기 때문이다. 사회적 제도와 환경이 그러한 결정을 잘 보완한다고 말할 수도 있지만, 우리나라라고 해서 자녀가 스스로 자신의 인생에 책임지는 게 불가능한 것은 아니다.

더는 자녀 결혼자금을 마련해주고, 주택마련을 도와주고, 사업자금을 지원하지 말고, 교육의 일차적 끝 단계인 대학등록금까지만 부모가 마련해 주는 것이 어떨까? 결혼자금을 포함하여 그 후의 모든 비용은 자녀 스스로 준비하게 하자. 취업하고 어떻게든 아껴서 한 달에 100만 원씩 모을 수만 있다면, 5년이면 원금만 6천만 원, 10년이면 1억 2천만 원이다. 남녀가 각각 1억 원씩, 합해서 2억 원을 결혼 전까지 모을 수 있다면 넉넉하진 않아도 한 가정이 새로 시작할 수 있는 충분한 자금이 된다. 급여 수준이 높은 직장에 다니고, 결혼 전까지 부모 밑에서 살 수 있는 조건이라면 월 200만 원 이상도 저축할 수 있다. 요즘은 결혼을 늦게 하는 추세인 만큼 자녀 스스로 결혼자금을 준비할 충분한 시간적 여유가 있다.

자녀의 대학등록금을 다 마련하기 어려운 형편이라면, 자녀와의 대화를 통해서 설득하고 조율해 나가는 것이 좋다. 가정 형편이 어려운 것을 이해시키고 대학등록금을 절반씩 준비하도록 하는 것이다. "내가 노후에 땡전 한 푼 없이 너희 집에 얹혀살까? 아니면 지금 어려워도 네가 좀 양보할래?"라고 자녀에게 묻는다면 양보하지 않을 자녀는 없을 것이다. 만약 자녀가 대학에 가지 않는다면, 취업보조금이나 자립지원금 형태로 일부 자금을 지원해주는 것도 좋다. 이런 비용까지는 부모가 계획성 있게 미리 마련해 놓는 것이 좋겠다.

이렇게 자녀와의 대화를 통해 어디까지 자녀에게 재정적 지원을 할 것인지 꾸준히 상의하고 서로의 생각을 맞춰 나가는 것이 중요하다. 그래서 자녀의 자립심을 키워주고, 부모도 노후 준비를 잘해 나가는 서로 돕는 환경을 만들자. 부모가 노후에 현금흐름이 좋으면, 달리 말해 매달 쓸 돈이 넉넉하면 오히려 자녀가 행복하고 편안하다. 손자 손녀에게도 때마다 용돈

노후 준비의 중요성을 누가 모르냐고? 대부분 모른다

주고, 맛있는 것 사주고, 같이 여행 다니는 할아버지 할머니가 좋다. 자녀양육에 집중해서 노후에 가난한 부모가 되기보다 자녀에게 자립심을 심어주고 본인의 노후 준비에도 철저한 부모가 되자. 이것이 사랑하는 자녀와 오랫동안 잘 지낼 수 있는 가장 좋은 방법이다.

나에게 필요한 노후자금 수준

노후를 위해 대체 얼마를 준비해야 할까? 목표가 막연하면 과정도 흐릿해지기 마련이다. 다음 표는 국민연금공단에서 조사한 결과인데, 노후 월평균 생활비를 예측할 수 있다. 부부 기준 적정 노후생활비는 월 270~280만 원가량이며, 최소 노후 생활비는 190~200만 원 정도다. 거주 지역이 서울이라면 금액은 더 높아진다. 적정 노후생활비는 330만 원가량이고, 최소 노후생활비는 월 230만 원이다. 모두 현재 화폐가치 기준의 금액이다.

여러 가지 연금과 노후자금 준비상품을 나에게 맞게 복층으로 설계해 이 적정 노후생활비 이상으로 넉넉하게 준비해야 한다. 나만의 노후 계획을 세우자. 계획과 목표가 없으면 아무 준비도 할 수 없다. 목표가 있어야 계획을 세우고 목표를 향해 달릴 수 있다. 그래서 목표를 세우는 것이 가장 먼저다. 노후 준비는 다른 어떤 것과도 타협할 수 없이 중요하다. 비참하고 힘겨운 노후가 아니라 본인도 행복하고 남과도 나누며 살 수 있는 아름다운 노후를 만들 수 있도록 미리 잘 준비하자.

〈표 VI-3〉 노후에 필요로 하는 최소생활비 및 적정생활비

(단위: 천원)

구분		필요최소노후생활비		필요적정노후생활비	
		부부기준	개인기준	부부기준	개인기준
성별	남	2,046	1,279	2,848	1,820
	여	1,945	1,217	2,714	1,740
연령대	50대 미만	2,224	1,418	3,328	2,084
	50대	2,193	1,391	3,068	1,983
	60대	2,071	1,290	2,888	1,838
	70대	1,819	1,134	2,513	1,617
	80대 이상	1,623	999	2,268	1,440

구분		필요최소노후생활비		필요적정노후생활비	
		부부기준	개인기준	부부기준	개인기준
최종 학력	무학	1,538	933	2,136	1,360
	초졸	1,729	1,063	2,395	1,533
	중졸	1,893	1,183	2,636	1,692
	고졸	2,090	1,310	2,911	1,864
	대졸 이상	2,380	1,520	3,349	2,144
취업 형태	임금근로자	2,118	1,336	2,949	1,904
	비임금근로자	1,992	1,233	2,772	1,760
	비취업자	1,918	1,200	2,677	1,713
주관적 노후 인식여부	노후	1,819	1,133	2,533	1,628
	비노후	2,111	1,324	2,944	1,881
거주 지역	서울	2,320	1,440	3,301	2,053
	광역시	2,037	1,222	2,799	1,739
	도	1,858	1,190	2,587	1,701
전 체		1,987	1,243	2,770	1,773

주 : 최종학력의 경우, 무응답(10개) 사례를 제외한 분석 결과임.

국민노후보장패널 9차 조사(출처: 국민연금공단, 국민연금연구원)

노후자금
준비 요령

양육비, 교육비, 주택마련 등 인생에는 여러 목적자금이 있다. 그중 몇십 년 후에 필요한 노후자금을 준비할 때 특별히 신경 써야 할 몇 가지 요령이 있는데, 미리 알아두고 시작하면 큰 도움이 될 것이다.

1. 노후자금 준비는 긴 시간을 활용해 소액으로 장기 투자하는 것이 좋다.

소액의 투자자금으로도 긴 시간이 주는 복리효과를 충분히 누릴 수 있다. 사회생활을 시작하면서부터 60~70세까지 노후를 위한 자금을 30~40년에 걸쳐 꾸준히 모으고 투자한다. 소액으로도 여유 있는 노후자금 준비가 가능한 방법이다. 매달 30만 원씩 8% 복리로 40년을 운용하면 노후에

약 9억 원 가까운 돈을 모을 수 있다. 70세부터 100세까지 산다고 가정해도 매월 250만 원씩 쓸 수 있는 큰돈이다. 8%를 어떻게 달성하느냐는 어떻게 투자하느냐에 달린 다른 차원의 문제이니 뒤에서 더 자세히 알아보자.

월 30만 원씩 40년, 8% 수익률의 투자 결과(출처: 네이버 복리계산기)

다음 그래프를 보자. 미국 주식시장의 경우 근 40년간 10% 이상의 연간 수익률을 올렸고, 유럽 주식시장도 8%를 넘어선다. 개정판 책을 쓰는 지금이 2023년 4월인데, 러시아 vs 우크라이나 전쟁과 물가 상승, SVB은행 파산 등으로 주가지수가 많이 빠진 상태여도 이렇다. 단기간을 놓고 보면 출렁거리는 것이 주식시장이지만 선진국 증시의 주가지수에 장기간 투자했다면 누구나 이 정도 수익을 볼 수 있었을 것이다.

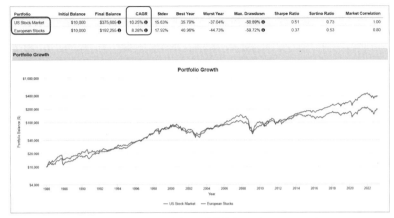

Portfolio	Initial Balance	Final Balance	CAGR	Stdev	Best Year	Worst Year	Max. Drawdown	Sharpe Ratio	Sortino Ratio	Market Correlation
US Stock Market	$10,000	$375,606 ❶	10.25% ❶	15.63%	35.79%	-37.04%	-50.89% ❶	0.51	0.73	1.00
European Stocks	$10,000	$192,255 ❶	8.28% ❶	17.92%	40.96%	-44.73%	-59.72% ❶	0.37	0.53	0.80

US & European Stock 연평균 수익률(출처: Portfolio Visualizer)

대한민국 KOSPI 수익률도 크게 다르지 않다. 1985년 131로 시작한 종합주가지수는 2023년 4월 현재 2,560 언저리에 있고, 단순히 수치로만 계산해도 38년간 약 20배가 상승했다. 연평균 수익률로 환산하면 8.1% 수준이다. IMF 위기도 겪고, 서브 프라임 금융위기에 코로나 팬데믹 사태까지 덮쳐도 성장하는 국가는 계속 성장하고 주가지수는 결국 이를 따라간다.

KOSPI 연간 지수 차트(출처: 키움증권 영웅문)

물론 과거의 데이터다. 미래에도 이러리라는 보장은 없지만, 창세부터 지금까지 인류는 늘 발전해왔고 1차, 2차, 3차를 거쳐 4차 산업혁명도 계속 일어나고 있다. 앞으로 5차, 6차 산업혁명이 일어나며 인류가 계속 발전하지 않는다고 누가 확언할 수 있을까? 노후자금을 장기간으로 운용해야 한다라고 말하는 근거도 이것이다. 장기간에 걸쳐 꾸준히 적립식으로 분산 투자하면 된다. 워런 버핏은 11살부터 주식에 투자했고, 현재 90세가 넘었다. 따지고 보면 80년 가까이 투자한 셈이다. 긴 시간이 주는 복리의 효과는 너무도 대단하다.

2. 노후 준비는 소득의 10%를 무조건 떼어서 별도로 운영하는 것이 좋다.

나이와 재정 형편에 따라 조금씩 다르지만 자녀가 있는 보통 가정이라면 소득의 10%를 항상 기억하자. 자녀 교육비, 주택마련 자금, 자녀 대학등록금 등 하나하나가 다 중요하지만 가장 중요한 것은 부부의 노후자금이라는 것을 잊지 말고 꼭 소득의 10%는 노후 준비를 위해 먼저 떼어 놓아야 한다. '보험은 10%'라는 말은 명목상의 최대치일 뿐 훨씬 더 적은 금액으로도 준비할 수 있다는 걸 이제는 알 것이다.

당신이 사회초년생이라도 노후자금 10%는 반드시 떼자. 이 비율은 나이에 상관없다. 무조건 10%를 떼어 일찍부터 꾸준히 장기간 투자하자. 더구나 사회초년생이라면 보험은 5%면 충분하다. 생활비는 스스로 정한 금액 내에서만 사용하고, 신용카드보다는 체크카드를 사용해 지출을 꼼꼼히 관리하는 습관을 만들면 더 좋다.

3. 끝까지 유지할 수 있는 금액으로만 투자하자.

노후자금 준비를 위해 금융상품에 투자할 때는, 어떤 일이 있어도 해지하지 않을 금액, 반드시 만기까지 넣을 수 있다고 생각하는 금액으로만 운용해야 한다. 노후자금 준비상품은 대부분 장기라 중도 해약 시 사업비나 세금으로 원금에 손해가 생긴다.

4. 1%라도 수익률이 높은 상품을 찾거나 그게 어려우면 수수료/세금을 1%라도 더 줄일 수 있는 상품을 찾아 투자하자.

가장 중요한 것은 1%라도 높은 수익을 내는 상품을 찾는 것이다. 수익을 더 내는 게 정말 어렵다면 지출이라도 줄여야 한다. 노후준비 상품은 대부분 장기 운용되기 때문에, 당장은 세금과 수수료 차이가 작아 보여도 수십 년 후에는 큰 차이를 만든다. 세금과 수수료에 민감하게 반응하고 그 차이를 잘 알고 활용하려는 노력이 필요하다. 1%의 수익률을 높이거나, 1%의 수수료를 줄이면 30년 후 8천만 원, 40년 후 1억이라는 큰 차이가 생긴다. 장기 투자의 성패는 수수료와의 싸움에 달려있다고 해도 과언이 아니다. 어떻게든 수수료를 줄이는 시스템을 만들면 그대로 30~40년이 고정적으로 지나가기 때문에 초기에 이를 정확히 잘 구축해 놓는 것이 좋다. 초기에 방향을 잘못 잡으면 제대로 돌아오기도 힘들다.

저축과 투자는 플러스로 시작해야 한다. 1% 아니 0.1%라도 수익률을 높이고 수수료를 줄여야 하는 상황에 5~15%의 사업비를 매달 차감하는 보험상품으로 노후자금을 준비한다는 것 자체가 얼마나 비효율적이고 어불성설인지 반드시 인지하자. 마이너스에서 시작하는 저축과 투자라니 말도 안 된다. 복리 효과를 충분히 활용하려면 긴 시간이 필요하다. 그 아까운 시간을 큰 사업비 떼는 마이너스 투자 상품에 소모하지 말자.

1% 수익률 차이가 가져온 결과(출처: 네이버 복리계산기)

5. 맞벌이의 함정에 빠지지 말아야 한다.

현 미국 상원의원인 엘리자베스 워런이 쓴 《맞벌이의 함정》이라는 책을 보면 '파산에 빠지는 대부분 미국 중산층 가정의 경우, 맞벌이 소득에 맞춰서 가정 지출 수준을 끌어올려 놓은 것이 파산의 가장 큰 원인이었다'라고 말한다.

노후자금을 준비하는 과정에서도 마찬가지다. 장기운용 상품을 끝까지 해지하지 않고 잘 운용하기 위해서는 맞벌이 합산 소득의 10%가 아니라 외벌이 소득이나 경제적 가장 소득의 10% 내에서 운용해야 한다. 맞벌이로 살아가다 아이를 낳거나 실직 등으로 외벌이로 바뀔 경우, 가장 먼저 해지하는 게 장기 노후자금 준비상품이 되는 걸 너무 자주 봤다. 물론 소득 변동에 따라 투자자금을 자유롭게 변경할 수 있는 노후 투자 상품이라면 상관없다. 맞벌이의 함정을 알고 초기부터 잘 대응해서 그 위험에서도 빠져나오자.

6. 최대한 안전한 곳에 투자하고 리스크를 분산해야 한다.

노후자금 준비를 위한 상품은 대부분 장기운용이라 많은 시간이 필요하고, 당연히 그 긴 기간 동안 안전해야 한다. 개인보다는 기업이, 기업보다는 국가가 안전하다. 이 당연한 사실을 언론과 광고에 현혹되어 거꾸로 알고 있는 사람들이 있는데 전혀 그렇지 않다. 개인연금에 앞서 공적연금을 먼저 준비해야 한다. 개별 기업에 투자하면 수익은 더 높을 수 있지만 손실 역시 더 커질 수 있다. 가능하면 기업보다는 국가에 투자해 리스크를 낮추자. 여러 국가에 분산해서 투자하면 리스크는 더욱 작아진다. 일시금을 한 번에 투입하는 거치식 투자가 아니라 매달 나눠서 투입하는 적립식 투자는 안정된 노후자금 마련을 위한 기본 중의 기본이다.

노후자금 준비 요령

남들은 준비 중?
국민연금, IRP 퇴직연금, 개인연금, 주택연금

이번에는 국민연금, IRP 퇴직연금, 개인연금, 주택연금 등 가장 일반적인 노후자금 준비 방법을 자세히 알아본다. 물론 노후자금을 준비하는 방법은 사람마다 다를 것이다. 농지를 소유한 사람이라면 농지연금, 목돈이 있다면 사업비를 적게 내서 효율이 높은 일시납 연금보험, 투자수익으로 매월 일정 금액을 지급하는 월 지급식 펀드, 고배당 주식이나 고배당 ETF 투자를 통한 배당소득, 월세를 받는 부동산 임대수익, 노후에도 운영할 수 있는 별도의 개인사업소득, 나만의 콘텐츠를 공유해 광고수익을 얻는 유튜브 방송 등 개인의 상황과 환경에 맞는 적절한 상품을 찾아 철저히 준비하면 된다.

국민연금 - 국번 없이 1355, 임의가입 제도

이것, 정말 중요하다. 노후자금 준비의 출발과 근간을 모두 국민연금에 둬야 한다. 직장에 다닌다면 사업주가 절반을 내준다는 장점도 있다. 나중에 퇴사하면 안다. 사업주가 절반을 내주는 것이 얼마나 큰 도움이 되는지를 말이다.

이 책을 읽고 있는 시간이 평일 업무 시간이라면, 지금 당장 책을 덮고 국번 없이 1355 국민연금 콜센터로 전화를 걸어보자. 전화해서 간단히 본인확인을 한 후에 내 국민연금 예상 수령액이 얼마인지 물어보자. 배우자가 있다면 배우자의 예상 수령액도 확인해 부부가 노후에 어느 정도의 국민연금을 받는지 반드시 인지하고 있어야 한다. 이 금액을 디딤돌로 삼아 다른 노후 준비상품과 함께 노후 적정 생활비를 준비한다. 이것이 노후 준비의 첫 단계다.

배우자가 현재 소득이 없어 국민연금에 가입되어 있지 않다면, 최저 월 9만 원으로 가입할 수 있는 '임의가입 제도'를 이용하면 좋다. 임의가입을 통해 부부가 함께 국민연금에 가입해, 이른바 '국민연금 맞벌이'를 시작하자. 부부가 둘 다 오래 살 경우를 대비한 국민연금 맞벌이 계획은 다른 어떤 연금상품보다 장점이 많으니 꼭 실천하길 바란다.

퇴직연금

퇴직연금에 가입하려면 퇴직연금에 가입한 직장을 다니거나, 퇴직할 때 퇴직금을 IRP 계좌로 넣는 방법이 있다. IRP 계좌가 퇴직연금 계좌다. 퇴직금을 IRP 계좌에 넣으면 퇴직 소득세를 감면받을 수 있으며, 55세 이후 원할 때부터 연금으로 수령할 수 있다. 퇴직 전에도 IRP 계좌를 별도로 만들어 세액공제를 받으며 노후자금을 만들어 나갈 수도 있다. 단, 중도에 해지하면 16.5%의 기타소득세가 발생하니 주의해야 한다. 퇴직금을 IRP 계좌로 넣고 연금을 받으며 살지, 퇴직금을 찾아 2차 인생을 준비할지에 대해서는 의견이 분분하다. 인생 2막을 위해 철저히 준비한 사람이라면 퇴직금으로 사업을 하거나 투자를 통해 자산을 키워도 되고, 안정된 연금을 원하는 사람이라면 연금으로 받으면 되겠다.

참고로, 저자가 전 직장에서 퇴직할 때 50세 중후반에서 60세 정도 되는 직원들이 함께 퇴직했었다. 당시 그들의 국민연금 예상수령액은 월 130~140만 원 정도였는데, 여기에 퇴직금 및 기타 수령액을 퇴직연금으로 받으면 월 120만 원이 추가되었다. 이 2가지만 합해도 월 250~260만 원이 확보되니 큰 걱정 없이 노후자금 준비가 어느 정도 완료된다. 그런데도 퇴직금으로 사업을 해보겠다는 사람이 있었는데, 당시 재무설계사가 극구 말리던 기억이 있다. 물론 대기업에서 30년 넘게 일한 결과라서 일반화할 수는 없다. 다만 이런 식으로 퇴직연금과 국민연금의 복층 설계가 가능하다는 것만 알아두자.

개인연금

할 이야기가 매우 많아서 바로 뒤에 따로 뽑아 정리 했으니 여기서는 소개만 하고 넘어가자. 국민연금 공단에서 강조하는 효과 적인 노후 준비 방법은 다 음과 같은 3가지 노후 상

(출처: 국민연금공단)

품의 복층 설계다. 국민연금을 기반으로, 퇴직연금과 개인연금을 쌓는 방 법인데, 일찍부터 준비해 최대한 잘 활용할 수만 있다면 노후 빈곤에서 깨 끗이 벗어날 수 있을 것이다.

주택연금

평생 살면서 주택 하나는 꼭 사는 것이 좋다고 생각하는 이유는 자산가치의 상승도 상승이지만 주택연금으로 노후를 준비할 수 있다는 점 때문이다. 주 택을 자녀에게 넘겨줄 자산으로만 생각하지 말고, 노후를 위한 연금자금으 로 활용해 현금 흐름을 좋게 만드는 게 부모와 자녀 모두에게 더 낫다.

주택연금은 만 55세 이상, 공시가격 9억 원 이하의 주택 소유자가 주 택을 담보로 은행에서 매달 원금과 이자를 받는 역모기지 형태의 상품이

다. 70세 가입자가 대출 없는 3억 원 상당의 주택을 담보로 주택연금에 가입하면 가입자와 배우자가 모두 사망할 때까지 매월 약 90만 원 정도를 받을 수 있다. 살면서 꾸준히 모은 돈으로 주택대출을 잘 갚고, 노후가 되었을 때 주택을 반납하며 연금을 받을 수 있는 매우 좋은 제도다. 어떤 주택이든 대출을 포함해서라도 구입해서 70세 이전까지 대출금을 꾸준히 갚자. 쏠쏠한 노후자금으로 잘 활용할 수 있다.

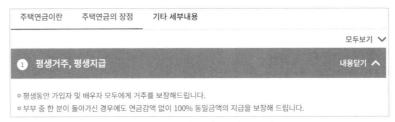

주택연금의 장점(출처: 한국주택금융공사)

종신지급방식(정액형, 2023.3.1. 기준)
、일반주택

(종신지급방식, 정액형)   (단위 : 천원)

연령	주택가격											
	1억원	2억원	3억원	4억원	5억원	6억원	7억원	8억원	9억원	10억원	11억원	12억원
50세	112	225	338	451	564	677	790	903	1,016	1,129	1,242	1,355
55세	151	302	453	604	756	907	1,058	1,209	1,360	1,512	1,663	1,814
60세	204	409	614	819	1,023	1,228	1,433	1,638	1,843	2,047	2,252	2,457
65세	246	492	739	985	1,232	1,478	1,724	1,971	2,217	2,464	2,615	2,615
70세	300	601	901	1,202	1,503	1,803	2,104	2,405	2,705	2,763	2,763	2,763
75세	373	746	1,120	1,493	1,867	2,240	2,613	2,977	2,977	2,977	2,977	2,977
80세	476	951	1,427	1,903	2,379	2,855	3,310	3,310	3,310	3,310	3,310	3,310

① 예시 : 70세(부부 중 연소자 기준), 3억원 주택 기준으로 매월 90만 1천원을 수령합니다.

주택연금 월 지급금 예시(출처: 한국주택금융공사)

개인연금의 모범답안,
연금저축펀드

　개인연금이 막연하게 느껴진다면 이번에 확실히 정리하고 넘어가자. 개인적으로 복잡한 여러 금융상품을 공부하느라 애쓰느니 여기서 소개할 상품 하나에 집중해서 이 상품의 혜택과 효과를 제대로 누리는 것이 풍요로운 노후를 준비하는 데 더 효과적이라고 생각한다. 이 상품의 이름은 '연금저축펀드'다.

　펀드가 뭔지는 대충 감이 오는데 그 앞에 붙은 '연금저축'은 뭘까? 연금저축은 노후 연금 수령을 목적으로 만든, 개인이 자발적으로 가입하는, 세금 혜택이 있는 금융상품이다. 상품 이름에 반드시 '연.금.저.축'이라는 네 글자가 포함되어야 한다. 다른 비슷한 이름의 연금상품과 혼동하면 절대 안 된다. 이 연금저축에 가입하고 5년 이상 납부하면 쌓인 금액을 55세 이후 원하는 때부터 연금으로 나눠 받을 수 있다.

연금저축

연금저축의 장점에 대해 먼저 알아보자. 연금저축은 세금 혜택이 아주 크다. 연간 600만 원 한도로 세액공제 혜택을 준다. 월 50만 원을 납부하면 연간 최대로 세금 혜택을 받을 수 있다(50만 원×12개월=600만 원). 총급여 5,500만 원 이하 근로자라면 16.5%를 세금 공제받아 매년 초 최대 99만 원을 환급받을 수 있다(총급여 5,500만 원 초과 근로자는 13.2%를 적용, 79만 2천 원 환급).

　　600만 원을 저축하고 99만 원을 받는다면 어마어마한 투자수익률이다. 연수익률이 16.5%에 달한다. 실투자금을 501만 원(600만 원-99만 원)으로 계산하면, 실제 501만 원을 투자해 600만 원이 모이는 셈이므로 19.8%의 수익률(600만 원/501만 원=1.198)로 계산된다. 웬만한 투자 상품도 이런 수익률을 보이기는 쉽지 않다.

　　직장인이나 사업가라면 매년 기납부한 세금에 대해 연말정산을 할 것이다. 이미 납부한 세금이 원래 내야 할 세금보다 많아 연말정산 시 '결정 세액'이 아직 0원이 되지 않은 근로자나 사업자라면 연금저축 가입을 통해 노후를 준비하고 수익률 높은 투자도 할 수 있다. 연금저축을 통해 노후자금을 준비하는 행위 하나만으로도 매년 20%에 가까운 자동 소득을 올릴 수 있는 플러스 투자를 만든 것과 다름없다.

연금저축의 또 다른 장점은 과세이연 효과다. '과세이연'이란 세금 납부를 연기해주는 것을 말한다. 예·적금을 하면 만기 시 15.4%의 이자소득세를 즉시 내야 한다. 그러나 연금저축 수익금은 이자소득세 대상이 아니다. 이자소득세를 면제받는 대신 노후에 연금을 수령할 때 3.3~5.5%의 저율 연금소득세를 낸다. 1년 만기 적금에 가입하면 15.4%의 이자소득세를 매년 세금으로 납부하지만, 연금저축 수익금은 세금 없이 차곡차곡 쌓인다. 20세에 연금저축에 가입해서 55세에 연금으로 찾게 되면 35년간 이자소득세를 물지 않으면서, 원금에 추가된 이자까지도 세금 없이 복리로 계속 쌓여 간다.

본인이 건강하고 재정적인 여력도 있으면 연금수령 시기를 뒤로 늦출 수도 있다. 70세에 연금을 수령한다고 가정해보자. 20세에 가입해서 70세가 되면 50년간 이자소득세가 면제되는 셈이다. 세금 면제된 금액이 원금 및 수익금과 합해져 50년간 복리로 커지고, 70세 넘어서 연금을 수령하면 연금소득세도 5.5%에서 4.4%로 줄어든다. 이렇게 절세 효과를 극대화할 수 있다. 한마디로 온갖 세금 혜택을 다 때려 넣은 상품이 연금저축 상품인 셈이다.

연금저축의 장점은 이게 다가 아니다. 세액공제는 연간 600만 원까지만 적용되지만, 연금저축 계좌에 넣을 수 있는 금액은 연간 1,800만 원이다. 따라서 1,200만 원을 추가로 더 투자할 수 있는 일시적 비과세 통장이 만들어진다. 이 추가 금액은 세액공제는 못 받아도 과세이연으로 이자소득세는 면제받을 수 있기 때문이다.

연금저축은 연금수령을 전제로 여러 세금 혜택을 주는 상품인 만큼,

연금으로 받지 않고 해지하거나 중도인출할 경우 인출하는 금액 전체(세액 공제 받은 금액 원금과 수익금)에 16.5%라는 기타소득세를 부과한다. 매우 주의해야 하고 절대 찾지 않을 자신이 있는 금액으로만 운용해야 한다. 단, 세액공제 받지 않은 이 1,200만 원의 원금은 언제든 과세 없이 출금할 수 있다. 필요할 때 자유롭게 중도인출할 수 있다는 건 큰 장점이다. 연금 수령액을 키우다가 필요할 땐 인생의 여러 목적자금으로 활용하기도 쉽다. 이렇게 연금저축은 어떻게 이용하느냐에 따라 활용도가 아주 높고 장점이 매우 많다. 최고의 노후 준비 민간 금융상품이라 해도 과하지 않다.

연금저축은 신탁, 보험, 펀드 3가지가 있었으나 신탁은 판매가 중지되어 현재는 연금저축보험과 연금저축펀드 2가지에만 가입할 수 있다. 보험 회사에서는 연금저축보험이 좋다고 광고하고, 증권회사에서는 연금저축 펀드가 좋다고 홍보하며 서로 치열하게 경쟁하지만, 연금저축보험보다는 연금저축펀드가 일반 가입자에게 압도적으로 유리하다고 생각한다. 그 이유를 좀 더 자세히 살펴보자.

연금저축보험

연금저축보험은 이름 그대로 일단 '보험'이다. 따라서 납입금액에서 수수료(사업비)를 차감한 후 남은 돈으로만 연금 재원으로 운용한다. 사업비는 5~10%부터 그보다 더 클 때도 있다. 원금이 될 때까지 최소 5년 이상의 시간이 필요하다. 운용 방식은 공시이율에 따르는데, 공시이율은 변동되는 금리에 연동된다. 장기간 금리가 낮아지면 공시이율이 앞으로 더 떨어질 수도 있다는 말이다. 차라리 상품설명서나 약관에 표시된 최저보증이율로 지급한다고 생각하는 게 속 편하다. 현재로선 최저보증이율이 보험 가입 10년 이후일 때 1.0%를 초과하는 상품이 없다. 가입 후 10년부터는 1.0% 미만(대부분 0.5~0.75%)의 수익률로 운용될 수도 있다는 뜻이다. 예·적금 이자보다 높게 제시된 연금저축보험 공시이율도 보험료에서 사업비를 뺀 금액에만 적용된다. 납입한 보험료 전부에 적용되는 이율이 아니라는 걸 알아야 한다.

생명보험협회 공시실 데이터를 보면, 연금저축보험에 가입하고 20년이 지난 시점에 150% 이상의 적립률을 내는 상품(원금의 50% 수익)은 하나도 없었다. 30년 이후 데이터가 몇 개 있는데 그마저도 160%를 넘지 못한다. 그나마 공시이율로 운영되었을 때가 이 수준이다. 최저보증이율까지 이율이 떨어진다면 수익률은 어떻게 될까? 아무리 보험이라 안전과 원금 보장이 중요하고 일부 보장이 들어 있다고는 해도, 20~30년간 굴린 자금치고는 수익이 너무 초라하다. 이 정도 수익으로는 소액으로 넉넉한 노후자금을 준비하기가 사실상 불가능하다.

단점은 또 있다. 연금저축보험은 보험상품이라서 2달 이상 보험료를 내지 못하면 계약이 실효된다. 실효 후 2~3년 내 부활시키지 못하면 계약이 완전히 해지되고, 해지하는 금액의 16.5%를 기타소득세로 내야 한다. 갑작스레 형편이 어려워져 연금저축보험을 해지하면 원금 손해를 보고, 세액공제 받은 금액까지 환수된다는 말이다.

일부 생명사 상품은 10년 유지율이 80%에 육박하는 등 잘 유지되기

개인연금의 모범답안, 연금저축펀드

도 하지만, 생명사와 손해사를 통틀어 보면 10년 유지율이 40~50% 정도인 상품도 많다. 어려운 경제 상황과 더불어 여러 단점이 복합적인 원인으로 작용한 결과일 것이다.

물론 장점도 있다. 연금저축펀드와 달리 종신형 연금수령이 가능하다. 그리고 최저보증이율이 있어 장기 투자 시 원금에 큰 손해를 볼 염려가 적다. 형편이 어려울 때는 납입유예를 통해 적은 시간이나마 실효를 막을 수도 있고, 추가납입을 통해 사업비를 줄일 수도 있다. 연금저축보험과 펀드 중 무엇을 선택할지는 각자의 성향에 따라 다르겠지만, 연금저축보험의 화려한 공시이율 뒤에 숨겨진 이면을 잘 파악한 후 현명하게 판단하자.

연금저축펀드

그럼 연금저축펀드는 어떨까? 연금저축펀드는 이름 그대로 펀드에 투자하는 상품이다. 주식형 펀드로 공격적인 투자도 가능하고, 채권형 펀드로 안전하게 운영할 수도 있다. 장기 적립식 투자 상품의 수익성과 안정성 효과는 상당히 좋은 편이다. 코스트 에버리지(COST AVERAGE) 효과로 주식이 장기적으로 하향만 하지 않는다면 오르락내리락하다가 결과적으로 우상향할 때 최고의 수익 효과를 낼 수 있다.

국내 증시의 미래가 걱정된다면 전 세계를 대상으로 운용하는 여러 국가 펀드에 골고루 나눠서 투자해 국내 투자만의 리스크를 상쇄시킬 수 있다. 예를 들어 세액공제 최고 금액 600만 원을 채우기 위해 매달 50만 원을 투자한다면 10만 원씩 5개의 펀드로 나누어 미국, 유럽, 중국, 인도, 한국, 아세안 국가 증시 및 채권, 또는 원자재에 분산투자하면 된다.

사실 펀드보다는 ETF 투자가 더 낫다. ETF는 '상장지수 펀드'라고도 하는데, 주가지수를 따라가는 인덱스펀드를 거래소에 상장시켜 주식투자처럼 실시간으로 매매할 수 있도록 만든 것이다. 연금저축펀드 안에서 펀드가 아닌 ETF에 투자할 수도 있고, 요즘은 상당히 거래가 활발하다.

ETF 투자의 가장 큰 장점은 수수료가 적다는 것이다. 일반적으로 펀드보다 1% 가까이나 저렴하다. 1% 수수료를 줄이는 것은 1%의 수익률을 올리는 것과 같다고 했었다. 또, 해외 펀드를 환매하는 데는 며칠의 시간이 걸리지만, ETF 매매는 주식과 같으므로 매도한 금액을 바로 재투자할 수 있다는 장점도 있다. 단점이라면 한 달에 한 번, 주식 사듯이 투자자가 직접 ETF를 매수해야 한다. 펀드는 자동 매수가 가능하지만, 아직 대부분의 증권사에서 ETF는 투자자가 직접 매수해야 한다. 다소 귀찮지만 1% 수익률을 얻는 대가라고 생각하면 충분히 참을 만하다.

연금저축펀드는 형편이 어려우면 납입을 멈춰도 세금에 아무런 피해가 없다. 계좌는 여전히 살아있으며, 계약은 계속 유지된다. 펀드의 납입 금액을 조정하는 것도 얼마든지 가능해 형편에 따라 유동적으로 운영할 수 있다. 매달 50만 원씩 자동이체를 통해 연금저축펀드 계좌로 자동 입금하다가도 형편이 어려우면 20만 원, 10만 원씩으로 조정해도 상관없다. 정말 어렵다면 납입을 아예 멈춰도 된다. 그렇더라도 연금저축보험처럼 강제 해지당할 일은 아예 없다.

다만 펀드나 ETF를 운영하는 소액의 운용수수료가 매년 발생한다는 건 알아두자. 그렇기는 해도 다른 일반 펀드에 비하면 ETF는 수수료가 크게 작을 뿐만 아니라, 펀드/ETF 투자수익이 커지면 충분히 상쇄할 수 있는 극히 미미한 부분이다.

연금저축펀드를 이용해서 펀드/ETF 투자의 장기 수익을 추구하고, 거기에 매년 20% 가까운 연말정산 세금 혜택도 추가로 받고, 그 세금 혜택 받은 금액을 연금저축 계좌로 다시 입금해 재투자하는 식으로 연금저축펀드의 복리수익을 극대화할 수 있다. 다른 어떤 연금상품에서도 얻을 수 없는 최고의 투자 방법이 아닐까 한다.

앞에서도 언급했지만, 미국 주식 지수에 투자하면 매년 10%, 유럽과 한국도 8% 이상의 수익률을 기대해 볼 수 있다. 이런 국가들의 종합주가지수를 추종하는 ETF를 연금저축펀드 투자 금액 내에서 잘 배분해보자. 중국을 추가해도 좋고, 인도, 아세안, 금, 미국 장기국채 등을 포트폴리오에 추가해도 좋다. 미국 주식을 S&P 500과 나스닥 100으로 나눠서 투자하는 것도 좋다. 50만 원을 매달 투자한다면 약 10만 원씩 5개의 ETF를 매달 한 번씩만 매수하면 된다. 노후에 연금으로 받기 위해 모으는 돈이니 절대 해지하거나 인출하지 않을 돈으로만 투자하자.

지금까지 알아본 방식을 참고해 30~40년에 걸쳐 장기간 꾸준히 연금저축펀드로 투자해보자. 투자인 만큼 당연히 리스크를 감내해야 하고 별도의 공부도 필요하겠지만, 전 세계가 다 망하지 않는 한 노후에 큰 수익을 안겨줄 확률이 다른 어떤 상품보다 큰 것이 바로 이 연금저축펀드라고 생각한다. 수익률이나 유지 관리 측면, 포트폴리오 관리 및 리스크 분산 측면에서도 여러모로 매우 유리하다.

연간 600만 원으로도 부족하다면 추가로 IRP 계좌 가입을 통해 총 900만 원까지 세액공제를 받는 방법도 있다. 이 경우도 16.5%를 공제받으면 900만 원×0.165=148.5만 원까지 환급받을 수 있다. 노후자금 마련이 목적이라면 연금저축펀드와 IRP는 거의 흡사하다. 연금저축보험에 가입해 있는데 연금저축펀드로 넘어오고 싶다면, '연금 계약 이전' 제도를 이용한다. 계약해지에 따른 기타소득세 납부 염려 없이 그동안 모여 있는 금액을 그대로 연금저축펀드 계좌로 이전할 수 있다.

물론 이 밖에도 일반 연금보험이나 변액연금보험, 유니버설보험 등 개인연금에 속해 있는 다른 여러 상품이 있다. 각각의 장점이 있지만 여전히 보험이라는 태생적 한계를 벗어날 수 없고, 연금저축펀드가 가진 투자의 장점에 비하면 그 효과는 상대적으로 작다. 보험업계에 있는 사람 대부분은 연금저축보험이나 변액연금보험을 이야기할 수밖에 없다. 필자는 지금 보험에 관련된 책을 쓰면서도 연금저축펀드를 이야기하고 있다. 보험의 한계를 누구보다도 잘 알기 때문이라고 봐주었으면 한다. 양쪽을 다 잘 아는 입장에서 두 상품의 장단점만 설명하고 내 의견을 보류하기보단, 독자에게 더 도움이 될 연금저축펀드를 강조하는 이 진심이 조금이라도 전달되면 좋겠다.

개인연금의 모범답안, 연금저축펀드

반/값 보험료 만들기

2023년 9월 13일 개정판 1쇄 발행
2024년 6월 12일 개정판 2쇄 발행

지은이 | 장명훈
펴낸이 | 이종춘
펴낸곳 | ㈜첨단

주소 | 서울시 마포구 양화로 127 (서교동) 첨단빌딩 3층
전화 | 02-338-9151
팩스 | 02-338-9155
인터넷 홈페이지 | www.goldenowl.co.kr
출판등록 | 2000년 2월 15일 제 2000-000035호

본부장 | 홍종훈
편집 | 문다해, 주경숙, 윤혜인
디자인 | 데시그, 윤선미
전략마케팅 | 구본철, 차정욱, 오영일, 나진호, 강호묵
제작 | 김유석
경영지원 | 이금선, 최미숙

ISBN 978-89-6030-619-6 13320

BM 황금부엉이는 (주)첨단의 단행본 출판 브랜드입니다.

황금부엉이에서 출간하고 싶은 원고가 있으신가요? 생각해보신 책의 제목(가제), 내용에 대한 소개, 간단한 자기소개, 연락처를 book@goldenowl.co.kr 메일로 보내주세요.
집필하신 원고가 있다면 원고의 일부 또는 전체를 함께 보내주시면 더욱 좋습니다. 책의 집필이 아닌 기획안을 제안해주셔도 좋습니다. 보내주신 분이 저 자신이라는 마음으로 정성을 다해 검토하겠습니다.